科技创新塑强中国建造

毛志兵　主编

中国建筑工业出版社

图书在版编目（CIP）数据

科技创新塑强中国建造 / 毛志兵主编 . -- 北京：
中国建筑工业出版社，2024. 12. -- ISBN 978-7-112
-30473-8

Ⅰ. F124.3

中国国家版本馆 CIP 数据核字第 20248FJ947 号

本书在基于对国家宏观经济形势和行业发展机遇及挑战分析的基础上，总结了四个方面的主要研究成果，包括中国建造发展现状系统分析，中国建造发展意义和要求，形成提出推动科技创新、做强中国建造发展战略，凝练提出推动科技创新、做强中国建造政策相关实时路径及对策。本书内容全面，具有较强的指导性，可供建筑行业相关从业人员参考使用。

*　　　*　　　*

责任编辑：王砾瑶　张　磊
责任校对：张　颖

科技创新塑强中国建造

毛志兵　主编

*

中国建筑工业出版社出版、发行（北京海淀三里河路9号）

各地新华书店、建筑书店经销

北京鸿文瀚海文化传媒有限公司制版

天津安泰印刷有限公司印刷

*

开本：787 毫米×1092 毫米　1/16　印张：15¾　字数：392 千字

2024 年 12 月第一版　　2024 年 12 月第一次印刷

定价：**72.00 元**

ISBN 978-7-112-30473-8

（43840）

编委会

中国建筑东北设计研究院有限公司

中国建筑国际集团有限公司

湖南建设投资集团有限责任公司

中建科技集团有限公司

浙江省建工集团有限责任公司

陕西建工集团股份有限公司

中亿丰建设集团股份有限公司

苏州市产研院融合基建技术研究所

中国铁建股份有限公司

中国建筑西南设计研究院有限公司

中国建筑第五工程局有限公司

中国建筑第六工程局有限公司

浙江省建筑设计研究院有限公司

华阳纳谷（北京）新材料科技有限公司

沃米真玻科技（北京）有限公司

云南建投绿色高性能混凝土股份有限公司

廊谷（北京）新材料科技有限公司

序

习近平总书记指出，中国制造、中国创造、中国建造共同发力，继续改变着中国的面貌。作为长期从事建筑业的一名老兵，我深度参与、见证了我国建筑业系列变革与蓬勃发展。尤其是党的十八大以来，我国深入贯彻新发展理念，加快构建新发展格局，全面深化建筑业改革，大力实施创新驱动发展战略，以科技创新促进建筑业转型升级，推动我国从"建造大国"向"建造强国"转变，擦亮了"中国建造"品牌，取得了世界瞩目的成就：一批具有自主知识产权的国之重器，达到了国际先进水平，在"一带一路"沿线很多国家深受欢迎；大兴机场、港珠澳大桥、深中通道等世界顶尖水准的工程项目建成并投入使用，冬奥会的"冰丝带"、"雪如意"等极具科技感和中国风的场馆集体亮相，更让世界见证了"中国建造"的科技力量。

在当下，以中国式现代化全面推进强国建设、民族复兴伟业的关键时期，科技创新作为催生新质生产力的核心动能，在党的二十届三中全会上被置于前所未有的突出位置。建筑业作为国民经济的重要支柱产业地位没有改变、也不会改变，仍然具有较大的发展空间，迫切需要进一步加快转型升级步伐。在此背景下，如何推动科技创新做强中国建造，已成为新时代新征程的"必答题"，《科技创新塑强中国建造》的推出，精准契合时代所需与行业所求，可以说恰逢其时、意义重大。《科技创新塑强中国建造》系统阐述了中国建造的发展历程及取得的成就，指出了中国建造的发展不足，分析了中国建造发展的挑战和机遇，同时对标先进制造业并综合借鉴国内外建筑业的发展经验，提出了推动科技创新做强中国建造的战略目标、路径与举措。本书整体呈现以下亮点：一是系统性强，立意高远，小切口、大格局，全书以科技创新的视角，站在国家、行业发展全局的高度，系统全面深入阐述了推动科技创新做强中国建造的时代命题；二是可读性强，理论联系实际，案例佐证观点，图文并茂，有行业内外相关政策理论体系的全面研究，也有行业典型创新实践案例的总结凝练，具备较强的指导性；三是前瞻性强，清晰洞察发展大势，明晰方向、精准发力，构建了以推动科技创新为核心的做强中国建造的全景图，有助于进一步激发行业科技创新的强大动力。

展望未来，行业挑战和机遇并存。作为国民经济支柱产业，建筑业是产业高质量发展的重要组成部分，更是发展新质生产力的重要阵地。希望这本书能帮助广大读者更深入了解中国建造的发展和成就，激发大家共同努力推动科技创新做强中国建造，为实现中国式现代化再立新功再创佳绩。

全国政协常委、人口资源环境委员会副主任
中国土木工程学会理事长

前　言

党的十八大以来，中国经济发展从"高速增长"转向"高质量发展"阶段。"高质量发展"成为当前和今后一个时期确定发展战略、制定相关政策、实施发展举措的根本要求。建筑业作为国民经济的支柱产业，对社会经济发展、城乡建设和民生改善作出了重要贡献。面向未来，在绿色化、工业化、智慧化、国际化"四化"协同发展的重要历史发展节点上，建筑业必将承载着推动强国建设、助力中国式现代化的重任。

《"十四五"建筑业发展规划》提出了"以建设世界建造强国为目标"，并确定到2035年，"中国建造"核心竞争力世界领先，迈入智能建造世界强国行列。建筑业高质量转型发展的目标已经十分明确。

党的二十届三中全会审议通过的《中共中央关于进一步全面深化改革　推进中国式现代化的决定》提出，"加快推进新型工业化，培育壮大先进制造业集群，推动制造业高端化、智能化、绿色化发展。建设一批行业共性技术平台，加快产业模式和企业组织形态变革，健全提升优势产业领先地位体制机制。"这为我国进一步扎实推进建筑业高质量发展、实现建筑业新型工业化指明了前进方向。

习近平总书记指出，发展新质生产力是推动高质量发展的内在要求和重要着力点，必须继续做好创新这篇大文章，推动新质生产力加快发展。新质生产力是创新起主导作用，摆脱传统经济增长方式、生产力发展路径，具有高科技、高效能、高质量特征，符合新发展理念的先进生产力质态，也必将成为推动建筑业取得新成就的重要力量。

建筑业高质量发展关乎国家发展和人民幸福。随着工业化和新型城镇化进程加速，建筑业不仅在规模上不断扩大，而且在技术和理念上也经历了显著的变革，高端化、智能化、绿色化成为建筑业未来发展方向。但受制于传统模式下行业长期粗放的发展方式，做强"中国建造"依然存在增长乏力、环境污染、资源浪费等现实难题。

近年来，随着一揽子政策措施落地见效，我国建筑业深层次创新与转型加速发展。同时，我们也清楚地看到，当前我国发展进入战略机遇和风险挑战并存、不确定难预料因素增多的时期，推进建筑业高质量发展仍面临复杂严峻的内外部形势。在此背景下，聚焦新的发展理念，发挥科技创新的引领作用，以绿色化定向、数字化赋能、工业化筑基，形成新质生产力，推动建筑业高质量发展，实现从"建造大国"向"建造强国"转变是建筑业的必然选择。

本书在对"中国建造"概念、发展历程、成就和不足梳理的基础上，阐述了中国建造发展要求，并结合党的二十大报告中提出的"中国式现代化"发展要求，借鉴国内外建筑业发展经验，探讨了做强"中国建造"的相关路径与对策。

目　　录

第1章　中国建造发展历程和现状

1.1　中国建造的内涵

　　"建造"是由古代"营建""营造"等一系列词汇发展演变而来。传统对建造活动的定义涵盖了从前期策划到施工落地等一系列动态营造的过程。改革开放后，随着建设需求快速增长，建设活动渐趋复杂，我国在苏联的建设—设计—施工三方管理模式的基础上进一步细化分工，最终形成了从前期投资规划、勘察设计，到中期施工，再到后期运维的完整的工程活动。基于工程活动各环节的划分，本书讨论的中国建造主要指由中国企业主导实施完成的建造活动，其产品包括建筑与基础设施，所涉及的工程建设环节包括勘察设计部分环节，以及施工全过程（图1-1）。

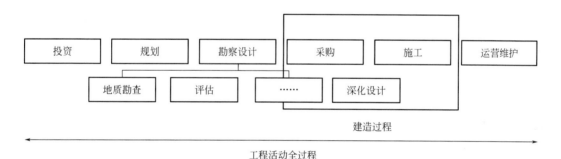

图 1-1　建造活动的内涵

　　"建造"一词由来已久。追本溯源，"建造"一词源自古汉语，由"建"与"造"两字组成。"建"字最早见于甲骨文，象形描绘了一座房屋的轮廓，上方一横象征屋顶，下方则是屋身，形象地表达了人类对居住空间的最初构想。"造"字则源于金文，原意为"至"，后引申为制作、创造之意，反映了古人对事物制造过程的重视。将二者合而为一，"建造"便涵盖了从无到有，创造出实体结构的完整过程。

　　在古代，建造通常指的是建筑房屋、宫殿、城墙等，是一种物理空间的创造过程，涉及材料的选择、结构的设计、施工的实施等多个方面。随着时间的推移，"建造"的概念逐渐丰富，不再局限于建筑领域物理空间的创建，而是囊括了更广泛的内容与更深邃的内涵。在现代语境中，"建造"不仅是指用砖石、木材、钢材等材料构建建筑物的过程，还包含了对环境的考量、对功能的定义、对美学的追求以及对技术的创新。此外，建造活动的范围也从传统的建筑工程，逐步向城市规划、基础设施建设、环境改造等多个方面延伸。建造活动不仅需要考虑成品的实用性和美观性，还需要考虑其对环境的影响、对资源的利用以及对社会发展的贡献（图1-2）。

图 1-2　建造好的房屋

建造技术发展历史悠久，而"中国建造"则是在社会主义现代化建设的进程中，在高质量发展阶段下新型城镇化建设不断加快、建筑业产业链转型升级的时代背景下催生出的概念。2019 年，习近平总书记在新年贺词中提到："这一年，中国制造、中国创造、中国建造共同发力，继续改变着中国的面貌"，在国家层面首次提出"三造"概念。

"中国建造"这一术语的正式提出和广泛使用，是在中国建筑业经历了数十年快速发展之后，特别是随着中国综合国力的显著提升和全球影响力的不断扩大，国家开始更加重视建筑行业在国民经济和社会发展中的作用与地位。

2017 年，《国务院办公厅关于促进建筑业持续健康发展的意见》（国办发〔2017〕19 号，以下简称"19 号文"）发布，正式提出"中国建造"这一理念。文中针对建筑业的未来发展，提出了"持续健康发展，打造'中国建造'品牌"的要求。同年的国务院常务会议上，也强调了提升"中国建造"品牌，推动建筑行业转型升级，提高工程质量与安全，促进绿色发展，以及加强国际交流合作的重要性。自此以后，"中国建造"成为中国建筑行业未来发展的一个重要方向，频繁出现在政策文件、行业报告、媒体宣传以及国际交流等场合。

而"中国制造""中国创造""中国建造"三个概念的提出，分别代表了国家在制造业、创新能力和建筑业三个关键领域的战略愿景和努力方向。2017 年的中央经济工作会议上提出了"推进中国制造向中国创造转变，中国速度向中国质量转变，制造大国向制造强国转变"的要求，将中国制造与中国创造进行联结，强调了要以创造为引领，推动制造升级。随着国家对建筑行业高质量发展和绿色建筑的重视，以及智能建造技术的推广，"中国建造"逐渐成为一个与"中国制造"和"中国创造"并列的国家发展战略概念。2019 年，习近平总书记在新年贺词中首次将"三造"同时提出，在中国进入全面建设社会主义现代化国家的关键时期，作为国家战略层面的重要部署予以明确，进一步提高了对中国建造的重视程度。

中国建造诞生于中国转型发展的新历史阶段。党的二十大明确将开启中国式现代化新征程，下一阶段的中心任务为全面建成社会主义现代化强国，推进以人为核心的新型城镇化。围绕现代化建设目标，要以推动高质量发展为主题，在发展方式上坚持科技是第一生产力。围绕产业现代化、创新发展、"双碳"、智能建造等目标要求，实现建造过程的绿色化、工业化、智慧化，走"资源节约、环境保护、过程安全、精益建造、品质保证"的集约化、内涵式发展道路，为实现人民对美好生活的向往，为提升人民获得感、幸福感、安全感发挥作用。

具体而言，一方面，以科技驱动建造方式变革，促进传统建造方式向"高质量、安全、环保、高效率"的新型建造方式转变。另一方面，优化建造过程中的生产要素配置，提升组织协同效率，构建现代、高效的生产关系。此外，中国式的现代化是人与自然和谐共生的现代化，在建造过程中，要兼顾经济效益、生态效益和环境效益，实现永续发展。

1.2　中国建造的发展历程

受不同历史阶段中国城乡和基础设施建设要求的变化，以及当时技术发展水平的影响，不同时期的中国建造呈现出不同的发展特征：

在恢复生产时期，国内刚刚结束战争状态，正处在休养生息的时期，面临着增强国防实力、恢复基础民生的两大建设要求，首要任务是推进大规模的工业化建设、交通和民生基础设施建设，以工业生产带动国民经济恢复。由于这一时期国内建设力量非常薄弱，在建造方式和组织模式上主要学习苏联模式，大力推广标准设计、装配式建筑方法，通过工业化完成大规模、快速的建设要求。

进入改革开放时期，党的十一届三中全会决定把全国工作重点放到以经济建设为中心的社会主义现代化建设上，国内形成了由点到线再到面的全方位对外开放格局。随着生产资料丰富、开放持续深化，催生出了以改善民生为重点的城市基础设施建设需求，以及以产业发展为重点的经济技术开发区建设需求，建设任务十分繁重，场景更加复杂。这一时期，中国建造秉持着引进、消化、吸收、创新的技术路线，引入大批先进建造技术、建造材料，快速学习和引进国外先进建造方式和组织方式，促进建造方式和建造技术的快速提升。

新时代中国特色社会主义时期，国内正在经历从富起来到强起来的发展转变，经济发展由高速增长转向高质量发展，发展模式从规模至上、效率优先向质量第一、效益优先转变，加快推动产业转型。党的二十大明确，要走中国式现代化的发展道路。中国式的现代化，要兼顾人文、生态、协调、共生。这一时期，建筑业紧随国家战略方向，提出"适用、经济、绿色、美观"八字方针，加快产业转型步伐。同时，围绕绿色发展要求，建筑业加快从传统粗放建造，向以绿色建造、智慧建造、工业化建造为核心的新型建造方式转变，为高质量发展提供支撑。

不同时期中国建造的建造技术特征和任务要求[①]如下。

1.2.1　新中国成立

1949 年新中国成立后，随着国家经济建设大规模地开展，建筑业从无到有，得到了迅猛发展。由于人口众多、资源有限，国家的建设任务是加强国防实力，推进工业化建设，以及保障基础民生，推进交通和民生基建的恢复建设和改造。为尽快恢复正常生产，统一调度资源，建造活动基本上是半军事化形式的政府行为。这段时期建筑项目较少，主要是一些工业建筑，以及大型的军事、政治和形象工程，而居住建筑以多层为主，伴以少量高层住宅。

这一时期，国内主要依靠自力更生完成工业基础建设任务，通过学习苏联的设计和施工经验，制定了砖混结构规范，工业建筑大力推广标准设计、装配式建筑方法，广泛推广预应力混凝土结构，后来又推出轻钢结构，节约了当时宝贵的钢材和水泥（图 1-3）。在地基和基础处理方面，推广砂垫层、砂井预压和砂桩、灰土桩，推广重锤夯实、电化学加固技术等，配筋砖砌体等也得到了发展。在工程管理方面，推广流水作业。

---

① 该部分主要根据《中国科技之路·建筑卷·中国建造》（肖绪文）一书整理。

图 1-3　苏联援建的工厂

1.2.2　改革开放后

1978 年 12 月，党的十一届三中全会提出把党和国家的工作重心转移到社会主义现代化建设和改革开放上来。一大批经济特区、港口城市的经济技术开发区、高新技术产业开发区项目率先上马，开始进行大规模的建造活动，建筑材料、建筑技术得到了巨大发展。2001 年，中国加入 WTO，更是给国内建筑业发展带来了前所未有的机遇。因此，这一时期以改善民生为重点的城市基础设施建设和以产业发展为重点的经济技术开发区建设需求大幅上升。为适应快速建设的需求，国内建筑业快速学习和引进国外先进技术，建筑从业者的设计、施工技术水平突飞猛进，高层、超高层项目逐年增加，引进了大量新材料、新的结构与构造形式、新的施工技术和设备等。国内外建筑技术交流频繁，产生了一批由国内外建筑师共同设计、国内施工企业施工、蜚声中外的建筑，如国家大剧院、国家游泳中心（"水立方"，图 1-4）、国家体育场（"鸟巢"，图 1-5）等。同时，信息化科学技术的发展对我国建造技术产生了巨大影响，设计工作从手工绘图转为计算机辅助绘图，又从计算机绘图发展到建筑信息模型（BIM）三维设计。我国建筑设计的信息化从无到有，再到紧追国际信息化潮流，充分利用了最新的数字化设计工具。

图 1-4　水立方

图 1-5　鸟巢

1.2.3　新时代中国特色社会主义时期

进入 21 世纪，此前高速工业化发展带来的环境问题日益凸显，全球范围内绿色技术快速发展，特别是 2012 年 11 月发布的《关于加快推动我国绿色建筑发展的实施意见》，推动国内建筑业进入绿色和可持续发展阶段。2017 年 19 号文发布后，正式明确了我国建造方式和技术向高质量方向转型的目标，并于此后在绿色建造、工程咨询和管理、勘察设计、建筑信息化与工业化等方面发布了一系列扶植建筑技术创新发展的政策，强调质量第一、效益优先。与此同时，大数据、人工智能、工业互联网、机器人、BIM 和 5G 等新技术加速涌现，为建筑业带来了新变化，"智能建造"的概念应运而生。此外，"一带一路"等国家战略的推进加速了建筑市场与国际

图 1-6　深圳市建筑科学研究院办公大楼

接轨，中国建造进入了以绿色化、智慧化、国际化为代表的现代化发展阶段（图 1-6）。

1.3　中国建造取得的成就

自新中国成立以来，我国建筑业规模持续扩大，建造能力持续提升；深度服务于新型城镇化建设，塑造城乡风貌；积极发挥国民经济支柱地位，带动关联产业发展，为社会、经济和产业发展做出突出贡献，成为国家实力的重要象征。

1.3.1　彰显国家实力

作为国民经济的支柱产业，建筑业是国家实力的重要象征。

第一，产业规模构成发展底气。

产业规模快速扩张，国民经济占比提升。从产业规模来看，近十年建筑业生产总值翻一番，从 2013 年的 16 万亿元增长到 2023 年的 31.6 万亿元（图 1-7），产业规模年复合增长率约 7.7%。

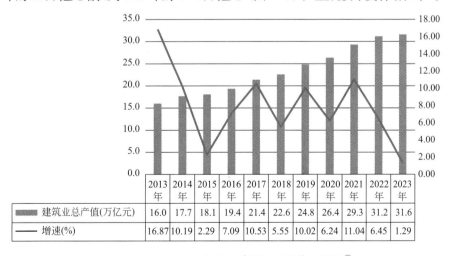

	2013年	2014年	2015年	2016年	2017年	2018年	2019年	2020年	2021年	2022年	2023年
建筑业总产值(万亿元)	16.0	17.7	18.1	19.4	21.4	22.6	24.8	26.4	29.3	31.2	31.6
增速(%)	16.87	10.19	2.29	7.09	10.53	5.55	10.02	6.24	11.04	6.45	1.29

图 1-7　2013～2023 年中国建筑业总产值及增速[①]

---

① 数据来源：国家统计局。

从国民经济占比来看，近十年，我国建筑业增加值占国内生产总值的比重始终保持在6.5%以上。2019年建筑业增加值占国内生产总值的比重为7.16%，达到近十年最高点，近年比重小幅度回落。但总体而言，建筑业作为国民经济的支柱产业之一，地位依旧稳固（图1-8）。

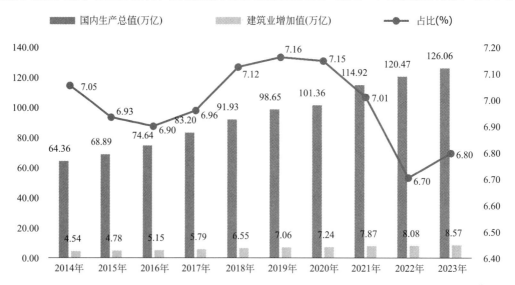

图1-8　2014~2023年国内生产总值、建筑业增加值及建筑业增加值占国内生产总值比重[①]

业务总量和利润持续增长，引领经济蓬勃发展。近十年我国建筑业企业签订合同总额持续增长，新签合同额也保持较好增速。2023年，建筑业企业签订合同总额约为72.47万亿元，新签合同额增速虽近年有所放缓，但依然超过35万亿元（图1-9）；利润总额持续突破，建筑业企业利润总额约为0.83万亿元，约为2014年的1.4倍（图1-10）。

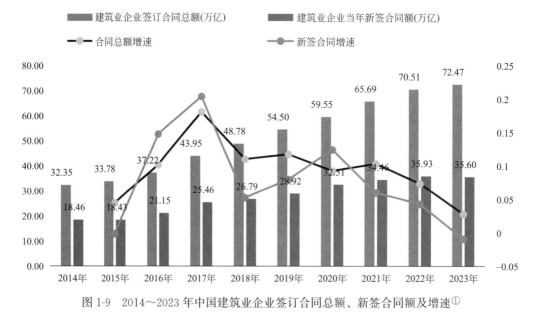

图1-9　2014~2023年中国建筑业企业签订合同总额、新签合同额及增速[①]

---

① 资料来源：国家统计局。

图 1-10　2014～2023 年中国建筑业企业利润总额及增速①

第二，建造实力构成发展勇气。

建造方式实现巨大变革。随着社会生产力的不断升级，我国建造方式从早期以传统民居建造技术为主，步入绿色、智慧新技术逐渐普及的新时代。随着数字技术快速迭代升级，领先企业已经进入了以智慧为代表的建造 4.0 时代，通过将传统建造技术与大数据和人工智能等前沿技术结合，追求最终成果的高质量和可持续发展（表 1-1）。

我国建造方式发展历程②　　　　　　　　　　　　　　　　　　　　表 1-1

阶段	我国城市建设阶段	技术特征
建造 1.0 阶段	城镇化建设前期	以传统民居建造技术为主，由工匠主导建设；建造量较小，技术发展不充分
建造 2.0 阶段	大规模城镇化时期	以高层结构和空调电梯设备等建造技术为代表；建造量大，技术复杂
建造 3.0 阶段	城市建设进入可持续发展阶段	加快了与绿色、智能等先进技术的融合；在建造技术上追求可持续发展
建造 4.0 阶段	城市建设面临高质量、可持续、智能化等多项发展要求	将传统建造技术与大数据和人工智能等前沿技术结合，追求最终成果的高质量和可持续发展

近年来，我国以绿色建造、装配式建筑为代表的新型建造方式快速发展，应用场景持续丰富。

建筑领域绿色发展取得成效。随着绿色建造方式加快推进，绿色场景进一步扩展。截至 2019 年，我国已有绿色社区 1 万多个；截至 2021 年底，全国建设绿道超 8 万 km，城市建成区绿化覆盖率超过 42%。产业园区方面，全国绿色产业示范基地、低碳工业园区、绿色制造绿色园区、生态工业示范园区数量约 300 家。绿色建筑方面，2022 年全国累计建成绿色建筑面积超过 100 亿 m²，当年城镇新建绿色建筑占新建建筑的比例达到 90% 左右，评出 704 项绿色建筑标识工程，获得绿色建筑标识项目累计超过 2.5 万个（图 1-11）。

---

①　资料来源：国家统计局。
②　资料来源：根据文献资料整合。

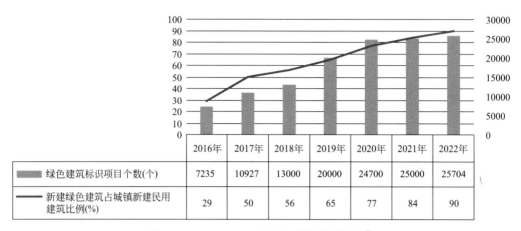

图 1-11　2016～2022 年绿色建筑发展情况[①]

装配式建筑快速发展。随着《国务院办公厅关于大力发展装配式建筑的指导意见》（国办发〔2016〕71 号）等政策文件出台，以装配式建筑为代表的新型生产方式得到快速发展，使用场景也在持续扩张。截至 2023 年，全国新开工装配式建筑共计 9.5 亿 m^2，同比增速约为 17%（图 1-12）。

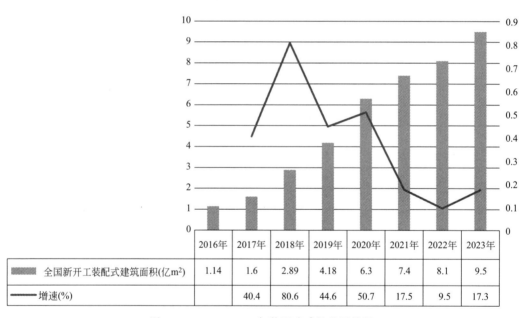

图 1-12　2016～2023 年装配式建筑发展情况

工程设备加速更新换代，一批自主研发装备达到世界领先水平。目前我国在建筑施工设备方面逐步具备了国际先进的机械化生产力，技术装备水平已基本适应现代建筑施工需求。2021 年，建筑业企业自有施工机械设备总功率 22920.86 万 kW（图 1-13）。此外，一批具有自主知识产权、居国际先进水平的建筑施工设备，如大型地铁盾构机、大型挖泥船等相继产出，打破了国外成套施工设备的垄断，成为我国建造工程的推进利器。

---

　① 数据来源：住房和城乡建设部、国家统计局，最新数据至 2022 年。

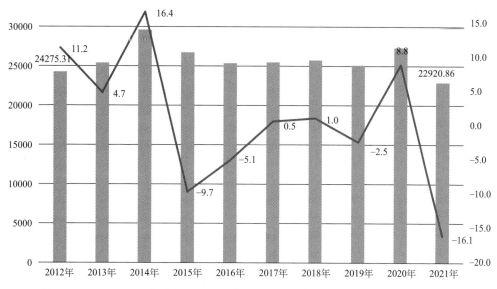

图 1-13　2012～2021 年建筑业企业自有施工机械设备总功率及其增速（万 kW，%）

重大工程装备是一个国家工程建造发展能力与水平的体现之一。经过多年积累与研制，我国在工程装备领域不断实现突破，成功建成世界最大直径全断面硬岩掘进机"高加索号"、世界最大直径盾构机"聚力一号"、世界首台桩梁一体智能造桥机"共工号"、世界首台千吨级架桥机"昆仑号"等工程装备。一系列重大工程装备的国产化为中国建造实力提升，赶超国际水平提供了有力支撑。

关键技术实现重大突破，高铁建造成套技术走在世界前列。基于大量、复杂的工程项目实践，我国建造技术也不断实现突破，高速、高寒、高原、重载铁路施工和特大桥隧建造技术迈入世界先进行列，离岸深水港建设关键技术、巨型河口航道整治技术、长河段航道系统治理以及大型机场工程等建设技术达到世界领先水平，经过数十年从引进消化吸收到创新再到自主设计研制的高铁建造成套技术领跑世界。

我国建筑业企业多年来持续推进工程建设领域技术的研究创新与攻关，一批关键核心技术实现突破，部分技术达到世界领先水平。例如，作为中国自主研发技术代表的高铁建造成套技术已经能够覆盖各种复杂地质及气候条件；在房屋建筑领域，我国目前已经具有超高层建筑、大型机场、深基坑支护、大型结构和设备整体吊装等多项技术，预应力混凝土和大体积混凝土等多项技术均达到国际先进水平；桥梁领域形成了高强度钢材、新型桥型研发、超大跨度桥梁建造等一批自主创新成果；电力领域首创特高压输电技术，实现了长距离低损耗的电力传输，此外通过超超临界燃煤发电、第四代核电站等系列工程掌握其建造技术；在水利水电方面，高混凝土坝结构安全、超深与复杂地质条件混凝土防渗墙等相关建造技术不断取得突破。

第三，中国建造成为对外"金名片"。

对内，建造难度屡创纪录，重大项目接踵落成。在系列关键技术的支持下，国内接踵落成一系列重大项目，如标志着中国工程"速度"的高铁工程，标志着中国工程"跨度"

的以港珠澳大桥为代表的中国桥梁工程，标志着中国工程"高度"的上海中心大厦[①]，以及 10d 建成的火神山医院、中国自主三代核电华龙一号示范工程等，一系列关系国计民生的伟大工程相继落成，中国建造实力得到社会各界一致认可。

案例一：中国第一高楼——上海中心大厦

（1）项目背景信息

上海中心大厦是中国第一、世界第三高楼，位于中国上海浦东陆家嘴金融贸易区核心区，是一幢集商务、办公、酒店、商业、娱乐、观光等功能于一体的超高层建筑，建筑总高度 632m，地上 127 层，地下 5 层，总建筑面积 57.8 万 m^2，其中地上 41 万 m^2，地下 16.8 万 m^2，基底面积 30368m^2，绿化率 33％。

上海中心大厦由上海城投（集团）有限公司、上海陆家嘴金融贸易区开发股份有限公司和上海建工集团股份有限公司共同投资开发。项目于 2008 年 11 月 29 日开工建设，2014 年底土建工程竣工，2017 年 1 月投入试运营。

作为陆家嘴核心区超高层建筑群的收官之作，上海中心大厦已成为上海金融服务业的重要载体。同时，在优化陆家嘴地区整体规划、完善城市空间、提升上海金融中心综合配套功能、促进现代服务业集聚等方面也发挥了重要作用（图 1-14）。

图 1-14　上海中心大厦

（2）项目具体实施

2006 年 9 月设计方案初选，2008 年 11 月开工，2013 年 8 月结构封顶，2014 年 12 月土建工程竣工，2017 年 1 月投入试运营。

项目在建造过程中遇到的难度与痛点：

1）超高建筑高度

上海中心大厦的主体工程地上有 127 层，建筑高度达到 632m，是目前世界上最高的建筑之一。这种超高高度带来了许多前所未有的挑战，例如在软土地基上建造如此高大的建筑物需要解决复杂的工程问题。

2）结构复杂性

上海中心大厦采用了巨型框架-核心筒-伸臂桁架抗侧力结构体系，为钢-混凝土混合结构。建造这种结构不仅需要巨大的材料和施工技术支持，还需要精确地计算和设计以确保整体稳定性。

3）建筑重量巨大

该大厦的自重达到了 7418 万 t，每平方米重量达到 119t，这使得其成为一座极具挑战性的工程。此外，整个建筑的总重量约为 80 万 t。

---

① 资料来源：2022 年 9 月 19 日发布的《建筑业高质量大发展　强基础惠民生创新路——党的十八大以来经济社会发展成就系列报告之四》。

（3）技术创新与突破

1）超大基坑工程

上海中心大厦的施工过程中涉及超大超深基坑工程，这是该项目的一个重要组成部分。这种基坑工程需要采用先进的施工技术和设备来保证安全和效率（图 1-15）。

图 1-15　上海中心大厦建设中的基坑主楼顺作和裙房逆作

2）钢-混凝土主体结构工程

钢-混凝土主体结构工程也是上海中心大厦的一个关键部分，它要求在施工过程中严格控制质量，确保每一环节都符合设计标准。

3）绿色建筑认证

在规划、设计和施工过程中，上海中心大厦通过减少对资源的消耗、控制能源消耗、提高室内环境质量以及运用 BIM 技术等措施，实现了整个工程的精细化管理，并获得了三星级绿色建筑设计标识证书和 LEED 金级预认证。

（4）项目效益与影响

1）提升城市功能

上海中心大厦的建成不仅提升了陆家嘴金融区的国际化形象，还进一步强化了上海作为全球金融中心的地位。它集成了多种高端功能，成为吸引国内外高端资源的重要载体。

2）推动区域发展

作为陆家嘴核心区超高层建筑群的收官之作，上海中心大厦的建成标志着该区域的进一步完善和发展。它不仅提高了区域的经济密度和资源配置效益，还增强了上海在全球城市中的核心竞争力。

3）提高国际影响力

上海中心大厦作为一项重点工程，在建筑高度、结构复杂性、施工技术等方面均展现了极高的水平和创新性。其成功建成不仅展示了中国在超高层建筑领域的强大实力，也对提升上海的城市功能和国际影响力起到了重要作用。

（5）荣誉与认证

2017 年，获得第十五届中国土木工程詹天佑奖和上海市科学技术奖。2019 年，荣获上海市科技进步奖特等奖。2024 年，荣获 2023 年度国家科技进步奖二等奖。

案例二：北纬 39°以北全球最高建筑——北京中信大厦

图 1-16 北京中信大厦

（1）项目背景信息

北京中信大厦（又名中国尊）是北纬 39°以北全球最高建筑，也是世界上按照 8 度抗震烈度设防的唯一一座超过 500m 的超高层建筑。建筑面积 43.7 万 m²，高 528m，地上 108 层、地下 7 层，可容纳 1.2 万人办公。项目从拿地、设计、建造到竣工，共历时八年，如今高度位列世界第九、中国第五，是北京 CBD 核心区中轴线上最重要的建筑，重新定义了中国首都的天际线（图 1-16）。

（2）项目具体实施

大厦设计具有显著的中国传统文化特色和韵味，其灵感源自中国古代文化礼器"樽"。该建筑形体呈现高大、四方、中部收窄的双曲线对称造型，塔楼高宽比达到约 7.2，这种形状实际是把更多的楼面面积从中下部移到具备更高价值的上部，提升了项目品质，同时也对结构设计和消防安全提出了严峻挑战。

该项目由美国 KPF 建筑事务所主持设计，北京市建筑设计研究院股份有限公司、Arup（奥雅纳）、PBA（柏诚）、ALT、Altitude、BPI（碧谱）、RWDI、MVA、江河幕墙、中国建筑第三工程局有限公司（总包联合体）等各领域顶尖团队合力协作，以实现这一超高层庞大体量＋超高难度建筑设计项目。

（3）技术创新与突破

1）结构工程

工程师采用高效的全高周边巨型框架体系，并与混凝土核心筒组成复合抗侧力结构系统（combined lateral resisting system），经济安全地解决了独特外形带来的问题。中国尊结构经济指标领先于地震区同类建筑。

2）核心筒

中国尊的钢筋混凝土核心筒采用内含钢骨的型钢混凝土剪力墙，并在剪力墙下部采用内嵌钢板的组合钢板剪力墙，这也是世界首次在高地震区 400m 以上超高层建筑中采用混凝土核心筒。这种组合提高了结构的抗压、抗剪承载力，有效降低结构自重和地震质量。中国尊的核心筒从承台面向上延伸至塔楼顶层，并且从上至下核心筒周边剪力墙墙体厚度逐步均匀收紧，在各墙肢内均匀布置了型钢暗柱。在塔楼的收腰楼层核心筒周边墙肢内另外加强了型钢暗撑，强化塔楼相对薄弱部位的抗震性能（图 1-17）。

图 1-17 北京中信大厦核心筒

3）巨型外框架

为实现建筑设计布局并确保结构安全，中国尊的外框筒采用巨型钢管混凝土柱、巨型钢斜撑以及钢转换桁架，有效利用材料特性，更高效地为结构提供抗侧刚度。不仅如此，还采取组合结构构件，将钢与混凝土的材料优势最大化。

（4）项目效益与影响

高效的复合结构系统使中国尊成为最具成本效益的超高层塔楼之一，并实现了良好的建筑效果，比如建筑首层周边只有四根巨型柱，营造出54m宽的无柱大厅空间。

中国尊不仅拥有极具识别度的建筑之高，更凸显了工程管理和创新技术之高，以领先高震区同类建筑的结构经济指标、消防安全性能实现了设计经济、安全和可持续性的统一，成为今天备受瞩目的首都新标志。

（5）荣誉与认证

1）8项世界之最

① 按抵御 8 级地震烈度设防的世界最高建筑——528m；

② 全球超高层建筑中最高、最大的室内观光平台（净高约 18m，挑空 3 层的无柱空间，360°俯瞰北京城）；

③ 世界最大截面的多腔体钢管混凝土巨型柱——64m²；

④ 双轿厢电梯（观光穿梭电梯 OS-01～03）提升高度全球最大——508m；

⑤ 施工用跃层电梯（TX-01）提升高度全球最高——514m，提升速度最快——4m/s；

⑥ 世界房建施工领域承载能力最高、面积最大、智能化程度最高的顶升钢平台——4800t，1849m²，12 个顶升支点；

⑦ 全球地下室最深、层数最多的超高层建筑；

⑧ 全球底座面积最大（6084m²）的超高层建筑。

2）15 项国内纪录

① 国内第一个业主主导，采用 EPC 一体化管理模式的特大型开发工程；

② 国内第一个采用双总包施工管理的超高层建筑；

③ 国内超高层项目地下室层数最多：8 层（7 层和一个夹层）；

④ 国内室内空气品质最优的超高层建筑；

⑤ 国内高强度钢材（Q390）用量最大、比例最高的建筑；

⑥ 国内民用建筑基坑深度最深：-40m；

⑦ 国内底板混凝土一次性浇筑方量最大：5.6 万 m³；

⑧ 中国建筑师主创设计的最高建筑物；

⑨ 国内巨柱翼墙厚度之最，墙体厚度最大为 2400mm；

⑩ 国内房建领域直径 1200mm 旋挖钻孔桩之最：有效桩长达 54.6m；

⑪ 国内底板首次使用直径 40mm，HRB500 级钢筋，超过 1.7 万 t；

⑫ 国内最大内灌外包 C70 自密实混凝土多腔体巨型柱，单个巨柱截面面积约 90m²；

⑬ 国内第一个采用"临时/永久"结合消防水系统，实现临时消防与永久消防的无缝连接；

⑭ 国内第一个利用 PW 协同平台，实现从业主、设计、监理、总包、各专业分包的全面协同的项目；

⑮ 国内第一个利用 BIM 模型、三维扫描等技术辅助项目管理，从设计、施工到运维阶段全生命周期的项目。

3）获奖情况

相继获得全国建筑业绿色施工示范工程、中国钢结构金奖年度杰出大奖、LEED 金级认证、中国安装工程优质奖（中国安装之星）、中国建设工程鲁班奖、国家优质工程金奖、中国土木工程詹天佑奖，斩获国家级工程奖项大满贯。

案例三：世界最长跨海大桥——港珠澳大桥

（1）项目背景信息

港珠澳大桥是目前世界上最长的跨海大桥，位于广东珠江口伶仃洋海域内，为珠江三角洲地区环线高速公路南环段。港珠澳大桥是一座连接香港、广东珠海和澳门的桥隧工程（图 1-18）。

图 1-18 港珠澳大桥

桥隧全长 55km，其中主桥 29.6km、香港口岸至珠澳口岸 41.6km。桥面为双向六车道高速公路，设计速度 100km/h。工程项目总投资额 1269 亿元。2009 年 12 月 15 日动工建设；2017 年 7 月 7 日实现主体工程全线贯通；2018 年 2 月 6 日完成主体工程验收；同年 10 月 24 日上午 9 时开通运营。港珠澳大桥因其超大的建筑规模、空前的施工难度和顶尖的建造技术而闻名世界。

（2）项目具体实施

港珠澳大桥工程具有规模大、工期短，技术新、经验少，工序多、专业广，要求高、难点多的特点，为全球已建最长跨海大桥，在道路设计、使用年限以及防撞防震、抗洪抗风等方面均有超高标准。在港珠澳大桥修建过程中，中国国内许多高校、科研院所发挥了重要技术支撑作用。

（3）技术创新与突破

1）科研成果丰富

港珠澳大桥建设前后实施了 300 多项课题研究，发表论文逾 500 篇（科技论文 235

篇)、出版专著 18 部、编制标准和指南 30 项、软件著作权 11 项；创新项目超过 1000
个、创建工法 40 多项，形成 63 份技术标准、创造 600 多项专利 (中国国内专利授权 53
项)。

2) 攻克十余项世界级技术难题

先后攻克了人工岛快速成岛、深埋沉管结构设计、隧道复合基础等十余项世界级技术
难题，带动 20 个基地和生产线的建设，形成拥有中国自主知识产权的核心技术，建立了
中国跨海通道建设工业化技术体系 (图 1-19、图 1-20)。

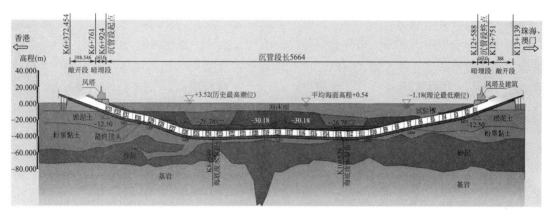

图 1-19　港珠澳大桥沉管隧道折拱式横截面

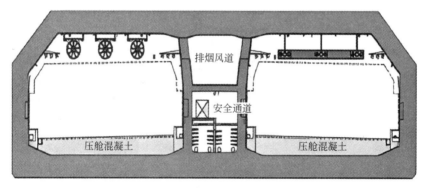

图 1-20　港珠澳大桥沉管隧道

(4) 项目效益与影响

1) 促进大湾区发展

港珠澳大桥建成开通，有利于三地人员交流和经贸往来，促进粤港澳大湾区发展，以
及提升珠三角地区综合竞争力，对于支持香港、澳门融入国家发展大局，全面推进内地、
香港、澳门互利合作具有重大意义。

2) 发挥纽带效益

坚持以人民为中心的发展思想，在一流桥梁、一流口岸基础上提供一流运营服务，将
港珠澳大桥打造成为联结粤港澳三地的"民心桥"。进一步简化审批流程、缩短通关时间，
将港珠澳大桥打造成为香港、澳门和内地协同创新、融合发展的纽带。

3）提高国际影响力

把工程建设关键技术转化为行业标准和规范，将港珠澳大桥打造成为中国桥梁"走出去"的靓丽名片。

（5）荣誉与认证

2019年12月，港珠澳大桥珠海口岸工程获中国建设工程鲁班奖（国家优质工程）；2020年8月，获2020年国际桥梁大会（IBC）超级工程奖；2024年1月，获第二十届（第二批）中国土木工程詹天佑奖；2024年，获2023年度国家科技进步奖一等奖。

案例四：全球最大会展中心——深圳国际会展中心

（1）项目背景信息

深圳国际会展中心是深圳市政府投资建设的重大项目，为全球最大的会展中心。由招商蛇口和华侨城联合体负责建设运营。该项目位于大空港新城片区，总建筑面积约160.5万m²。展馆一期于2016年9月开工建设，2019年9月落成，并于同年11月启用运营。

深圳国际会展中心是一个集展览、会议、活动（赛事、演艺等）、餐饮、商业等的功能于一体的超大型会展综合体。它不仅是深圳市政府的重大投资项目，也是新时代深圳全面扩大开放的重要平台，更是增强粤港澳大湾区建设核心引擎功能的重要载体。此外，该中心还结合了空港、轨道等区域性交通枢纽，发展与会展商贸、创新研发、国际物流和空港经济紧密相关的产业集群，引领空港新城的发展（图1-21）。

图1-21　深圳国际会展中心

（2）项目具体实施

深圳国际会展中心在建设过程中面临着多个挑战和难点，但通过采取有效的对策和措施，施工人员成功地克服了这些困难。以下是建设过程中的难点及对策：

1）施工难度大

深圳国际会展中心项目涉及大量的土建和钢结构施工，特别是登录大厅和中央廊道结构复杂、体量大，施工难度较大。对此，项目团队通过优化技术方案、调整现场工序、合理施工部署，确保每一道工序恰当衔接，最终成功完成了建设任务。

2）配套设施滞后

尽管深圳国际会展中心被誉为全球最大的会展中心，但其周边的配套设施建设滞后，包括交通路网和公共交通配套，这导致了交通拥堵和不便，影响了会展中心的全面运营。对此，市政协委员呼吁建立延误追责机制，以加快周边配套设施的建设和完善。

3）多功能展厅的钢结构安装复杂

18 号展厅作为多功能展厅，其功能结构复杂，吊装作业空间狭小，施工难度较大。项目团队通过技术创新和合理的施工部署，成功地在短时间内完成了钢结构的安装工作，展现了高效的施工和技术创新能力。

（3）技术创新与突破

1）运用数字孪生技术自主研发了场馆三维可视化运维系统

场馆三维可视化运维系统以物联网为基础，以 BIM 模型为可视化载体，突破了场馆物理空间的限制，在虚拟空间中高精度还原会展场馆。通过对设备数据的实时抓取和统一汇聚，实现了对场馆环境和硬件的统一管理和运维，从而打造高标准、高质量、高效率、低能耗的运营模式。此外，该中心还创新应用了"一键巡检"和"展会一张图"，有效提升了场馆管理效率和经济效益（图 1-22）。

图 1-22　深圳国际会展中心场馆三维可视化运维系统

2）采用了 52 项全球领先的绿建技术

采取优化围护系统、空调系统和照明及设备系统等措施，实现了项目单位面积能耗约每年每平方米 70.98kW·h，仅为同类建筑能耗的 40%，远低于深圳市大型公建平均年能耗。同时，该中心还拥有全球最大的单体建筑雨水收集系统，通过加强雨水收集回用、市政中水和节水器具使用，每年减少市政用水 42.21 万 t（图 1-23）。

3）融入智慧建造的最新成果

展现了物联网、云计算、大数据、移动互联、建筑信息化管理 BIM、5G 等信息化技术在建筑设计、施工中的应用成果。

（4）项目效益与影响

1）推动区域发展

深圳国际会展中心作为深圳市的重点工程，不仅在规模和功能上具备全球领先水平，而且在推动城市发展、促进产业升级和增强区域经济活力方面发挥了重要作用。通过持续

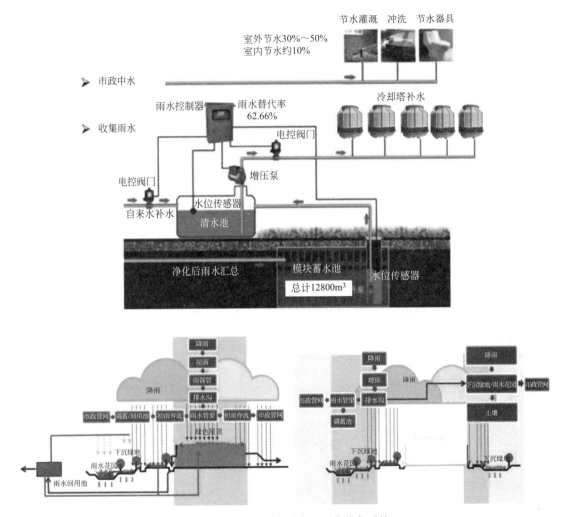

图 1-23　深圳国际会展中心雨水收集系统

的政策支持和优化管理，深圳国际会展中心有望在未来继续发挥其核心作用，助力深圳乃至整个粤港澳大湾区的经济发展。

2）提高深圳国内外的影响力

深圳国际会展中心自建成以来，已经举办了大量国内外知名展会，如中国国际高新技术成果交易会（高交会）和中国（深圳）国际文化产业博览交易会（文博会），极大地推动了深圳会展业的发展。同时，该中心也成为深圳展示城市形象和创新能力的重要窗口，吸引了大量国内外游客和参展商。

（5）荣誉与认证

荣获中国钢结构金奖、年度杰出工程大奖和金海豚大奖——标志性场馆奖。

案例五：全球一次建设的最大的单体航站楼、最大的单体减隔震建筑——北京大兴国际机场航站楼

（1）项目背景信息

北京大兴国际机场航站楼工程是全球一次建设的最大的单体航站楼、最大的单体减隔震建筑（图1-24、图1-25），位于北京市大兴区与河北省廊坊市广阳区之间。工程于2015年9月26日开工建设，2019年9月12日竣工，总投资150.05亿元。工程由航站楼及综合换乘中心、停车楼组成，总建筑面积105.2万 m²。

图 1-24　北京大兴国际机场航站楼

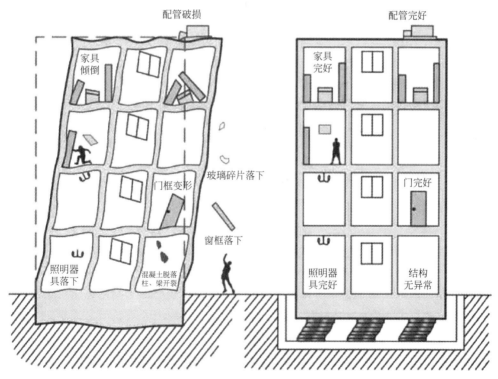

图 1-25　隔震结构与非隔震结构地震反应对比

该工程是国家"十二五"规划重点工程，北京市"十二五"重大基础设施发展规划一号工程，民航"十二五"重点项目，是京津冀协同发展中"交通先行、民航率先突破"的最大亮点工程。北京大兴国际机场将与北京首都国际机场形成具有国际竞争力的"双枢纽",服务"一带一路"国家倡议,是国家发展的一个新动力源。

(2)项目具体实施

在北京大兴国际机场航站楼建设中,面对史无前例的建造难题,建设团队致力于技术创新,解决了超大平面混凝土结构施工关键技术、超大平面层间隔震综合技术、超大平面复杂空间曲面钢网格结构屋盖施工技术、超大平面不规则曲面双层节能型金属屋面施工技术、超大平面航站楼屋盖大吊顶装修施工关键技术、超大型多功能航站楼机电工程综合安装技术等难题,为解决机场建设的世界级难题交上了完美的"中国方案",取得了令世人瞩目的施工成果。

(3)技术创新与突破

1)施工过程中的创新举措

基础施工利用GNSS快速动态单基站RTK测量技术,研发了超大平面大规模机械运行环境下桩位快速动态控制放样技术,该技术在桩基施工的复杂环境下经受住了考验,经过桩基开挖后的测量评定,精度满足设计和规范要求,节约了大量的人力物力,工程实施效果好。

采取"外侧围降,内部疏干"的降水方案,规避了深槽区基础桩后压浆、支护锚杆施工对降水效果的影响。

通过建立高精度BIM模型,解决了深区护坡桩锚杆与浅区基础桩的冲突问题;研发并成功应用二次劈裂注浆工艺,解决了泥炭质土层内锚杆锚拉力低的难题。

在钻孔桩施工中,创新采用聚合物泥浆护壁和二次清孔施工工艺,解决了粉细砂层孔壁坍塌及沉渣厚度控制问题,提高了桩基施工效率,保证了桩基质量。

通过数字仿真模拟温度场以及现场布置监测点,研究季节性温度变化对超大平面结构的影响,指导结构后浇带封闭时间、顺序,完美实现结构顺利施工,是本工程核心创新技术。

2)绿建技术上的创新举措

绿色机场建筑占比达100%,其中70%以上的建筑达到我国最高等级的三星级绿色建筑标准。旅客航站楼集成优化被动式节能设计,最大限度地利用天然光和自然通风,实现室内自然光采光面积占比超过60%。航站楼能耗小于29.51kg ce/m^2,比国家公建节能标准提高30%,每年减少二氧化碳排放2.2万t。

机场加强可再生能源利用,通过地源热泵、光伏发电等形式,实现全场可再生能源占总能耗比例16%以上。以景观湖作为集中埋管区,布置地埋孔1万余个,通过耦合设计,形成稳定可靠的地源热泵系统,可满足周边257万m^{2}建筑的供暖制冷需求,每年可减少二氧化碳排放3万t。在停车楼、能源中心及飞行区侧向跑道旁等区域大力推进太阳能光伏系统建设,全场装机容量10MW以上,全部投用后可实现年节约标准煤1900t。积极参与绿色电力交易,使用来自青海省、山西省的水电、风电及太阳能等清洁电力。

机场还创新采用了飞机地面专用空调及供电系统。机场所有近机位100%配备地井式飞机地面专用空调(PCA)和400Hz静变电源系统,可保障飞机在停靠港湾期间,关闭飞机发动机辅助动力装置(APU),降低燃油消耗。自开航至2022年,实现节约航空燃油约3.6万t,减少二氧化碳排放10万t左右。

利用空地一体化运行仿真技术，从空域、地面、环境影响、运行效率等方面优化设计。国内首创带侧向跑道的全向跑道构型，航站区位于中央区域，跑道与滑行道系统构型和空域匹配度高，可实现东、西、南、北全方向飞行，有效减少航线绕行带来的燃油消耗，同时还能降低噪声对城区的影响。此外，建成高级地面引导与控制系统（A-SMGCS），整体达到国际民用航空组织（ICAO）规定的四级标准。实现用地面智能灯光规划引导替代传统车辆引导飞机泊位，显著缩短飞机在跑道上的滑行距离，降低航空燃油的排放。

作为北京"海绵城市"建设的重点项目，北京大兴国际机场航站楼高度重视雨水的渗、滞、蓄、净、用、排全过程处理。通过建设机场内"池、渠、湖"形成调蓄容量 330 万 m^3，实现雨水自然积存、渗透、净化，雨污分离率、污水处理率、污水回用率均达到 100%，成为名副其实的"海绵机场"。而且，通过雨水、中水等循环利用，非传统水源利用率达到 30%，节约了水资源，生态效益显著。

（4）项目效益与影响

1）成为京津冀协同发展的新引擎

北京大兴国际机场航站楼自投运以来，累计保障航班起降超过 80 万架次，保障进出港旅客超过 1 亿人次。它位于京津冀的核心腹地，通过构建"五纵两横"的综合交通骨干网络，实现了与京津冀区域主要城市的快速连接，为京津冀协同发展提供了重要的基础设施保障。

2）促进临空经济区的发展

机场临空经济区是全国唯一具有京冀两省市自由贸易试验区政策和跨京冀两省市综合保税区的优势区域。临空经济区将充分利用北京大兴国际机场发展机遇和优势，发挥联通国内国际双循环的枢纽节点作用，促进临空区、自贸区、综保区"三区"产业耦合发展。

3）促使国际资源的聚集

北京大兴国际机场实现了国际资源的聚集，使大兴区成为全球企业实现国际化发展的最佳战略选址。依托临空经济区构建的链接全球技术转移中心的合作渠道和服务网络，有利于引进国际化研发创新中心，助力国际技术转移服务和创新成果承接落地。

4）带来经济贡献

北京大兴国际机场航站楼的建成通航，预计在未来 20 年将带来 8.6 万亿元的经济贡献。这是国家发展战略下的重大举措，目标是成为国家发展的一个"新动力源"。

5）提升了区域竞争力

通过精心谋划的总部经济进一步提升核心竞争力，北京大兴国际机场临空经济区正在打造以"航空＋"为理念的国际航空总部园，旨在成为服务北京大兴国际机场航站楼、实现区港融合的重要抓手，助力临空区建设成为创新、开放、可持续的国际一流高品质航空城。

（5）荣誉与认证

2018 年 6 月，被评为 2017 年度全国建筑业绿色建造暨绿色施工示范工程；2018 年 9 月，被评为住房和城乡建设部绿色施工科技示范工程、获得三星级绿色建筑设计认证；2018 年 10 月，获得北京市建筑结构长城杯金质奖、2018 年度国际卓越项目管理（中国）大奖金奖；2018 年 11 月，获得节能 3A 级建筑认证、民航科技成果评价认定；2018 年 12

月被评为北京市绿色生态示范区（2018~2021年）、第一批"四型机场"示范项目以及第十三届第一批中国钢结构金奖；2019年4月获得第十三届中国钢结构金奖年度杰出工程大奖；2020年12月获得中国建筑行业工程质量最高荣誉中国建设工程鲁班奖（国家优质工程）；2021年3月，获得2020年度亚太地区最佳卫生措施奖和2020年度亚太地区2500万至4000万吞吐量最佳机场奖；2022年1月获得第十九届中国土木工程詹天佑奖。

对外，中国建造加快出海，在海外市场中发挥力量。"一带一路"倡议实施以来，中国建造名扬全球，与"中国制造"一起成为"中国实力"的重要组成部分。当前，我国已同"一带一路"沿线基本形成"六廊六路多国多港"互联互通架构。中国建造企业在国际市场上的影响力也在不断攀升。据《工程新闻纪录》（ENR）发布的全球250家最大国际承包商榜单，2021年中国内地有78家企业上榜，占榜单总数的31.2%；实现国际工程承包收入1075亿美元，占榜单企业该项收入总量的25.6%（表1-2）。此外，中国建造深度参与国外重大项目，参与完成了中缅油气管道、蒙巴萨至内罗毕标准轨距铁路、巴基斯坦卡洛特水电站等众多知名项目，这些项目成为中国基建品牌的"金名片"。

2013~2021年内地企业在"全球250家最大国际承包商榜单"中表现　　　　表1-2

指标	2013	2014	2015	2016	2017	2018	2019	2020	2021
入选企业（家）	55	62	65	65	65	69	76	74	78
国际工程承包收入（亿美元）	672	790	897	937	989	1141	1190	1200	1075
收入总占比（%）	13.1	14.5	17.2	19.3	21.1	23.7	24.4	25.4	25.6

数据来源：历年美国《工程新闻纪录》（ENR）杂志，最新收入数据至2021年。

案例六：第四大能源进口通道——中缅油气管道

（1）项目背景信息

中缅油气管道是继中亚油气管道、中俄原油管道、海上通道之后的第四大能源进口通道。它包括原油管道和天然气管道，可以使原油运输不经过马六甲海峡，从西南地区输送到中国（图1-26）。

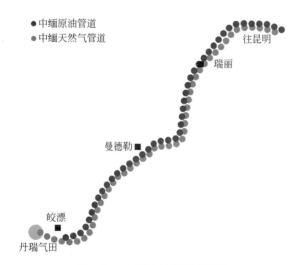

- 中缅原油管道
- 中缅天然气管道

往昆明
瑞丽
曼德勒
皎漂
丹瑞气田

图1-26　中缅油气管道示意图

中缅原油管道起点在马德岛（皎漂港北侧入口约1/3处），终点在广西贵港，全长2402km（缅甸段771km，国内段1631km），设计年输送能力2200万t（未来增输量可到3000万t），投资额15亿美元，2010年6月开始施工，2017年4月正式投运。

中缅天然气管道起点在皎漂港，终点在重庆长寿，全长2520km（缅甸段793km，国内段1727km），设计年输送能力120亿m^3（未来增输量可到170亿m^3），投资额10.4亿美元，2010年6月开始施工，2013年7月正式投运。

（2）项目具体实施

中缅原油管道由中国石油和缅甸油气公司合资建设，中缅天然气管道由中国石油、韩国浦项制铁大宁公司、印度石油海外公司、缅甸油气公司、韩国燃气公司、印度燃气公司共同出资建设。

1）集中全球优势资源，建设一流工程

管道建设期间，中缅油气管道公司按照国际管道项目规范和模式操作，在包括设备选型、设计、施工在内的重要环节，采用国际统一标准，制定一套更严格的企业标准。采用国际一流的国产 X70 碳素钢管和国际知名厂商设备产品，通过国际公开招标在全球范围优选建设资源。来自缅甸、印度、中国、美国、德国、英国等多国的知名企业携手挑战"不可能"，严把建设质量关。

2）贯穿绿色先行理念

可研阶段就开展环境评价、社会评价；施工过程严控作业带范围，引入独立的第三方环境监理，全过程监控施工人员和设备作业活动，确保工完、料净、场地清。中缅油气管道公司还因地制宜制定了沿线水土保持与生态恢复方案，减少环境足迹。

（3）技术创新与突破

1）研发了 X70 大变形钢生产工艺及适应大变形要求的弯管、焊接、低温防腐涂覆等配套工艺。

2）应用大口径油气管道双管（三管）并行施工技术，以及复杂地质环境灾害防治技术集成，保障了施工作业的顺利实施。

3）研制了高压水力冲射管道成沟装备，创新形成了系列长波暗涌环境下施工建造技术。

（4）项目效益与影响

1）经济效益

中国方面：中缅油气管道项目显著降低了中国对马六甲海峡的能源运输依赖性，节省了油气运输成本，使得资源成本得以降低。同时，它增强了我国能源供给的多元化，更好地满足了国内各地区，尤其是西南地区的能源需求。

缅甸方面：缅甸不仅从中获得了可观的过境费收入（据估计每年约 10 亿美元），还通过天然气出口实现了创汇。此外，项目还带动了缅甸的基础设施建设、就业创业和民生改善，提高了当地人民的生活水平和幸福感。据统计，截至 2021 年底，中缅油气管道为缅甸创造了近 40 亿美元的外汇收入，并带动了沿线地区超过 10 万人就业。

2）社会效益

一是促进基础设施建设：项目拉动了缅甸的基础设施建设，包括修建学校、医院、桥梁、水电站等，提升了当地的基础设施水平。二是增加就业机会：项目施工高峰期当地用工达 6000 多人，累计用工超过 290 万人次，为缅甸和中国创造了大量的就业机会。三是改善民生：项目通过技能培训、供应链延伸等方式促进和提升农村自我发展能力，实现个体收入多样化，积极改善当地生活条件和生活环境。例如，项目公司向马德岛村民传授蔬菜种植和牲畜养殖技术，发展大棚种菜和家畜养殖，并采购小猪崽免费送给村民养殖，从根本上改善他们的经济状况。

3）环境效益

项目在建设中注重环境保护，采用先进的技术手段降低对环境的影响。例如，在勘测阶段采用机载激光雷达测量技术替代传统的人工 GPS 测量技术，避免了对若开山林区和缅北山地林区森林植被的影响；在海沟穿越施工时采用定向钻穿越技术取代大开挖，最大程度地保护了海洋生态和两岸的红树林。

4）国际影响

一是加强中缅合作：中缅油气管道项目是中缅两国友好合作的典范，增进了两国在政治、经济、文化等领域的合作和互信。二是提升国际影响力：该项目展示了中国在国际能源合作中的实力和影响力，为中国企业"走出去"提供了成功的经验和模式。三是促进区域经济发展：项目不仅带动了缅甸的经济发展，还促进了周边国家和地区的经济联系和合作，为区域经济的繁荣和发展做出了贡献。

（5）荣誉与认证

中缅工程（缅甸段）天然气管道工程荣获 2016 年度石油优质工程金奖（境外工程）、2016 年中国建设工程鲁班奖（境外工程）、国家优质工程金质奖（2016～2017 境外工程）等荣誉。

案例七：中非合作最大规模工程——蒙巴萨至内罗毕标准轨距铁路

（1）项目背景信息

蒙巴萨至内罗毕标准轨距铁路（简称"蒙内铁路"）由肯尼亚与中国合作建设与运营，是迄今为止中非合作的最大规模的工程，代表着当前中非合作的最高水平。蒙内铁路东起东非第一大港口城市蒙巴萨，西至肯尼亚首都内罗毕，全长超 480km，总投资 38 亿美元，采取货主客辅的设计，为中国铁路一级干线标准现代化标准轨铁路（轨距 1.435m）。该项目于 2014 年 12 月全面开工，2017 年 5 月 31 日正式通车（图 1-27）。

图 1-27　蒙内铁路蒙巴萨西站

（2）项目具体实施

项目由中国路桥工程有限责任公司、中交一航局、中交二航局、中交四航局等共同参与实施，是海外采用"中国标准"全方位建设、运营、维护的国际干线铁路。

项目建设团队始终秉承精益求精的工匠精神，积极推行人员配备标准化、管理制度标准化、过程控制标准化和现场管理标准化。各标段质检人员标准化配备，严格执行各项质量管理制度，构建并落实质量管控体系。执行首件验收制度，及时优化施工方案，确保施工工艺和施工过程标准化。坚持标准化工地建设，设置梁枕预制场、钢筋加工厂，强力推进现场管理标准化。建立标准化实验室、拌合站，通过建设团队和监理工程师的联合验收，实现从原材料、施工过程到成品的有效监管，确保成品质量受控。

（3）技术创新与突破

1）研发了铁路穿越国家公园、东非大裂谷的生态环境保护成套技术，是中国标准建设的境外干线铁路穿越大型自然动植物保护区的首创与范例。

2）建立了地域性材料用于铁路混凝土工程的技术指标体系，因地制宜，大规模利用天然火山灰、天然火山渣、火成岩机制砂、黑棉土等一系列地域性材料，节约了资源，降低了工程造价，保证了工程质量。

3）系统形成了涵盖设计、施工、验收及运营维护的肯尼亚标准轨距铁路建设标准体系和运营及维护标准体系，不仅填补了肯尼亚标准轨距铁路建设标准的空白，而且极大地推动了中国铁路标准在肯尼亚的属地化进程。

（4）项目效益与影响

1）担当肯尼亚铁路主干线，促进东非铁路网建设

蒙内铁路是肯尼亚近百年来新建的第一条现代化铁路，其运力和运输效率可达既有米轨铁路的十倍以上，代表着肯尼亚现代化铁路发展的方向。目前，作为蒙内铁路西北方向延长线的内罗毕至马拉巴铁路（线路长约495km），采用与蒙内铁路相同的技术标准，其一期工程即将建成通车。2020年，蒙巴萨—内罗毕—马拉巴铁路将自东南向西北贯穿整个肯尼亚，将肯尼亚交通运输最繁忙的城市、工业最发达的地区和旅游业最兴旺的国家公园连接起来，形成从蒙巴萨赖茨港到东非内陆腹地的铁路通道，成为肯尼亚铁路网络的主干线。

2）促进经济发展，推动贸易合作

蒙内铁路和内马铁路把肯尼亚经济最发达的三个城市蒙巴萨、内罗毕和基苏木连接起来，将给肯尼亚的经济发展注入新的活力。由于肯尼亚的主要工业、商业、运输业、旅游业、房地产业和大部分人口分布在蒙内铁路和内马铁路沿线地区，铁路的运营将极大地促进肯尼亚国民经济发展和人民生活水平的提高。据肯尼亚官方分析，蒙内铁路建成通车后，肯尼亚每年的经济增长将提高1.5个百分点。目前，仅蒙内铁路的建设就为肯尼亚提供了3万多个工作机会。

蒙内铁路为东非内陆国家提供了一条便捷、快速和可靠的出海通道，将使东非国家的交通运输进入一个崭新的阶段，使东非到印度洋的大宗货物运输时间大大缩短，费用大幅度降低，进一步促进了肯尼亚与东非各国，与非洲各国，甚至与世界各地间的贸易合作。

3）节约资源，保护环境

蒙内铁路方案设计中创造性地将铁路集装箱中心站设置在远离港口近500km的内罗毕，使得从赖茨港发往内陆的集装箱不需要办理清关就可以通过蒙内铁路直接运送到内罗

毕，在保证蒙内铁路运量的同时，也将铁路"节约资源，保护环境"的传统优势发挥到极致。

对于重要野生动植物栖息地和水源地，蒙内铁路始终坚持"环保第一"的宗旨，如采用"以桥梁代路基"的方式尽量保持原生态环境。为了保护野生动物的迁徙，蒙内铁路沿线设置了 14 处大型动物通道，沿线的几百座涵洞也兼顾了小动物的穿越和迁徙，而有长颈鹿和大象迁徙的动物通道的净高都在 6.5m 以上。

4）引领"一带一路"，推动中国标准"走出去"

"一带一路"和"走出去"都是我国的伟大战略举措，从位置上看，肯尼亚位于"一带一路"的西南末端。肯尼亚是中国在非洲的传统友好国家；蒙巴萨赖茨港吞吐量巨大，能有效保证蒙内铁路的运量；肯尼亚经济位居东非前列，有能力偿还铁路建设贷款。这一切显示，蒙内铁路具备推动"一带一路"战略举措的良好条件（图 1-28）。

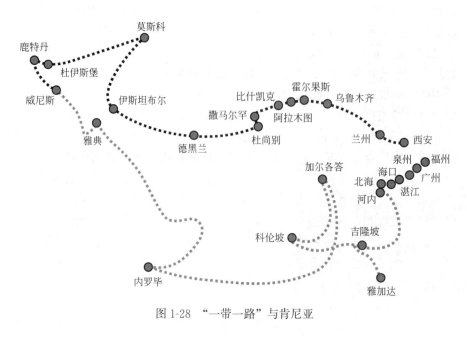

图 1-28 "一带一路"与肯尼亚

在蒙内铁路的早期方案设计和商务谈判阶段，建设单位始终坚持蒙内铁路全面采用中国标准，将中国铁路的技术准则和规范推向世界，在中国标准"走出去"的道路上实现了飞跃，是中国标准"走出去"的里程碑。

（5）荣誉与认证

蒙内铁路荣获 2018～2019 年度中国建筑业协会中国建设工程鲁班奖（境外工程）、2020 年度中国施工企业协会国家优质工程（金奖）、中国土木工程詹天佑奖，实现中国建筑荣誉大满贯。

案例八：中巴经济走廊首个水电投资项目——巴基斯坦卡洛特水电站

（1）项目背景信息

卡洛特水电站位于巴基斯坦北部印度河支流吉拉姆河上，距离首都伊斯兰堡的直线距离约 55km，是"一带一路"建设的首个水电项目，也是"中巴经济走廊"优先实施的能源项目之一，更是迄今为止中国企业在海外投资在建的最大绿地水电项目。该项目采用

"建设—经营—转让"的运作模式，已于 2015 年底正式开工建设，于 2022 年 6 月全面投入商业运营。该水电站的规划装机容量是 72 万 kW，每年发电 32.13 亿 kW·h，总投资金额约 10.5 亿美元。除主要用于发电外，该项目还可实现防洪、拦沙、改善下游航运条件和发展库区通航等综合效益（图 1-29）。

图 1-29　卡洛特水电站

（2）项目具体实施

卡洛特水电站是巴基斯坦首个完全采用中国技术和中国标准建设的水电项目，由中国长江三峡集团有限公司为主投资开发，长江设计集团有限公司为工程勘察设计单位，两家企业的总部均位于（中国）湖北武汉。

项目建设过程中，中国长江三峡集团有限公司引入了国内先进的水电工程移民管理信息系统，并进行了升级开发，提高了项目管理效率。同时，项目还广泛采用了智能化、信息化管理系统，如文件综合管理系统、混凝土信息管理系统、灌浆智能监控系统等，确保了工程的高质量推进。

卡洛特水电站所在河流属于典型的山区性河流，具有"泥沙量大、水库库容小"等显著特点，泥沙问题复杂。为探求合理的排沙运行方式和优选枢纽布置，长江科学院采用以河工模型试验为主，数学模型计算及原型实测资料分析等多种手段相结合的方法，对坝区泥沙淤积问题进行专题研究。同时，对水电站兴建前后工程河段附近的壅水高度及范围，桥位附近左、右岸近岸流速的变化，上下游河段流速、流向，河段冲淤变化等进行了深入研究，预测了 20 年后冲淤平衡时水库的泄流能力，提出了泄洪建筑物优化建议，为工程的优化设计和长期使用奠定了基础。

（3）技术创新与突破

1）综合性设计：电站设计不仅注重发电功能，还兼顾了防洪、拦沙、改善下游航运条件和发展库区通航等综合效益，体现了设计的全面性和前瞻性。

2）智能化、信息化管理系统：在施工过程中，卡洛特水电站采用了水电工程移民管理信息系统、文件综合管理系统等智能化、信息化管理系统，这些系统的应用提高了施工效率和管理水平。

3）枢纽泥沙防治技术：针对水电站"库小沙多"的特点，提出了兼顾枢纽长期使用与发电效益的"分级相机拉沙"的排沙优化调度运行方式，并首次采用三维水沙数学模型论证了水库冲刷漏斗形成发展过程及拉沙效果，为"一带一路"首个大型水电项目的顺利实施提供了技术支撑。

4）特殊施工技术：针对进水塔等施工难度大的工程，项目团队采用了先进的施工技术，如高悬空模板及支撑体系等，确保了工程质量和安全。

（4）项目效益与影响

1）中巴合作的典范

卡洛特水电站是中巴两国在清洁能源开发领域合作的典范，体现了两国在"一带一路"倡议下的深度互信与合作。

2）中国标准的输出

作为采用、输出中国标准的示范性工程，卡洛特水电站的成功建设为中国水电行业在国际市场上的竞争力提升奠定了坚实基础。

3）环保与可持续发展

项目在建设过程中始终秉持环保理念，投资约 1.5 亿元"个性定制"了环境保护专项规划，其中仅生产废（污）水处理一项，就采用了多项世界一流的环保设备和措施。同时，卡洛特水电站的建成将为巴基斯坦提供清洁、廉价的电力，有助于促进该国的绿色发展和可持续发展。

4）社会责任与民生改善

中国长江三峡集团有限公司在卡洛特水电站项目建设中积极履行社会责任，通过"社区管理计划"和"社区投资计划"等方式改善周边社区的基础设施和生活条件。制定"社区管理计划"，成立社区管理委员会，定期与周边社区举行会议，了解社区村民的需求，迅速有效地解决项目与社区之间可能存在的问题，始终与当地社区保持着融洽的关系。通过"社区投资计划"，修建校舍、公共图书馆、医院诊所、新生婴儿护理房、打井供水、改建道路、新建社区休息室，切实改善当地老百姓的生活环境。同时，项目的成功运营为当地创造了大量就业机会，提高了居民的生活水平，增强了中巴两国人民之间的友谊和互信。

（5）荣誉与认证

2023 年 8 月，卡洛特水电站获得巴基斯坦"中巴经济走廊"项目十周年突出贡献奖。

案例九：中刚建交以来最大合作项目——刚果（布）国家 1 号公路

（1）项目背景信息

刚果（布）国家 1 号公路是中刚建交 50 年来两国间最大、最重要的合作项目，也是刚果（布）等级最高、通行体验最好的公路，更是刚果（布）主要的交通和经济动脉，被誉为刚果（布）交通史上的"梦想之路"。刚果（布）国家 1 号公路绵延 535km，穿越高原、河谷，经过原始森林和沿海平原，最终抵达大西洋出海口城市黑角，由中国建筑集团修建并参与运营。刚果（布）国家 1 号公路作为中非合作论坛和"一带一路"倡议的重要成果，在非洲国家刚果（布）家喻户晓（图 1-30）。

图 1-30　刚果（布）国家 1 号公路

（2）项目具体实施

刚果（布）国家 1 号公路特许经营项目采用中法刚三方合作模式，由中国建筑集团有限公司、法国爱集思集团和刚果（布）政府联合组建项目公司，开展收费运营、公路养护和大修工程业务。

路线设计方案以"不破坏是最大的保护"为原则，对生态环境坚持最小程度的破坏和最大力度的保护，使工程建设顺应自然、融入自然。勘察设计时对沿线动植物习性进行了详细调查，路线避开了环境敏感区和生态保护区，例如在选择路线与大洋铁路交叉方案时，充分考虑了动物迁徙等因素，采用桥梁上跨铁路并设置动物通道的方式，使工程对自然环境的影响降到最低。

项目沿线普遍存在红土砾料，根据其水稳定性好、强度高的特点，路面结构设计时提出采用红土砾料代替级配碎石的方案，经路面计算和多次试验，成功将该材料应用在路面底基层中，减少了因石料开采对环境的破坏，并有效降低了工程造价。

（3）技术创新与突破

1）岩土工程关键技术

提出了边坡自动监测和安全评估方法，系统解决原始森林中公路高危边坡距离城市远、不便进行高密度现场观察等问题，可实时监测边坡状况，评估高边坡安全状态，将实测数据用于验证原设计方案中各类参数取值的合理性，以优化改进边坡设计方案；对砂性土特性进行研究，确定砂性土路基填筑与冲刷防护治理措施，确保砂性土路段路基安全。

2）公路绿色修建技术

通过材料试验、破坏原理、数值模拟等对超薄沥青混凝土路面进行研究，为超薄沥青混凝土路面设计提供理论依据；对公路沿线噪声进行分析研究，为沿线的土地开发利用提供了快捷有效的噪声影响评价工具；基于公路对动物迁徙的影响分析，制定了动物保护措

29

施和设计方案；基于道路建设对自然环境中植物的影响分析，制定了植物保护设计方案。

3）混凝土耐久性关键技术

开展利用低品质水泥配制高性能混凝土、低强度等级自密实混凝土的配制，提高混凝土抗渗性能、抗软水溶蚀性能、混凝土开裂的因素和修复措施等研究，提高了项目混凝土配合比设计水平和施工水平，为提高项目长久耐用奠定基础。

（4）项目效益与影响

国家1号公路的建成，极大地改善了刚果（布）中心城市间的交通条件，促进了沿线经济社会发展。如今，从大西洋沿岸的黑角至刚果河畔首都布拉柴维尔的车程，从过去的近一个星期缩短至8h。该公路的建成增强了刚果（布）不同地区之间的连通性，促进了资源开发和商品流通，有助于该国实现经济社会效益的双赢。刚果（布）总统萨苏盛赞中国建筑集团有限公司"实现了刚果（布）人民的世代梦想"。

（5）荣誉与认证

项目荣获2018年度国家优质工程、2020年中国建设工程鲁班奖（境外工程）。

案例十：世界上海拔最高的大型光伏项目——阿根廷·胡胡伊省高查瑞300MW光伏发电项目

（1）项目背景信息

高查瑞300MW光伏发电项目是世界上海拔最高的大型光伏项目，是中阿两国元首共同见证签署的重大合作项目，也是阿根廷第一个落地的中国优惠贷款项目（图1-31）。

图1-31　高查瑞光伏项目

（2）项目具体实施

2017年，中国电力建设集团有限公司和上海电力建设有限责任公司联合中标阿根廷高查瑞光伏项目。中方团队在高海拔、高寒的自然环境中进行施工，施工过程中，中国企业坚持严格执行环保标准，建立了完善的环境影响评价制度，并针对当地生态环境反复修改设计方案，最大程度地保护当地自然环境，避免项目施工影响羊驼等动物的自由活动。

（3）技术创新与突破

项目位于"南美洲脊梁"安第斯山腹地，该地区日照资源极其优越，全年平均日照时数超过2500h，空气质量高，平均海拔高达4020m，是全球最适合发展光伏发电的地区之一。

考虑到高海拔特点，项目在2018年设计阶段，基于"节约占地、提高效益、降低运行成本"的原则，精心优化设计方案，通过升压站主变备用相快速投入方案等一系列创新设计，为外方业主带来巨大的经济效益。在设备材料选型过程中，优先选择技术先进、安全可靠、运行方便的设备，通过选用电气预制舱及模块化组件大幅减少了现场施工、调试的工作量，显著提升了高原环境施工效率。项目在前期设计阶段，精心优化，勇于创新，采用的先进技术以及积累的高海拔建设经验，为阿根廷新能源开发建设提供了宝贵借鉴价值。

（4）项目效益与影响

项目设计总装机容量 315MW，总投资额 3.9 亿美元，采用了世界领先技术和优质材料，很好实现了保护生态环境的目标。项目于 2020 年 9 月投入商业运营，光伏电站投入使用后，极大缓解了当地电力负荷紧张状况，在满足约 10 万户居民用电需求的同时，每年还能减少 32.5 万 t 二氧化碳排放，结束了胡胡伊省长期从外省购电的历史、加速了胡胡伊省能源转型，为当地经济社会发展提供有力支撑。

（5）荣誉与认证

该项目于 2021 年获得能源国际合作惠民生类最佳实践案例。

1.3.2　服务城乡与基础设施建设

新中国成立以来，建筑业深度参与城市建设工作，城市、乡村基础设施，以及棚户区改造、老旧小区改造等一批民生工程竣工，显著改变了城乡面貌，建成世界最大住房保障体系，人民获得感、幸福感、安全感不断增强。

基础设施更加健全。首先，传统基础设施成网增效，近十年我国建成了世界最大的高速铁路网、高速公路网，世界级港口群、机场群、水利、能源、信息等基础设施。截至 2023 年末，铁路营业里程达到 15.9 万 km，公路里程为 544.1 万 km，全国累计发电装机容量约为 29.2 亿 kW，水利建设完成投资额突破 1 万亿元（表1-3）。其次，新基建工程加快布局。我国已累计开通 5G 基站接近 200 万个，建成全球规模最大的光纤和移动宽带网络，北斗导航系统实现信号全球覆盖，工业互联网应用已覆盖 45 个国民经济大类[①]。

2013～2023 年全国不同领域建造规模[②]　　　　　　　　　　表 1-3

指标	2013	2014	2015	2016	2017	2018	2019	2020	2021	2022	2023
铁路营业里程(万 km)	10.3	11.2	12.1	12.4	12.7	13.2	14.0	14.6	15.1	15.5	15.9
公路里程(万 km)	437	446	458	470	477	485	505	520	528	535	544.1
高速等级路公路里程(万 km)	10.4	11.2	12.4	13.1	13.6	14.3	15.0	16.1	16.9	17.7	18.4
内河航道里程(万 km)	12.6	12.6	12.7	12.7	12.7	12.7	12.7	12.8	12.8	12.8	12.8
定期班航航线里程(万 km)	41.1	46.4	53.2	63.5	74.8	83.8	94.8	94.3	69.0	70.0	—
管道输油(气)里程(万 km)	9.9	10.6	10.9	11.3	11.9	12.2	12.7	12.9	13.1	13.6	15.5
发电总装机容量(亿 kW)	12.6	13.8	15.3	16.5	17.8	19	20.1	22.1	23.8	25.7	29.2
水利建设完成投资额(亿元)	3758	4083	5452	6100	7132	6603	6712	8182	7576	10893	11996

---

① 资料来源：2022 年 9 月 22 日央视网"领航中国｜基础设施成网　夯实高质量发展之基"新闻联播。

② 资料来源：国家统计局、中国电力企业联合会、水利部。

案例一：铁路基础设施——川藏铁路

（1）项目背景信息

川藏铁路作为中国西南地区的重要干线铁路，是连接内地经济核心区和西藏的通道，具有重要的战略意义。该工程不仅完善了西部地区的交通基础设施，还对促进区域融合与协调发展具有深远影响（图1-32）。

图1-32 川藏铁路

（2）项目具体实施

川藏铁路建设工程面临着崇山峻岭、地形高差、板块活动、复杂地质、高原高寒、风沙气候以及生态环保等建设难题，跨14条大江大河、21座4000m以上的雪山，被称为"最难建的铁路"。

1）地质灾害风险

川藏铁路沿线地区地质构造复杂，存在滑坡、泥石流、岩爆等多种地质灾害风险。科考团队通过全面考察和风险评估，提出了具体的防灾对策，规避了97%的滑坡泥石流灾害，并为铁路沿线的30条重大泥石流提出了具体的防灾对策。

2）高海拔环境和特殊地质条件

川藏铁路穿越高海拔地区，面临低氧、寒冷等极端环境挑战。此外，铁路穿越印度板块和欧亚板块的碰撞缝合带，地震、滑坡、崩塌等地质灾害频发。面对这些挑战，科考团队和工程师们进行了大量的研究和试验，采用"展线"设计来解决短距离高落差的问题，通过双机牵引加强动力实现爬升。

3）深埋超长隧道与超常规桥梁

川藏铁路建设中包含大量的深埋超长隧道和超常规桥梁，这带来了新的灾害防治科技难题。对于极高地应力区形成的岩爆和软岩大变形等问题，主要采用监测预警、加强支护、减慢掘进速度等方法加以处理。

（3）技术创新与突破

在川藏铁路建设过程中，由中铁二院工程集团有限公司牵头研究的"艰难山区航空电磁勘察关键技术"项目成功解决高寒、高海拔、大高差地区铁路工程勘察难题，该项技术拥有完美的自主知识产权，突破了西方国家的技术封锁，对其他进藏通道的规划建设具有重要意义。

（4）项目效益与影响

1）拉动沿线地区的经济发展

专家认为，其经济效益远超青藏铁路，有望带动千亿级投资。此外，该铁路还将提升西藏的综合交通运输能力，推动当地经济社会跨越式发展。

2）提高社会效益

该项目实施可有效增加就业机会，提升沿线地区的医疗教育水平。同时，该铁路的建设有助于维护国家统一、促进民族团结和巩固边疆稳定。

3）具备科技效益

川藏铁路的建设也具有良好的科技效益。通过采用先进的工程技术手段，可以有效应对复杂的地质条件和极端气候。此外，该工程还注重生态保护，力求实现绿色施工。

（5）荣誉与认证

川藏铁路拉林段藏木雅鲁藏布江特大桥荣获2022年度西奥多·库珀奖，该奖项被誉为桥梁界的"诺贝尔奖"。

案例二：桥梁基础设施——杭州湾跨海大桥

（1）项目背景信息

杭州湾跨海大桥，是中国浙江省境内连接嘉兴市和宁波市的跨海大桥，位于杭州湾海域之上，是沈阳—海口高速公路（国家高速G15）组成部分之一，也是浙江省东北部的城市快速路重要构成部分。

杭州湾跨海大桥于2003年6月8日奠基建设；于2007年6月26日完成合龙工程，全线贯通；于2008年5月1日通车运营。

杭州湾跨海大桥北起嘉兴市海盐枢纽，北跨杭州湾海域，南至宁波市庵东枢纽立交；线路全长36km，桥梁总长35.7km，桥面为双向六车道高速公路，设计速度100km/h（图1-33）。

图1-33 杭州湾跨海大桥

（2）项目具体实施

杭州湾跨海大桥在施工建设过程中，主要的建设难题及特点：

1）桥距工程量大

杭州湾跨海大桥全长 36km，主要工程实物量如混凝土耗用 245 万 m^3，相当于再造 8 个国家大剧院，用钢量达到 82 万 t，相当于再造 7 个北京鸟巢（国家体育场），工程的总投资约 138 亿元人民币。

2）建设条件复杂

杭州湾是世界三大强潮海湾之一，受水文、气象、地质等环境的影响大，主要表现为：风力大、潮差大、潮流急、冲刷深、腐蚀强、滩涂宽及浅层气，建设条件较为复杂，一年的有效工作日在 180d 左右。

3）科技含量高

复杂的建设条件对杭州湾大桥建设带来了种种困难和技术难题，如海洋环境下的结构耐久性、强潮急流条件下的架梁，宽滩涂下的主梁运架等，都需要通过技术创新来解决，因此，科技含量极高。

4）管理难度大

海上施工船舶多、作业点多、工程战线长；杭州湾跨海大桥跨宁波、嘉兴两地，海域管理各占一半，距离远，两地地方政策、施救力量调配等方面存在一定的难度；需要自行筹措 100 多亿的建设资金；面临缺少跨海桥梁建设技术规范、施工设备、管理经验等难题。

（3）技术创新与突破

杭州湾跨海大桥的技术创新为：

1）总体设计方案立足于"工厂化、大型化和机械化"的设计理念和"施工方案决定设计方案"的原则，最大限度地减少了海上作业，充分利用了当代桥梁建设的先进技术手段，开创了跨海大桥建设的新模式，启动了我国跨海桥梁新材料、新工艺、新设备的研制和开发。

2）创建连续运行的 GPS 工程参考站系统和过渡曲面拟合法，解决了中线贯通前海上工程测量问题。建立了适应海域长、距离大范围的独立工程坐标系，考虑了地球曲率等对坐标系的影响，提高了施工放样精度。

3）建立了超长、超大和变壁厚钢管桩整桩制造自动化生产线；采用以高性能熔结环氧涂层为主，辅以阴极保护的新型防腐体系；采用大船、大锤和船载 GPS 系统的总对策，依靠先进和强大的装备，成功解决了强潮海域中钢管桩沉桩、施工安全和生产效率问题。

4）采用新型混凝土、温控技术和低应力张拉新工艺，基本解决了整孔预制箱梁早期开裂和耐久性问题。研制了吊重 2500t 和吊重 3000t 两条中心起吊运架一体吊船，解决了强潮海域箱梁运输、架设问题。

5）研制了技术先进、功能匹配的 1600t 轮胎式搬运机、桁架结构提梁龙门式起重机、轮胎式运梁车、宽巷架桥机等施工设备，形成了箱梁预制、场内运输、提升上桥、梁上运输、架设一体化的施工工艺系统。

6）从整体结构的角度，对跨海大桥混凝土结构耐久性进行了系统的研究，制定了耐久性设计、施工、质量监测评定与运营阶段维护的整套技术文件，并建立了耐久性长期监测系统。

（4）项目效益与影响

杭州湾跨海大桥建成后，缩短了宁波、舟山与杭州湾北岸城市的距离，节约了运输时间，降低了交通运输成本，减少了交通事故，提高了交通运输效率，从而形成了杭州湾跨海大桥的通道效益；同时，该桥改变了周边区域的交通网络布局，促进了区域交通运输一体化，完善了周边区域的物流网络，对公路、港口、航空、铁路等都带来不同程度的影响。

（5）荣誉与认证

2004年，获浙江省科技进步二等奖；2007～2008年度公路交通优秀设计一等奖；2009年度浙江省建设工程钱江杯奖；2010～2011年度中国建设工程鲁班奖（国家优质工程）；2010年，交通运输部和国家安监联合表彰"百亿元产值零死亡"的施工安全新纪录；2011年第十届中国土木工程詹天佑奖；被评为世界12大奇迹桥梁。

案例三：隧道基础设施——深中通道

（1）项目背景信息

深中通道位于珠江三角洲伶仃洋海域，是我国广东省境内连接深圳市和中山市以及广州市的跨海通道，是世界级"桥、岛、隧、水下互通"跨海集群工程，也是构建粤港澳大湾区综合交通运输体系的核心交通枢纽工程。

深中通道线路东起于广州—深圳沿江高速公路（粤高速S3）机场互通立交，西至中山市马鞍岛中山—开平高速公路火炬东立交；通道线路主体工程全长约24.0km，其中海中段长度约22.4km；通道线路为双向八车道高速公路，主线设计速度为100km/h，项目总投资460亿元人民币（图1-34）。

图1-34 深中通道

（2）项目具体实施

项目在实施过程中出现了以下难点，但都得以顺利解决。难点一：处于珠江口门、粤港澳大湾区核心位置，建设条件极为复杂。难点二：世界首例双向八车道海底钢壳沉管隧道，钢壳混凝土沉管在我国首次应用、国际首次大规模应用，综合技术难度高，极具挑战性。难点三：为当下世界最大跨离岸悬索桥（主跨1666m），且位于强台风频发区，技术难度高。难点四：海域水下枢纽式匝道隧道与双向八车道超长海底沉管隧道组合属世界首例，运营安全与防灾救援面临极大挑战。难点五：海域超宽深基坑防渗止水难度大。难点六：粤港澳大湾区几何中心，海陆空视点丰富，社会关注度高，对项目建设品质提出要求高。

（3）技术创新与突破

深中通道作为世界首例集"桥—岛—隧—水下互通"四位一体跨海集群工程，在建设过程中，形成了10项国际领先技术，分别是：钢壳混凝土沉管隧道方法及合理构造技术、沉管隧道深厚软基沉降控制技术、高稳健自流平自密实混凝土制备及浇筑技术、海域深厚软基超大深基坑近接构筑物基坑变形控制技术、海洋环境大跨径悬索桥超高强缆索制造与防腐技术、强台风区超大跨悬索桥抗风御灾技术、正交异性钢桥面板抗疲劳韧性提升技术、海中大型锚碇建造集成技术、海洋环境超大体积混凝土控裂技术、超大断面海底沉管隧道火灾排烟新技术（图1-35、图1-36）。

图1-35　钢圆桶振沉作业

图1-36　"深海智眼"及水下拉线设备

（4）项目效益与影响

1）提高居民出行效率

深中通道连接广东自贸区三大片区、沟通珠三角"深莞惠"与"珠中江"两大功能组团，使得珠江口东西两岸进入"半小时生活圈"。

2）加速大湾区融合发展

作为珠三角"深莞惠"与"珠中江"两大城市群之间唯一公路直连通道，是广东自由贸易试验区（广州南沙、深圳前海和珠海横琴）、粤港澳大湾区之间的交通纽带，对完善国家高速公路网络和珠三角地区综合交通运输体系，推进珠江两岸产业互联互通以及各类要素高效配置，加快推动粤港澳大湾区城市群融合发展具有重要的战略意义。

（5）荣誉与认证

深中通道获2022年度交通重大工程新闻宣传"十佳"项目；深中通道岛隧工程获

2023 年度"隧道与地下空间创新工程";深中通道伶仃洋大桥(深中大桥)获 2024 年国际桥梁大会(IBC)乔治·理查德森奖;深中通道海底隧道获 2024 年度世界隧道大会全球隧道与地下工程领域 50 项标志性工程。

案例四:水利水电基础设施——白鹤滩水电站

(1)项目背景信息

白鹤滩水电站是实施"西电东送"的国家重大工程,2022 年 12 月 20 日全部机组投产发电,是当今世界在建规模最大、技术难度最高的水电工程,全面建成投产后将成为仅次于三峡工程的世界第二大水电站。电站位于四川省宁南县和云南省巧家县交界的金沙江河道上,总投资 2200 亿元。工程开发任务以发电为主,兼顾防洪、航运,并促进地方经济社会发展(图 1-37)。

图 1-37　白鹤滩水电站

(2)项目具体实施

项目建设过程中遇到的难点及应对措施:

1)柱状节理玄武岩高拱坝坝基问题

白鹤滩是世界上首个利用柱状节理玄武岩作为建基岩体的大坝,首次全面系统研究了柱状节理玄武岩工程特性,提出一整套保护处理措施。经充分论证,柱状节理玄武岩可以作为高拱坝基础,并采用扩大基础适应它。从实施效果来看,处理措施是合理的。地下洞室施工也要克服柱状节理玄武岩的难题。

2)巨型地下洞室群围岩稳定问题

在巨大规模和复杂地质条件的双重影响下,白鹤滩水电站地下厂房开挖的稳定控制问题尤为严峻。通过建立设计、施工、监测一体化实时动态反馈分析机制,借助多种技术方案,成功解决了高地应力、层间错动带、硬脆玄武岩等复杂地质综合作用下的洞室群围岩稳定问题。

3）抗震安全问题

白鹤滩工程处于地震活动强烈的川、滇地震带，坝址的地震动参数在 300m 级高坝中世界最高。中国电建集团华东勘测设计研究院有限公司联合国内四家科研单位开展专题研究，拱坝抗震研究理论深透，成果丰富，提出的大坝抗震措施合理、针对性强，在国内处于领先地位。

4）混凝土温控防裂问题

混凝土温控防裂问题关系到拱坝质量，在其他大型工程研究应用的基础上，针对白鹤滩水电站的特点开展了一系列深化研究试验工作，优化完善了大体积混凝土温控理论，最终全坝首次采用低热水泥混凝土，并配合精细化温控措施，大坝混凝土温度控制效果良好。

5）枢纽泄洪消能问题

白鹤滩面临"高水头、窄河谷、巨泄量、不对称"泄洪消能问题，总泄量 42300m³/s。为使不对称拱坝实现对称泄洪消能，优化孔口布置、设计建设了世界规模最大反拱型水垫塘和最大无压泄洪洞群。得益于结构设计上的创新，针对性地解决了枢纽泄洪消能问题。

6）百万千瓦水电机组首次应用问题

全球单机容量最大功率百万千瓦水轮发电机组，没有先例可以参考，犹如攀登水电行业的"珠峰"。建设者攻克了发电机组结构、水力设计、发电机通风、机组总体设计等一个又一个技术难题，把核心技术牢牢掌握在企业自己手中，实现了中国高端装备制造的重大突破。

（3）技术创新与突破

1）攻克 300m 级特高拱坝温控防裂世界级难题白鹤滩水电站大坝为混凝土双曲拱坝，最大坝高 289m，大坝整体计划浇筑低热混凝土 803 万 m³，规模巨大。为了从源头上解决大坝的温度裂缝问题，白鹤滩特高拱坝全坝采用专用低热水泥，使由其配制的大坝混凝土在满足设计要求的同时，还具有温升缓慢、温升小、收缩小、综合抗裂性能高等特点，以有效控制混凝土最高温度，防止出现混凝土温度裂缝（图 1-38）。

2）实现百万千瓦级发电机组完全国产化。白鹤滩水电站共设计安装 16 台单机容量为 100 万 kW 的水轮发电机组，是全球单机容量最大的水电机组，也是中国自主设计制造的完全国产化百万千瓦机组（图 1-39）。

（4）项目效益与影响

白鹤滩水电站项目具有显著的效益与影响，主要体现在电力供应、经济发展、基础设施改善、旅游潜力、防洪减灾以及社会效益等方面。

图 1-38 白鹤滩水电站大坝

图 1-39　白鹤滩水电站内的发电机组

1）提高电力供应与促进经济发展

白鹤滩水电站作为世界第二大水电站，具备巨大的发电能力，能够为当地和周边地区提供稳定的电力供应，支持经济发展和民生用电。其建设和运营带动了建筑业、制造业、服务业等相关产业的发展，创造了就业机会，促进了经济增长。

2）改善了基础设施

水电站的建设通常伴随着交通、通信等基础设施的改善，提高了当地的交通运输效率和通信水平，促进了区域互联互通。

3）激发了旅游潜力

白鹤滩水电站周边的自然风光和巨大的工程景观吸引了游客，为当地旅游业的发展带来了机遇，促进了地方经济的多元化。

4）减轻洪水灾害

水电站的蓄水和调节功能在一定程度上减轻了洪水灾害，保护了当地居民的生命和财产安全。

5）提高居民生活水平

水电站的建设和运营提高了当地居民的生活质量，通过改善电力供应、促进经济发展等方面带来了实际的好处。

6）承担"西电东送"国家重大工程中的重要角色

白鹤滩水电站还通过"白鹤滩—江苏"和"白鹤滩—浙江"两条特高压直流工程，将强劲的清洁电能直送江浙两省，为长三角经济发展注入绿色动力，展现了其在"西电东送"国家重大工程中的重要角色。

（5）荣誉与认证

2020 年 1 月，入选两院院士评出的 2019 年中国十大科技进展；2022 年 12 月，入选2022 年度央企十大超级工程；2023 年 1 月，入选"人民治水·百年功绩"治水工程项目名单；2023 年 9 月，中国国际工程咨询有限公司、中国三峡建工（集团）有限公司、中国电建集团华东勘测设计研究院有限公司联合申报的"金沙江白鹤滩水电站"荣获 2023 年度全球唯一的菲迪克"卓越工程项目奖（大型项目）"；2023 年 12 月，入选中国工程院发布的 2023 全球十大工程成就。

案例五：核电基础设施——广西防城港核电站

（1）项目背景信息

广西防城港核电站是西部大开发 2010 年开工的 23 个重点项目之一，由中国广核集团有限公司与广西投资集团有限公司共同投资。中国广核集团有限公司为主负责工程建设和运营管理，是中国西部地区和少数民族地区开工建设的首个核电项目（图 1-40）。

图 1-40　防城港核电站

1 号机组于 2010 年 7 月 30 日正式开工建设，2015 年 10 月 25 日并网发电，2016 年 1 月 1 日正式投入商业运行；2 号机组于 2016 年 10 月 1 日投入商运；3 号机组已于 2023 年 3 月 25 日投入商运；4 号机组于 2016 年 12 月 23 日正式开工建设，2024 年 5 月 25 日投入商业运行。

（2）项目具体实施

1）结构复杂性和大体积混凝土浇筑

4 号机组核岛筏基直径 54m，面积相当于 5 个半标准篮球场，需浇筑混凝土厚度达 3.85m，比一层住宅楼还要高。项目部采用虚拟现实施工技术，对施工路径、大型设施、布料控制等进行模拟，并在实际施工中引入 BIM 仿真技术，确保施工过程的精确性和高效性。

2）焊接和机加工工序的技术难题

反应堆压力容器制造过程中，需要攻克壁径向支撑键组焊、镍基材料安全端组焊等多项技术难关，项目部通过与中国一重的合作，首次实现关键路径所有主锻件内壁大面积堆焊、承载焊缝、马鞍焊缝、安全端和径向支承键镍基焊缝探伤一次 100％合格，关键机加工工序一次 100％合格和水压试验一次合格。

（3）技术创新与突破

广西防城港核电站项目在技术创新与突破方面取得了显著成就，主要体现在以下几个方面：

1）防城港核电站二期工程 3 号和 4 号机组均采用了我国自主研发的三代核电技术"华龙一号"，这是中广核"华龙一号"示范工程的重要组成部分。该技术具有完全自主知识产权，并满足世界最高安全要求（图 1-41）。

图 1-41　防城港核电站"华龙一号"两台机组实景图

2）从装料到商运，3 号机组实现了零非计划停机停堆，首循环能力因子达 98.36％，创下了国内三代堆最优纪录。这种高效的运行性能进一步验证了"华龙一号"的安全性和成熟性。

3）在建设过程中，防城港核电站引入了多项创新技术，如"智慧工地"平台、核电机器人和 AR 智能头盔等，提升了核电站建设运营的智能化水平。此外，"和睦系统"的首次应用也验证了我国三代核电技术和先进核电仪控装备的良好融合（图 1-42）。

图 1-42　核电站多功能水下爬行机器人

（4）项目效益与影响

广西防城港核电站一期工程投运后，每年可提供 150 亿 kW·h 安全、清洁、经济的电力，拉动全社会总产出增长约 142 亿元，创造总就业岗位逾 12 万个，有力促进广西社会经济发展。

（5）荣誉与认证

2018 年，建设相关企业荣获第四届广西壮族自治区主席质量奖，广西防城港核电有限公司被中华全国总工会授予"全国五一劳动奖状"。

案例六：科研基础设施——中国锦屏地下实验室

（1）项目背景信息

中国锦屏地下实验室（CJPL）位于四川省凉山州锦屏水电站锦屏山隧道中部埋深2400m处，以锦屏山为天然平台，以水电站深埋长隧洞为基础。中国锦屏地下实验室是开展粒子与核物理学、天体物理学及宇宙学等领域的暗物质探测研究、中微子物理实验研究等一些重大基础性前沿课题的重要研究场所。2010年12月，中国锦屏地下实验室正式投入使用。2023年12月7日，中国锦屏地下实验室二期极深地下极低辐射本底前沿物理实验设施正式投入科学运行（图1-43）。

图1-43　锦屏地下实验室

（2）项目具体实施

锦屏实验室项目建设的难点主要包括隧道施工可能带来的岩爆、涌水等问题，以及如何打造"最纯净"的地下实验室。为了克服这些难点，项目团队采取了多项工程措施，包括但不限于：

1）解决隧道施工问题

在隧道施工过程中，项目团队需要克服岩爆、涌水等挑战，这些挑战不仅涉及施工技术，还关系到施工安全。在施工过程中，团队需要综合考虑地质条件、材料选择等因素，以确保隧道的安全和稳定。

2）打造"最纯净"的地下实验室问题

为了减少宇宙射线的干扰，实验室需要尽可能保持"纯净"。为此，项目团队采用了低辐射材料，并对每批材料进行严格的低本底辐射检测，确保材料的纯净度。此外，针对深地防水和抑氡的问题，团队独创了深地防水抑氡工法，以解决山区高原环境下极深地下洞室复杂多变的问题。

（3）技术创新与突破

锦屏山隧道是世界上埋深最深的隧道之一，建设过程中多次遭遇高压大流量突涌水和岩爆，安全施工难度极大。在地下2400m的深处，通过创新防水抑氡工艺、研发低本底设备材料、打造"世界最深智能工地"等措施，成功构建了一个极低辐射本底的实验环境。

（4）项目效益与影响

1）提高我国在实施室建设领域的国际地位

中国锦屏地下实验室总容积达到 33 万 m^3，具备"极低环境辐射""超低宇宙线通量""超洁净空间"等优势，是国际一流的深地实验室。这一设施的建成标志着中国在极深地下实验室建设领域的重大突破，不仅在国内尚属首次，也在国际上处于领先地位。

2）提高我国在深地科学研究领域的国际竞争力

中国锦屏地下实验室的投入运行，为暗物质研究、中微子测量、核天体物理等宇宙科学研究提供了最适宜的实验条件，同时也为地球深地研究，特别是深地生物学、深地医学的研究提供了一个绝佳的平台。这表明了中国在深地科学研究领域的国际竞争力，有助于推动我国在前沿物理科学研究方面的进步。

案例七：新建住宅基础设施——深圳市龙华区华章新筑社区

（1）项目背景信息

项目总建筑面积 17.3 万 m^2，有 5 栋 99.7m 高的建筑，提供保障性租赁住房 2740 套。该项目刷新了我国建筑业的多项纪录：全国第一个混凝土模块化高层建筑，全国第一快高层保障性住房建设项目，全国第一个 BIM（建筑信息模型）全生命周期数字化交付模块化建筑项目，全国工业化程度最高的高层保障性住房项目（图 1-44）。

图 1-44　保租房华章新筑

（2）项目具体实施

项目由深圳市人才安居集团有限公司投资建设，中建海龙科技有限公司与中海建筑有限公司承建，于 2022 年 6 月 28 日开工建设，5 栋百米高楼，2740 套保障性租赁住房，共 6028 个模块，仅用时 365d 完成，2023 年 6 月 27 日竣工。

1）高层建筑混凝土模块化建筑技术

该项目在国内首次应用高层建筑混凝土模块化建筑技术，这一建造方式的亮点在于将建筑整体拆分为独立空间单元，每个空间单元的结构、装修、水电、设备管线、卫浴设施等 90% 以上的元素在工厂内完成，项目从进场开工到交付使用，整个项目建设周期 1 年，

图 1-45 模块化建造工厂

比传统建造方式减少工期一年半到两年左右（图 1-45）。

2）BIM 全生命周期数字化交付

项目还是全国首个 BIM 全生命周期数字化交付模块化建筑项目，依托集成数字交付（IDD）理念，融合制造业与建筑业两个维度，针对设计、制造、建造、资产交付和管理四个环节，依据项目特色定制全生命周期专属智慧方案。

3）自动化生产线和全自动焊接机器人

项目建造的现代化工厂应用自动化生产线和全自动焊接机器人，通过标准化、一体化的生产方式，杜绝外窗漏水隐患，有效改善房间保温隔热性能，降低噪声，使建筑品质大幅提升，整体居住更加舒适。

（3）技术创新与突破

项目首次应用高层建筑混凝土模块建筑技术，在工厂完成大多数建造工序，在现场现浇连接。这样既充分保证了结构安全，又大幅减少建造现场噪声、扬尘、建筑垃圾和交通拥堵等扰民因素。

（4）项目效益与影响

与传统建造方式对比，项目建造阶段减少碳排放约 4190t，相当于约 22 万棵树一年吸收的碳排放量。同时，还可节省 70％以上现场用工量，减少超过 75％的建筑废弃物与25％以上的材料浪费，是助力建筑业加速实现"双碳"目标的典型实践。

案例八：旧房改造基础设施——北京市西城区桦皮厂胡同 8 号楼

（1）项目背景信息

桦皮厂胡同 8 号楼位于西城区新街口街道，原是 20 世纪 70 年代建成的 5 层住宅楼房，经多年使用，经相关部门前期勘察，被确认为危旧楼房。政府心系百姓安居冷暖，坚持有解思维，协调各部门通力配合，最终将该危楼拆除后原地重建。该楼改造项目是西城区首个通过拆除重建方式进行改造的危旧楼改建试点项目，也是全市首个整楼居民均为产权主体的试点项目（图 1-46、图 1-47）。

图 1-46 桦皮厂胡同 8 号楼拆除前外立面

图 1-47 桦皮厂胡同 8 号楼改造后外立面

（2）项目具体实施

桦皮厂胡同 8 号楼改建项目的 20 户居民企盼早日住上安全、舒适的新房子，改善居住环境，提升生活品质。鉴于此，区属国企——德源集团作为实施主体积极推进该项目，中建海龙科技有限公司作为项目承建方参与了项目。中建海龙科技有限公司采用新型建筑工业化建造技术，实现了让老房子快速变成"好房子"的心愿。

（3）技术创新与突破

项目采用原创研发的混凝土模块化建造技术（CMiC），通过将建筑根据功能分区划分为若干模块，每个模块单元内的结构、机电、给水排水暖通和装饰装修等大部分工序在工厂进行高标准的工业化预制，最后运送到施工现场装嵌形成完整建筑。具体来看，该项目将整栋建筑科学规划为 55 个混凝土模块，通过工厂预制和现场施工的双线并行，将原本需要 15 个月的工期压缩至 3 个月，极大地提高了建设效率，让居民在短时间内住进了新家。

（4）项目效益与影响

桦皮厂胡同 8 号楼改建项目通过创新性的设计和施工方法，实现了从砖墙承重到钢混凝土墙体的结构性转变，通过提升户内面积、优化公共区域、增设电梯、增加采光等做法提升居民的居住体验，通过原拆原建彻底解决房屋安全问题，弥补老旧小区改造只能修修补补的弊端，增强群众的获得感、幸福感和安全感。

此外，该项目还为北京市乃至全国的危旧楼改建提供了新的思路和方法。通过科技的应用，不仅提高了居民的生活质量，也为城市更新和老旧小区改造提供了可行的解决方案。项目还展示了科技在建筑行业中的应用潜力，为未来的建筑行业发展和城市更新提供了新的方向。

居住环境更加宜居。我国住房建设能力明显提升，人均居住面积持续增加。截至 2022 年末，全国建筑业企业完成房屋施工面积 156.5 亿 m²，城镇居民人均住房建筑面积 41.0m²（图 1-48）。棚户区、城中村和危房改造稳步实施，城市更新有序推进。2023 年全国开工改造城镇老旧小区 5.37 万个、惠及居民 897 万户。在改善居民住房条件的同时也优化了城市功能，提升城镇综合承载能力。

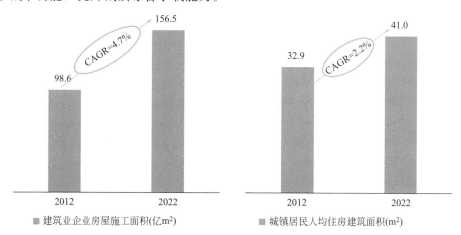

图 1-48　2012～2022 年建筑业住房建设领域发展情况

数据来源：住房和城乡建设部

乡村设施更加完善。首先，大大改善了乡村居住水平、基础设施和生态环境，让乡村人民共享发展成果。"十三五"期间累计改造危房 600 多万户，全面完成农村危房改造任务。其次，扩大农村基础设施覆盖面。截至 2020 年末，我国建成村镇供水管道达到 259 万 km，排水管道 22.2 万 km，年均复合增速分别达到 3.7% 和 4.7%（图 1-49）。此外，农村信息基础设施建设取得进展，至 2021 年底，全国行政村通宽带比例已达到 100%，通光纤、4G 比例均超过 99%，基本实现农村城市"同网同速"；截至 2023 年底，农村互联网普及率超过 66%。

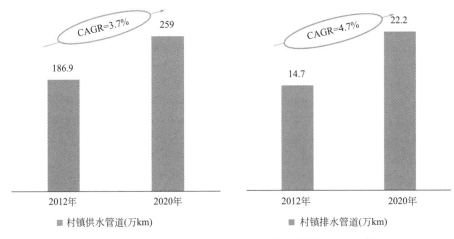

图 1-49　2012～2020 年建筑业乡村建设领域发展情况①

1.3.3　支撑绿色低碳产业发展

绿色低碳是未来产业发展的重要竞争力，已成为全球建筑行业发展的必然趋势。国务院印发《2030 年前碳达峰行动方案》后，各部委和地方积极响应，发布各自的碳达峰行动方案。2022 年 6 月，住房和城乡建设部、国家发展改革委联合发布《城乡建设领域碳达峰实施方案》，分别从建设绿色低碳城市、打造绿色低碳县城和乡村两个主要方面明晰了实现碳达峰的路径。此后，各省市相继发布了城乡建设领域碳达峰实施方案。建筑领域的中央企业积极践行国家战略，彰显央企担当，探索企业低碳发展目标和实施路径。在建筑设计、施工建造、建筑材料、技术标准、地产策划等多个领域，中央企业积极围绕"双碳"目标，制定了初步的行动计划，致力于实现建筑业绿色低碳发展和碳达峰碳中和目标。

案例一：建筑设计绿色低碳产业——博鳌零碳示范区建筑绿色化改造工程

（1）项目背景信息

博鳌零碳示范区项目的开展初衷是对博鳌东屿岛上的博鳌亚洲论坛会议中心及博鳌亚洲论坛大酒店等设施进行建筑绿色化改造，打造成为国家首个近零碳示范区项目。

（2）主要绿色低碳技术和节能降碳效果

1）BIM＋装配式高效制冷机房

东屿岛大酒店、亚洲论坛国际会议中心两处制冷机房通过专业化设计、数字化 BIM 建模、工厂化预制、装配式安装的现代化建造新模式，打造集"智慧""高效""装配"于一体

---

① 数据来源：住房和城乡建设部。

的机房建设新标杆，工期缩短 50%。综合采用多种高效机房技术后，制冷机房"冷源系统全年能效比"达 5.0 以上，达到 3 级高效机房标准，相较改造前节能约 35%（图 1-50）。

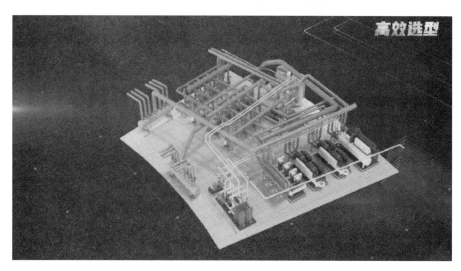

图 1-50　高效制冷机房

2）直流变频多联机空调系统

直流变频多联机采用光伏（储）直流直驱技术，将新能源与高效空调系统结合，综合性能系数 IPLV（C）达到 8.8 以上，较现行国家标准《公共建筑节能设计标准》GB 50189—2015 提升 16%，达到国际一流水平。耗电量相较传统 VRV 系统节约 30% 以上，年累计节电量可达 5 万 kW·h（图 1-51）。

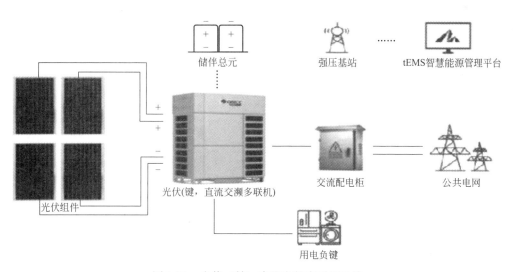

图 1-51　光伏（储）直流变频多联机系统

3）国内最先进的智能可调的组合式围护结构

亚洲论坛酒店大堂的"光伏玻璃＋百叶＋电动窗通风"的外幕墙形式，是国内最先进的"动态产能围护结构"的代表性应用。采用透过率（SHGC）约 40% 的光伏玻璃幕墙，并设置内遮阳格栅，有效降低大堂太阳辐射得热 40％以上。全年可减少大堂空调用电量 20％左右（图 1-52）。

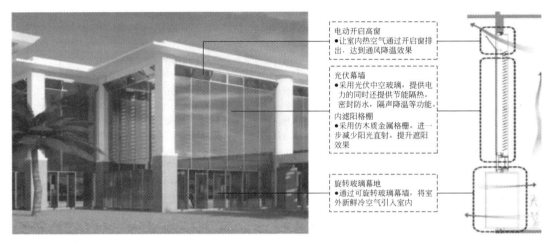

图 1-52 亚洲论坛酒店大堂采用光伏发电和通风组合式幕墙

酒店阳台采取光伏玻璃栏板、绿植遮阳、遮阳格栅等措施，可将酒店客房的太阳辐射得热量降低 35％以上（图 1-53）。

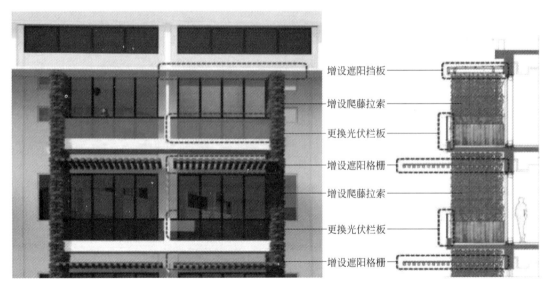

图 1-53 酒店客房阳台的光伏玻璃栏板和绿植遮阳

4）"农光互补＋风光互补"多源多能可再生能源系统

在博鳌小镇农光互补基地，成片光伏板将阳光转化成电能，通过电网输送到博鳌亚洲论坛会址所在地东屿岛，汇集岛上分布式光伏和储能设备的电流，共同为论坛年会场馆提供源源不断的"绿电"，与岛内电力形成农光互补光伏发电系统。

东屿岛游船码头设置 6 台目前世界上启动速度最低的花朵风机，利用海岛风力发电。启动风速只需 1.2m/s，可借助海风 24h 昼夜运行，且无噪声，累计发电量较可观，与光伏发电系统形成多能互补光伏发电系统。

亚洲论坛会议中心采用屋面光伏板、光伏瓦、光伏百叶、光伏地砖等多种类型的光伏发电系统，总计安装 4176.22kWp 屋面光伏、711.81kWp 车棚光伏、217.42kWp 光伏幕墙及光伏地砖等其他光伏发电设备（图 1-54）。

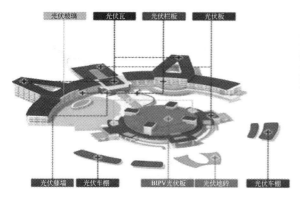

区域	类型	面积（平方）	装机量（KW）	备注	每年发电量预测（万KWH）
酒店前台及室外平台栏杆	光伏栏杆	1570.96	128.82	40%透光组件	8.80
酒店大堂幕墙	光伏幕墙	1081.02	88.64	40%透光组件	6.05
玻璃采光顶	光伏玻璃	2858.05	314.39	20%透光组件	40.01
会议中心·屋顶停车场屋顶	光伏板	5082.83	696.35	不透光组件	89.97
酒店装配屋顶	光伏瓦	9557.27	1108.64	不透光组件	148.14
会议中心·金属屋顶	BIPV光伏板	5459.42	747.94	不透光组件	96.63
总计		3084.78			389.60

图 1-54　亚洲论坛会议中心及酒店光伏发电系统分布图

东屿岛内建筑光伏一体化系统，年发电量可达 710～920 万 kW·h，降低碳排放 4440t，占改造前总碳排放的 30.6％，助力示范区零碳运行。此外，在光伏系统的自身碳中和周期后，光伏系统将持续中和示范区建筑中的隐含碳，产生持续降碳效益（图 1-55）。

图 1-55　亚洲论坛酒店屋面光伏组件和连廊光伏采光顶

5）直流互济光储直柔系统

采用安全、长寿命的全钒液流长时储能电池，配置 2 台国内最先进的能源路由器，形成多台变低压直流互联互济结构，实现功率在发电、储能、并网之间的动态分配，实施后能源利用率显著提升，目前每度电每次成本已低于 0.2 元。

（3）实施成效

博鳌零碳示范区项目已经于 2024 年 3 月完成改造并投入运行，改造后，二氧化碳排放量减少超 90％，国内外零碳领域专家一致认为其运行达到"国际一流国内领先"水平，项目成功入选住房和城乡建设部城市更新典型案例和国家能源局低碳转型典型案例。

案例二：建筑设计绿色低碳产业——中建滨湖设计总部近零能耗建筑

（1）项目背景信息

中建滨湖设计总部位于成都市天府新区兴隆湖畔北侧，总建筑面积约 7.8 万 m^2。项目以探索夏热冬冷地区的超低能耗建筑为目标，尝试突破传统办公建筑高能耗的定式以及中国现行节能规范及技术措施的局限，结合工业化技术与新材料研发，综合运用被动、主动技术结合可再生能源，实现空间形式、建筑技术与能耗性能的最佳匹配（图 1-56）。

图 1-56　中建滨湖设计总部鸟瞰

（2）主要绿色低碳技术和节能降碳效果

1）气候适应的高性能围护体系

创新提出"通风季节"和"通风时段"理念，通过气象追踪自控天窗及预冷通风系统，大幅减少过渡季节的空调能耗。与厂家共同研发三银高透双中空隔热玻璃，解决了玻璃透光不透热的难题，结合水平遮阳及垂直绿化系统，共同形成新型超低能耗围护体系，综合得热系数仅为 0.18，较传统围护结构降低空调能耗约 35%（图 1-57、图 1-58）。

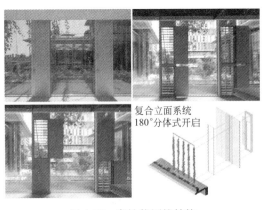

复合立面系统
180°分体式开启

图 1-57　高性能围护结构

图 1-58　大厅顶部气象追踪自控天窗

2）新型低碳结构体系

项目采用了装配式铰接屈曲约束支撑结构，在中国属首创，其具有安装快捷、刚度可控、耗能作用显著，且地震后可更换、修复的优点。楼板采用自主专利设计的混凝土空心叠合板，能适应大跨度楼盖需求，避免主次梁连接，施工过程可取消或者减少临时支撑，降低建造碳排放，具有极高的推广价值。

3）光储直柔示范应用

项目也是西部地区首个建成的光储直柔技术示范项目，屋面设置超 800m² 的单晶硅光伏板，装机容量 163.2kW，年发电量可达 12.9 万 kW·h，直流电进入储能机房，再以直流电的方式供给零碳示范区、地下室照明、充电桩等使用。结合 IoT 大数据平台和软件，为后期运维提供支撑（图 1-59）。

4）智慧运维下的人文关怀

空调系统采用分区运行的 VRV 空调模块机组，以温湿度独立控制为设计原则，可根据人员活动情况精准控制温湿度，相比传统空调形式节能约 30%。办公采用"工位送风系统"，减少用能空间，提高使用人员舒适度。室内人工照明使用"工位照明 DALI 控制系统"的感应模块，可感应区域人员活动情况，自动调节灯具的开关和亮度，减少照明的电力消耗（图 1-60）。

图 1-59　光储直柔-屋面单晶硅光伏组件部分

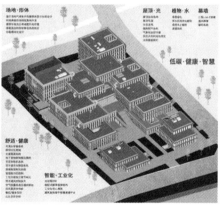
图 1-60　中建滨湖设计总部
低碳技术路径概览

（3）实施成效

中建滨湖设计总部项目采用共计 40 余项低碳节能技术，其中引领技术 9 项、示范技术 24 项，打造了成都市首个"近零碳建筑"。2023 年实测运行能耗强度为 41kWh/(m²·a)，仅为普通办公楼能耗的 30%。该项目已经获得绿建三星设计标识、近零能耗建筑标识、Active House Aword 2022 年度总冠军。

案例三：建筑设计绿色低碳产业——北京建院 C 座科研楼近零能耗改造

（1）项目背景信息

北京建院 C 座科研楼改造项目位于与国家同龄的大型国有建筑设计咨询机构北京市建筑设计研究院股份有限公司（以下简称"北京建院"）内，是国内首个既有建筑近零能耗改造项目，致力于探索既有建筑近零能耗技术改造与实施。

（2）主要绿色低碳技术和节能降碳效果

1）智慧建筑管理系统

智慧建筑管理系统是本项目节能的核心技术。系统通过物联网架构，实现了对建筑内所有能源使用设备的实时监控和管理，并能够根据室内外环境变化及人员使用情况自动调节空调、照明等设备的运行状态，优化能源分配，减少浪费（图 1-61）。

图 1-61　智能建筑 BIM 运维管理平台

2）结构加固

原建筑为装配整体式预应力板柱体系，无法直接加固，通过自主知识产权的小型 BRB 结构进行抗震加固，延长建筑使用寿命约 30 年。结合建筑改造方案，对项目核心筒剪力墙进行改造，扩大井道，增加电梯吨位，提高使用效率。结合建筑现状高差，通过局部拔柱打造阶梯式报告厅，提供多种办公配套功能（图 1-62）。

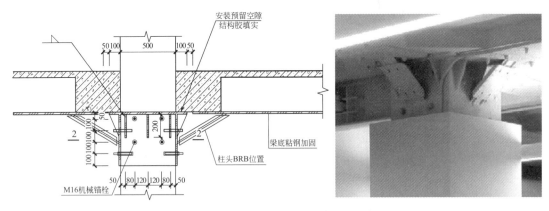

图 1-62　小型 BRB 防屈曲约束支撑结构

3）绿色材料

项目在材料选择上，优先采用环保、可再生的绿色材料。建筑外立面采用高性能保温材料，有效降低建筑物的热损失，提高能源利用效率。同时，室内装修和家具配置也严格选用低挥发性有机化合物的材料，减少室内污染，提升室内空气质量（图 1-63～图 1-65）。

图 1-63　北京建院 C 座科研
改造楼室外效果

图 1-64　北京建院 C 座科研
改造楼室内效果

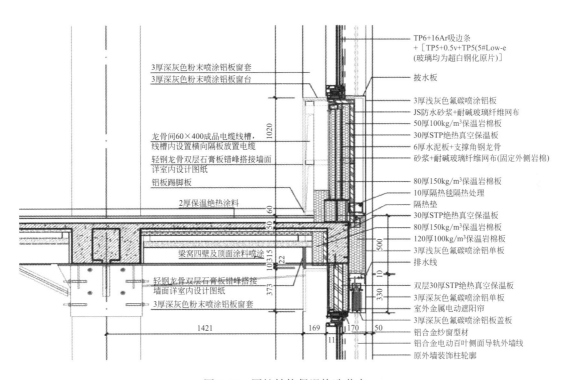

图 1-65　围护结构保温构造节点

4）节能技术的集成与可再生能源利用

项目集成了高效新风热回收、智能照明及高性能空调系统，提升了能源使用效率，实现能源精细化管理。同时，项目积极利用可再生能源，如光伏发电和空气源热泵。光伏发电板全年发电量满足大楼部分用电需求，减少对传统能源依赖。空气源热泵系统则利用空气能提供供暖和制冷，提升能源自给自足能力。

（3）实施成效

该项目通过绿色低碳技术的集成应用，实现了显著的节能降碳效果。其中空调系统的节能率约57%，照明系统的节能率约75%，项目综合节能率达到61%，获近零能耗建筑、绿色建筑三星级、绿色建筑LEED铂金级及健康建筑WELL铂金级等多项国内外权威认证。项目的成功实施为既有建筑改造提供新技术路线和方向，为建筑节能和绿色化改造领域树立新标杆，具有重要示范和推广价值（图1-66）。

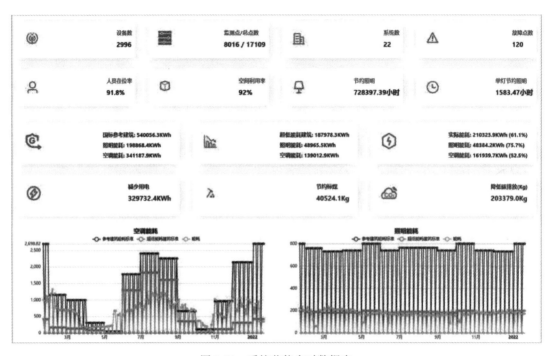

图1-66 系统节能实时数据表

案例四：施工建造绿色低碳产业——北湖污水处理厂附属工程绿色低碳工程

（1）项目背景信息

北湖污水处理厂是国内一次性建成规模最大的污水处理厂，采用先进的污水处理工艺，是国家"长江大保护"和武汉市"四水共治"关键工程，是武汉市主城区首个开展分布式光伏项目的污水处理厂，旨在打造"光伏＋污水处理厂"示范样板。

（2）主要绿色低碳技术和节能降碳效果

1）污水处理厂尾水再利用

项目拥有丰富的非传统水源，利用污水处理厂尾水作为景观水体水源，构建景观水生态工程，景观水系两侧种植再力花、美人蕉等水生植物进行水质改善，投放螺、蚌、锦鲤等动物，净化水体、维护水体生态平衡（图1-67）。绿化浇洒及道路采用污水处理厂尾水，非传统水源利用率为46.86%。采用乔、灌、草结合的复层绿化，并设置屋顶绿化，屋顶绿化面积占屋顶可绿化面积比例为38.61%，显著降低热岛强度（图1-68）。厂区整体进行海绵城市专项设计，场地内设置有下凹式绿地、透水铺装等多种海绵设施，场地年径流总量控制率为75%。

图 1-67　生态景观水体　　　　　　　　　　图 1-68　屋顶绿化

2）高效新风系统＋可循环低碳材料

项目空调采用高效的多联式室内机＋新风系统形式，新风系统采用全热交换器，供暖空调系统能耗降低幅度达 40％以上，并设置能耗分项计量系统和高效节能的照明系统。施工过程大量使用高强钢、可再利用和再循环材料，室内装饰装修材料采用陶瓷砖等，耐久性好、易维护。物业管理公司编制了设备设施管理与维护工作手册，制定了应急预案和绿化养护计划。办公楼内设有治水科技馆展厅，定期开展各类绿色环保低碳、污水处理等绿色教育宣传活动（图 1-69、图 1-70）。

图 1-69　治水科技馆展厅　　　　　图 1-70　三星级绿色建筑设计标识证书（左）
　　　　　　　　　　　　　　　　　　　　　　与运行标识证书（右）

3）池顶大跨度预应力柔性支架光伏和屋面光伏

项目充分发挥了"水务＋光伏"的天然优势，实现土地及空间资源的二次开发利用，降低污水厂用电成本。采用池顶大跨度预应力柔性支架光伏和屋面光伏两种建设形式，预应力柔性支架光伏装机容量 23.13MW，屋面光伏装机容量 0.60MW。光伏电站采用"自发自用，余电上网"模式。据测算，在 25 年运营期内，每年可提供约 2200 万 kW·h 的绿色清洁电能，折算减少 CO_2 排放量约 1.16 万 t（图 1-71）。

图 1-71　光伏发电站鸟瞰实景

（3）实施成效

北湖污水处理厂附属工程项目 2020 年获得三星级绿色建筑设计标识证书，2022 年获得三星级绿色建筑运行标识证书，是国内污水处理厂类项目中少有获得"双三星"的绿色建筑，项目被评为 2023 中国绿色低碳公共建筑第一名。

案例五：施工建造绿色低碳产业——杭州西站

（1）项目背景信息

杭州西站位于杭州市余杭区仓前镇，车站中心里程为 DK69＋939.63，最高聚集人数 6000 人，远期高峰小时发送量 12480 人，属于特大型车站。总建筑面积约 51 万 m^2，站房建筑面积约 10 万 m^2，站场规模为 11 台 20 线。杭州西站积极响应国家倡导的"绿色低碳、节能先行"、推动绿色节能低碳技术应用，促进节能降碳、降本增效，为实现绿色低碳和高质量发展贡献力量（图 1-72）。

图 1-72　杭州西站外立面

（2）主要绿色低碳技术和节能降碳效果

1）自然采光与通风

杭州西站利用站场分离设计形成云谷，通过智能电动开启扇，外窗开启与室外温度感应联动，实时控制开启关闭及适宜的开启角度；采用透明十字天窗设计，引导自然光同步进入建筑地下，场地两侧设置地下庭院，引导天然光线进入地下室；站台上方设置通风口，将自然采光和通风引入站台层（图 1-73）。

图 1-73　杭州西站站台

2）智能遮阳与辐射制冷膜

采用可调内遮阳＋固定外遮阳的方式，内部设电动智能遮阳帘，屋顶十字天窗外部贴反射型辐射制冷膜，能将屋面的热量反射到外太空，实现不耗能制冷，空调节能率 35%～45%，年降低碳排放 2100t（图 1-74）。

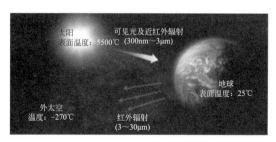
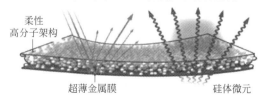

图 1-74　智能遮阳与辐射制冷膜工作示意图

3）可再生能源应用

杭州西站屋顶铺设 7540 块 400Wp 单晶硅光伏组件，铺设面积达到 1.5 万 m²，总装机容量 3MWp。采用"自发自用、余电上网"方式，2023 年全年发电量达 298.82 万 kW·h，减少碳排放 2979.21t。项目采用空气源热泵提供生活热水，可再生能源利用率达 60%（图 1-75）。

图 1-75　杭州西站屋顶

4）站台板空间利用

杭州西站创新性地在站台下管廊内设置上水、卸污系统，方便设备维护管理的同时，操作人员还无行车风险，更安全，线间界面更整洁干净。

5）空气净化系统

采用光电离子空气净化装置，安装于空调箱、新风机组送风管以及风机盘管回风箱，甲醛、苯、TVOC 衰减率≥90%，PM$_{2.5}$ 衰减率≥85%，各种细菌病毒微生物衰减率≥95%。

6）增加碳汇

项目采用乔、灌、草结合的复层绿化，绿地率 13.39%，为站房提供碳汇。

7）低碳施工

施工过程采用 BIM 技术、三维激光扫描变形监测技术、工业化施工技术、绿色施工在线监测技术、智慧工地技术等绿色低碳技术，降低施工过程碳排放。

（3）实施成效

杭州西站全生命周期单位面积年碳排放量 32.99kg/（m²·a），采用绿色建筑技术措施后，全生命周期可以实现减碳 227.98kg/m²，总碳排放量下降 13.82%。2021 年 5 月，杭州西站获得公共建筑三星级绿色设计标识。

案例六：物流绿色低碳产业——云南建投混凝土绿色新能源低碳物流体系

（1）项目背景信息

云南建投混凝土绿色新能源低碳物流体系是云南省首个集"光伏发电＋重卡充换储能源站＋纯电动运输设备"一体化的绿色新能源低碳物流体系示范产业园项目，由云南建投绿色高性能混凝土股份有限公司在昆明经开区建成，标志着云南省在绿色新能源物流领域迈出了重要的一步（图 1-76）。

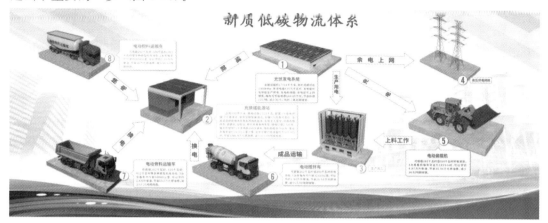

图 1-76　云南建投混凝土新质低碳物流体系示意图

（2）主要绿色低碳技术和节能降碳效果

1）厂房屋顶分布式光伏

配置分布式光伏发电系统是实现绿色工厂能源利用的首要条件。在自主产权、合法建筑物屋顶建设屋顶分布式光伏，总建筑面积约 17000m^2，桩基规模可达 2289.9kWp，年发电量约为 254 万 kW·h，并以"自发自用、余电上网"原则运营，显著降低工厂用电成本（图 1-77）。

2）充换储能一体化设施

建设充换储能源站提升能源利用效率。结合实际情况配置 7 块电池、3 个充电桩，换电功率 2100kW，采用多项领先技术实现无人值守。厂区内搅拌车、自卸车等多种车型每次换电只需 2～3min，特种车辆装载机则轮换充电使用，每天可提供 72 次充电和 168 次换电，极大提升了能源补充速度（图 1-78）。

图 1-77　云南建投混凝土房屋顶
分布式智能光伏电站

图 1-78　云南建投混凝土充换储
综合能源站

3）智慧物流系统

硬件方面，配置各类新能源运输装备如电动装载机、电动搅拌车、骨料运输车、电动粉料运输车等；软件方面，开发智能网关和人机交互系统，实现搅拌站场景下纯电动装载机的无人智能驾驶；另外，自主建设设计一套光储充换系统监控平台，软硬件结合，可随时监控其光伏电站发电量、换电站使用情况及碳减排等实时数据，结合生产情况优化能源分配，减少浪费（图1-79～图1-83）。

图1-79　绿色新能源混凝土搅拌车

图1-80　绿色新能源混凝土装载机

图1-81　绿色新能源自卸挂车

图1-82　绿色新能源粉料运输车

图1-83　云南建投混凝土光储充换系统监控平台

（3）实施成效

云南建投混凝土新能源低碳物流体系源于混凝土生产运输业务的创新实践。截至目前，光伏发电系统累计发电 143 万 kW·h、减排二氧化碳 1089t，新能源电动运输车辆累计行驶 230 万 km、减排二氧化碳 6612t，已有充电站、换电站累计充换电 414 万 kW·h，实现降本增效、节能降碳。

案例七：地产策划绿色低碳产业——中建·理想城展示中心净零碳建筑

（1）项目背景信息

中建·理想城项目地处天津环内板块，总建设规模 34 万 m²，由中建地产（天津）有限公司开发建设，定位城系 TOP 级，旨在打造新一代 5.0 健康住宅社区。理想城展示中心位于项目南部，主体采用全钢结构，地上两层，建筑高度 12.1m，总建筑面积 2984m²。展示中心应用公司"4C"碳体系创新成果，综合运用主动式和被动式技术措施全方位降低碳排放水平，同时充分利用可再生能源，最终达到净零碳的目标。该展示中心已建成并投入使用，同期获得 BREEAM 和莱茵净零碳建筑认证，成为天津市第一个净零碳建筑认证项目（图 1-84）。

（2）主要绿色低碳技术和节能降碳效果

1）建筑光伏一体化系统

理想城展示中心在能源端使用 BIPV 与 BAPV 相结合的方式利用太阳能代替传统的市政电力，通过在建筑屋面设置光伏板、采用透光薄膜光伏玻璃实现可再生能源发电，为建筑内部的照明、新风提供电量，降低碳排放规模（图 1-85）。

图 1-84　莱茵净零碳建筑认证证书

图 1-85　屋面光伏板、透光薄膜光伏玻璃

2）高效空调系统

在主动设计策略中采用新风热回收＋空气源热泵＋高效 VRV 系统相结合的方式，室内全热交换新风热回收效率≥75%，针对室内新风气流组织进行专项设计，合理布置风口，提高新风送风效率。使用空气源热泵系统作为冬季采暖的热源，在满足冬季使用效果的前提下进一步降低了建筑的能耗。通过使用高 COP 值的 VRV 机组，搭配不同种类的末端风机盘管，在保证室内舒适度的前提下最大程度地降低建筑主动能耗（图 1-86）。

图 1-86　新风热回收＋空气源热泵＋高效 VRV 系统

3）装配式建造与高性能外围护体系

在被动设计策略中展示中心采用装配式建造方式，主体采用耐候钢结构，减少传统混凝土结构在生产、加工、运输、施工阶段的高能耗。通过预制楼板、隔墙、管线分离的安装方式，减少现场湿作业产生的能耗和污染。建筑外檐选用高 K 值节能门、隔热铝合金型材外窗，高气密性幕墙构造节点，有效降低能量传导与损耗，提升能源使用效率（图 1-87）。

图 1-87　装配式＋高性能外围护体系

4）多举措打造室内低碳环境

展示中心内部设置多个活体绿植空间打造森系展示空间，充分利用植物光合作用消化二氧化碳，降低室内碳排放的同时，提供洁净、新鲜的室内空气环境。室内采用光感照明系统，智能控制灯光照度，提供舒适照明，降低电能消耗，减少碳排放。装修采用天然材料，在实现降碳的同时，保证室内健康的微生态环境（图 1-88）。

图 1-88　活体绿植＋光感照明

（3）实施成效

通过 Design Builder—建筑设计能耗模拟采光分析等专业绿建软件进行全年 8760h 的逐时能耗模拟测算，建筑平均年电耗量为 23 万 kW·h，单位碳排放量为 47kg/m²，远低于一般建筑 65kg/m² 的碳排放（图 1-89）。

能耗类型		年电耗(kW·h)	电网平均二氧化碳排放因子(tCO₂/kWh)	年碳排放量(tCO₂e)
供暖空调	供暖	43598.67	0.000608	26.51
	空调	27423.66	0.000608	16.67
	水泵	17.7	0.000608	0.01
	风机	28702.87	0.000608	17.45
生活热水		21193.8	0.000608	12.89
照明		50895.94	0.000608	30.94
其他电力系统		61975.38	0.000608	37.68
合计		233808.02	0.000608	142.16

图 1-89　建筑运行阶段电力能源消耗碳排放计算结果表

案例八：建筑设计绿色低碳产业——上海中建广场智慧低碳运维项目

（1）项目背景信息

上海中建广场是中国建筑第八工程局有限公司上海区域首个自主开发、建设、运营的商办项目，是中国建筑第八工程局有限公司"东孚商务"品牌代表力作，于 2017 年 12 月正式营运。将绿色、低碳理念贯穿开发、建设、运营全周期。作为"十三五"期间的绿色建筑品质样板，获8项相关专利，并获得全国绿色施工示范工程、中国建设工程鲁班奖等奖项。集中应用60项绿色建筑技术，通过绿色三星建筑、LEED-CS铂金认证，并获中国房地产业协会商务写字楼等级"五星认证"（图1-90）。

图 1-90　上海中建广场

（2）主要绿色低碳技术和节能降碳效果

项目运用光伏光热一体化联合利用系统、冰蓄冷柔性用能系统、新风高效热回收系统、高效设备系统、智慧低碳运维管理平台等一系列绿色低碳技术，提升建筑品质，降低项目碳排放。

1）可再生能源联合利用

项目屋面铺设光伏光热一体化联合利用系统，最大化利用可再生能源。光伏发电用于公区照明及地下车库电动车有序充电，安装高效单晶组件432块，装机容量共计105.75kWp，光伏系统年发电量达到塔楼用电量的3.6%，节约用电约110MW·h。光热部分供应淋浴室、厨房及卫生间，集热器面积104.3m²，可满足楼宇37.7%热水需求（图1-91）。

图 1-91　光伏光热一体化联合利用系统

地下车库配备导轨式机器人有序共享充电系统，对屋面光伏发电量进行消纳。系统采用桩枪分离、悬挂安装、机器人搬运的方式。配置1台机器人+6台30kW移充机，覆盖24个车位，电容需求仅为180kW，在同等电力需求下大大增加充电服务范围，日均可服务车辆不低于150辆，有效充电车位覆盖率增加3～5倍（图1-92）。

图1-92 导轨式机器人有序共享充电

2）冰蓄冷实现柔性用能

项目设置冰蓄冷系统，优化电力消费模式，削峰填谷柔性用能。夏季日均所需冷量18856RTH，蓄冷装置提供冷量6465RTH，占日均冷量比例超30％以上，降低峰值供冷负荷1500kW，缓解电网压力，有助于维持电网的稳定性，促进社会向更可持续的能源使用模式转变。系统投入使用至今，平均年节约运行费用约41万元（图1-93）。

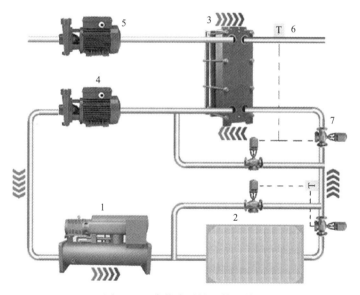

图1-93 冰蓄冷柔性用能系统

1—双工况制冷主机；2—蓄冰装置；3—供冷板式换热器；4—乙二醇泵；
5—冷冻水泵；6—温度传感器；7—电动调节阀

3）智慧低碳运维管理平台

立足大型商业资产运维实际需求，项目研发并应用中建东孚商业资产智慧低碳运维管理平台，兼顾绿色低碳、智慧运维等八大功能模块核心功能，实现商业资产管理效率和服务质量的同步提升（图1-94）。

图1-94　智慧低碳运维管理平台

（3）实施成效

绿色低碳模块作为平台核心模块，实现项目能耗碳排从微观数据到宏观趋势的实时管控。应用中国建筑第八工程局有限公司建筑机电系统节能算法，包含能耗评价、故障诊断、负荷预测、性能优化等功能，对机电系统运行情况进行实时调优，降低项目运行阶段碳排放，实现了公区用电降低15.7%的节能效果。

1.4　中国建造存在的不足

在取得耀眼成绩的同时，我国建筑业面临着转型升级困境，在生产效率、科技创新、技术发展、国际竞争力和人才队伍等方面依然存在问题。

1.4.1　生产效率尚有提升空间

我国的建造技术仍然面临高能耗、高资源消耗的问题，人均生产效能需要提升。当前我国建筑业正处在由传统的粗放式方式向新型方式转变的过渡阶段，传统现场施工手工作业的建造方式效率低、质量安全存在隐忧，以及污染、损耗等方面问题依然广泛存在。据《2023中国建筑与城市基础设施碳排放研究报告》，2021年全国建筑业全过程碳排放总量为50.1亿t CO_2，占全国能源相关碳排放的比重为47.1%，占比仍然逐步上升。

此外，目前我国的建造技术方式现代化程度仍有较大进步空间。尽管我国已经在工程建设领域高端技术上实现重大突破，但先进技术尚未全面普及，整体技术水平依然需要提升。一方面，标准化工业化水平低。我国的建筑业在生产规模和建造过程中，仍未到达标准化程度，能够提高生产效率的建筑机器人等也未达到能够规模化生产。另一方面，数字化应用水平落后。根据相关调研[1]，2022 年实体经济行业中，建筑行业的数字化渗透率仅为 6.5％，仅高于农牧业 1.9％的渗透率。此外，相较于其他国家，我国绿色建造、智慧建造的技术发展水平与普及度依然较为落后（图 1-95、图 1-96、表 1-4）。

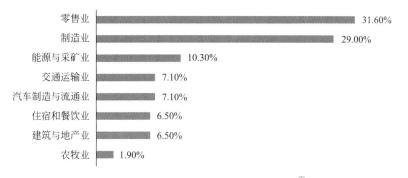

图 1-95　实体经济企业数字化程度分布[1]

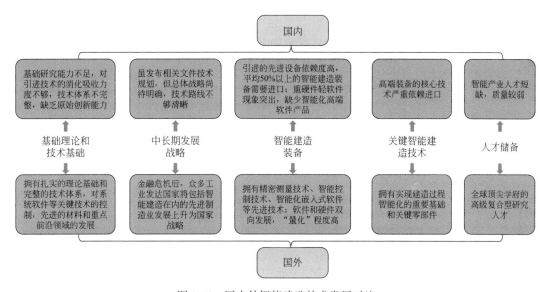

图 1-96　国内外智能建造技术发展对比

国内外绿色建造、智能建造和建筑产业化发展进程对比　　　　　　　　　　　　表 1-4

领域	发达国家	中国
绿色建筑与节能减碳	目前国际认可的绿色建筑评价体系主要包括：英国 BREEAM 体系、美国 LEED 体系、日本 CASBEE 体系、新加坡 GREEN-MARK 体系及加拿大 GBC 评估体系等	我国建筑节能发展迅速，但在应用率、能耗和技术水平方面与发达国家仍有差距：2021 年最新发布《绿色建造技术导则（试行）》
智能建造与智能建筑	众多工业化发达国家已建立了扎实的智能建造理论基础和完整的技术体系；例如明确了工程建设项目必须强制应用 BIM 技术	我国智能建造行业标准待完善，覆盖率也与发达国家有差距，例如我国 2002 年开始推进 BIM 技术在建筑中的使用，目前全生命周期覆盖尚未形成

[1]　资料来源：亿欧智库《2022 中国建筑行业数字化转型研究报告》，最新数据截至 2022 年。

续表

领域	发达国家	中国
装配式建筑与建筑工业化	日本建筑工业化发展较完善,成为各国学习的榜样;按照工业化建造思路进行标准化设计,形成了通用化规格型住宅部品产业,创立了优良住宅部品认定制度	我国未完全实现标准化、工厂化生产;例如存在标准化程度不高、全产业链工厂化生产难以实现等问题

数据来源:公开资料整理。

此外,我国对整个建造过程的管理方式在标准化规范化方面也有极大的提升空间。目前,我国在工程建设组织方式上依然以施工总承包模式为主,其管理水平难以应对智慧化、数字化和绿色低碳的发展要求。而以建筑师负责制、全过程工程咨询为代表的新型工程建设组织方式仍在探索推广过程中,距离全面普及仍有一段路要走。从政策完善程度来看,大多数省市停留在指导意见阶段,仅有少数省份完善了导则、合同和招标投标政策等配套机制。从开展形式来看,目前仅有山东、江苏和四川等地区全过程工程咨询试点项目较多,其他地区仍以试点探索为主(表1-5、图1-97、表1-6)。

国外工程项目管理的成功经验　　　　　　　　　　　　表 1-5

领域	发达国家
标准化与规范化	国外项目管理普遍采用国际通行的项目管理标准,如 PMI 的 PMBOK(项目管理知识体系指南)和 IPMA 的 ICB(国际项目管理能力基准),这有助于提高项目管理的透明度和效率
数字化与信息化	国外先进项目管理广泛应用数字化和信息化工具,如 BIM、ERP 系统、云平台等,实现了项目信息的实时共享和远程协作,提高了决策的准确性及及时性
风险管理	国外项目管理在风险识别、评估和应对策略上更加成熟,能够有效地预测和减轻项目风险
可持续性与绿色管理	国外项目管理更加注重可持续性和绿色建筑理念,从项目设计到施工,再到运营维护,都充分考虑环境影响和社会责任
合同管理与法律规范	国外项目管理在合同管理和法律规范方面更为严格,合同条款清晰,法律保护机制健全,有助于避免纠纷,保障各方权益

资料来源:根据外部资料整理。

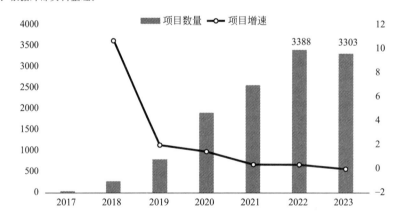

图 1-97　2017～2023 年全国设计企业开展全过程工程咨询项目数量统计及项目增速(个,%)[1]

————————————

① 数据来源:各省住房和城乡建设厅、公共资源交易中心,招标投标公共服务平台;天强产业研究院整理。

全国各地全过程工程咨询政策梳理（截至 2023 年 3 月）① 　　　　　表 1-6

序号	地区	试点政策	推广政策	服务导则/指引	合同范本	招标投标范本
1	北京	—	—	—	√	—
2	天津	—	—	√	—	—
3	河北	—	√（2022 年 4 月 26 日）	—	—	—
4	山西	—	√（2019 年 4 月 4 日）	—	—	—
5	内蒙古	√（2018 年 10 月 12 日）	—	√	—	—
6	辽宁	—	—	—	—	—
7	吉林	—	√（2021 年 4 月 26 日）	—	—	—
8	黑龙江	√（2017 年 12 月 12 日）	√（2019 年 12 月 30 日）	√	√	√
9	上海	—	—	—	—	—
10	江苏	√（2017 年 10 月 27 日）	√（2019 年 11 月 4 日）	√	√	√
11	浙江	√（2019 年 8 月 29 日）	√（2021 年 3 月 31 日）	√	√	√
12	安徽	√（2018 年 9 月 30 日）	—	√	—	—
13	福建	√（2017 年 9 月 7 日）	√（2020 年 7 月 20 日）	—	—	—
14	江西	—	√（2021 年 6 月 4 日）	—	—	—
15	山东	—	√（2019 年 10 月 14 日）	—	√	—
16	河南	√（2018 年 7 月 25 日）	—	—	—	—
17	湖北	—	√（2021 年 12 月 31 日）	√	√	—
18	湖南	√（2017 年 12 月 21 日）	√（2020 年 7 月 20 日）	√	√	√
19	广东	√（2017 年 8 月 7 日）	—	√	√	—
20	广西	√（2018 年 2 月 1 日）	—	√	—	√
21	海南	—	√（2022 年 11 月 30 日）	—	—	—
22	重庆	√（2022 年 5 月 13 日）	—	—	—	—
23	四川	√（2017 年 7 月 17 日）	√（2021 年 12 月 10 日）	—	—	—
24	贵州	—	√（2022 年 6 月 19 日）	—	—	—
25	云南	—	—	—	—	—
26	西藏	—	√（2022 年 12 月 9 日）	√	√	—
27	陕西	√（2018 年 10 月 30 日）	√（2020 年 8 月 26 日）	√	√	—
28	甘肃	—	√（2021 年 1 月 4 日）	—	—	—
29	青海	—	√（2021 年 12 月 20 日）	—	—	—
30	宁夏	√（2018 年 4 月 25 日）	—	—	—	—
31	新疆	—	√（2022 年 10 月 19 日）	—	—	—

1.4.2　科技创新实力有待提升

目前我国的建造技术实力在研发投入、科研平台建设、人才培养等方面仍有不少难题尚待解决，在科技创新方面的投入也需要提升。例如，横向对比制造业，2022 年我国高技术制造业平均研发经费投入强度占比达到 2.91%（表 1-7）。相比较而言，头部企业如

---

① 数据来源：各省住房和城乡建设厅、公共资源交易中心，招标投标公共服务平台；天强产业研究院整理。

中国建筑，2023 年研发投入总额仅占总营业收入比重的 2%。同样，从科技创新平台来看，截至 2018 年全国共有国家工程技术中心 374 家[①]，其中材料和先进制造业工程技术中心数量占比分别位列第一、二位（18% 和 13%）。而目前在建造领域还没有成立国家级的科创平台（图 1-98）。

2016～2022 年制造业研究与试验发展（R&D）经费投入及占比[②]　　表 1-7

指标	2016 年	2017 年	2018 年	2019 年	2020 年	2021 年	2022 年
高技术制造业 R&D 经费（亿元）	2915.7	3182.6	—	3804	4649.1	5684.6	6507.7
高技术制造业 R&D 经费投入强度	1.9%	2%	—	2.41%	2.67%	2.71%	2.91%
装备制造业 R&D 经费（亿元）	6176.6	6725.7	—	7868	9130.3	—	—
装备制造业 R&D 经费投入强度	1.51%	1.65%	—	2.07%	2.22%	—	—

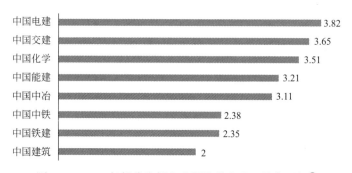

图 1-98　2023 年部分头部企业研发投入比（单位：%）[③]

此外，尽管建筑业是技术密集型行业，但在科技成果产出上并没有体现出创新优势。据统计，规模（限额）以上企业中，采取了知识产权保护或相关措施的制造业企业占比远高于建筑业企业，年末拥有有效发明专利数和创新费用支出比同样如此。并且对基础研究和创新重视力度有待提升，产学研用合作力度需要强化。建造领域科技投入不足已经成为普遍现象，重经营轻科研现象普遍存在。此外科技创新缺乏有效指导，政、企、校等不同主体之间的产学研用联动深度不足，协同创新较少（表 1-8、表 1-9）。

规模（限额）以上企业知识产权及相关情况（2020 年）　　表 1-8

类别	采取了知识产权保护或相关措施的企业数（个）	采取了知识产权保护或相关措施的企业占比（%）	年末拥有有效发明专利数（件）	年末拥有有效发明（件）/创新费用支出（亿元）
建筑业	27449	46.9	42714	25.1
制造业	255921	68.5	1397644	59.2

数据来源：由《中国科技统计年鉴》数据整理，最新数据截至 2020 年。

---

①　数据来源：前瞻产业研究院《2020 年中国工程技术研究中心发展现状分析》，最新数据至 2018 年。自 2018 年后，科技部不再批复新建国家工程技术研究中心。
②　数据来源：2023 年 9 月公布的《2022 年全国科技经费投入统计公报》。
③　数据来源：相关企业公开年报。

国外产学研启示　　　　　　　　　　　　　　　表 1-9

国家	类别	启示
美国	大学——工业合作研究中心(UICRC) 工程研究中心(ERC) 科学技术中心(STC)	聚焦基础研究、应用研究和技术开发三方面,将科技成果的产生、中试及产业化努力形成有机联系,从而对美国工业的近期、中期和长期发展提供源源不断的技术支撑
法国	研究与创新网络(PRIT)	通过提供必要的帮助和设备,确定共同接受知识产权和工业产权及利益分享办法,促进面向市场的技术转让,鼓励创立创新型的中小企业等方式集中科技力量进行技术攻关
德国	弗朗霍夫协会(FHG)	通过公共研究机构,德国实时对接产业需求,高效实现了技术转移。该协会下还有一些专门的机构提供技术转移服务,例如,弗朗霍夫联盟、应用中心、创新中心等,以促进弗朗霍夫研究部门的研究成果能够尽快地实现产业化
日本	技术转让机构 科技城	以科研机构和大学为依托,与集聚产业上下游关联的企业相互依存并形成有机联系,使大学和科研机构的基础研究和应用研究成果迅速产业化

1.4.3　关键核心技术面临卡脖子问题

我国建造领域在诸如城市信息模型(CIM)平台、工程抗震计算软件和大型设备等关键核心技术仍未实现自主可控。绿色低碳、人居环境品质提升、防灾减灾等领域,以及部分部品部件现代工艺制造、智能控制和优化、新型传感感知、工程质量检测监测、数据采集与分析等关键核心技术及装备需要进一步突破。另外,以建筑机器人、3D打印等为代表的先进生产技术,尚未实现规模化生产和应用。例如,我国建筑机器人渗透率不足 1‰ (图 1-99),机器人整体密度相较于高度产业化的一些国家相比依然有进步空间(图 1-100)。

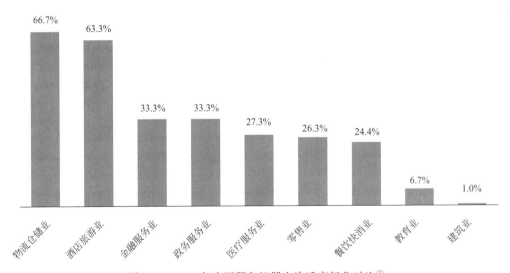

图 1-99　2022 年中国服务机器人渗透率行业对比[①]

———————————

① 数据来源:艾瑞咨询研究院,最新数据截至 2022 年。

■ 机器人密度(每万名工人拥有机器人台数)

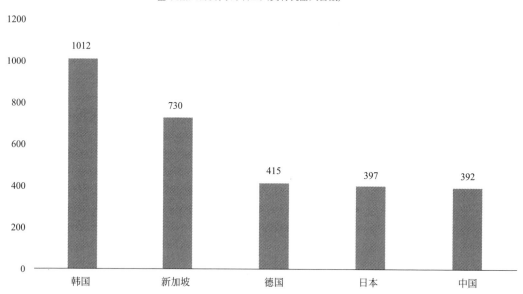

图 1-100　2023 年机器人密度排名前五的国家（单位：%）①

1.4.4　建筑业与新兴产业仍需深度融合

建筑业作为国民经济支柱产业，同时是制造业产品落地的场景载体，辐射范围十分广泛，但目前建筑业与现代服务业、互联网产业等新兴产业还停留在服务与被服务的发展关系上，未能形成有效互动。

2019 年 11 月，国家发展改革委、工业和信息化部等 15 个部门发布《关于推动先进制造业和现代服务业深度融合发展的实施意见》，明确提出开展两业融合试点，在先进制造业领域提出"深化制造业服务业和互联网融合发展"，包括：深入实施工业互联网创新发展战略，发展面向重点行业和区域的工业互联网平台；推动重点行业数字化转型；推动企业内外网升级改造；加快人工智能、5G 等新一代信息技术在制造、服务企业的创新应用等系列举措。随后国家发展改革委先后组织开展了两批两业融合试点，确定 40 个区域和80 家企业作为试点单位，开展融合实践。其中，北京在两业融合方面率先发力，形成了一系列典型案例，包括：福田汽车整合汽车产业链上下游资源构建后市场业务平台，北京全路通信信号研究设计院集团有限公司打造"制造＋服务"新业态等。

1.4.5　国际市场布局范围需要进一步拓维

企业是中国建造参与国际竞争的主体，而目前中国建造强企在国际项目中的参与广度和深度主要集中在亚洲和"一带一路"沿线。以 2023 年 ENR 工程设计企业海外营业收入225 强的企业为例，中国上榜企业的国际业务范围集中在电力、交通和石油等细分领域（图 1-101），市场区域集中在亚洲地区（图 1-102）；其次，从国际业务收入占比来看，企业在国际市场中的参与度需要提升（表 1-10）。

---

　①　数据来源：国际机器人联合会（IFR）发布的《2023 年世界机器人报告》。

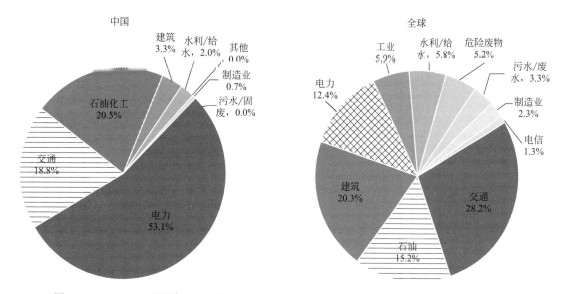

图 1-101　ENR 工程设计企业海外收入 225 强中国（左）和全球企业（右）国际业务结构①

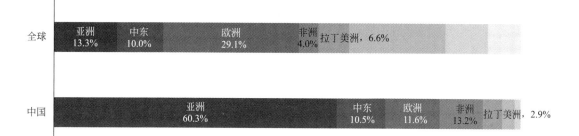

图 1-102　ENR 工程设计企业海外收入 225 强中国企业与全球企业市场区域结构对比①

2023 年全球头部建设企业国际和国内收入与中国企业对比　　　　表 1-10

2023 排名	2022 排名	企业名称	海外收入（亿美元）	同比增长（%）	在当年营收占比（%）
1	—	WSPGlobalInc.	67.6	24.8	82
2	—	WorleyLtd.	42.7	3.4	86
3	—	AECOM	40.3	7.0	50
4	—	ArcadisNV	39.3	5.3	92
5	—	JacobsSolutionsInc.	35.0	−2.4	30
6	—	SNC-Lavalin	32.7	−0.9	79
7	↑ +1	StantecInc.	31.8	25.8	76
8	↓ −1	Wood	28.7	6.4	83
9	—	Fluor	27.8	18.2	62

①　数据来源：美国《工程新闻记录》（ENR）发布的《2023 年国际工程设计企业 225 强报告》。

续表

2023 排名	2022 排名	企业名称	海外收入（亿美元）	同比增长（%）	在当年营收占比（%）
10	—	DarGroup	22.0	9.9	100
17	↓ −2	中国电力建设集团有限公司	13.3	−3.2	6.7
20	↓ −4	中国能源建设集团有限公司	11.0	−14.3	7.3

说明：国际收入占比指企业的国际收入在自身总收入中的占比。

此外，当前我国工程建设企业在海外市场的权威性和影响力仍然有所不足，在标准制定、市场准入等方面常常受到当地市场的掣肘。在"一带一路"沿线中国企业对外工程项目中执行的主要标准中，中国标准仅占到 35%（图 1-103、图 1-104）。其中原因一方面表现为对国际要求不了解，另一方面在技术水平方面存在一定差距。

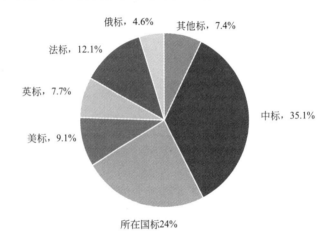

图 1-103 "一带一路"沿线中国企业对外工程项目中执行标准情况[1]

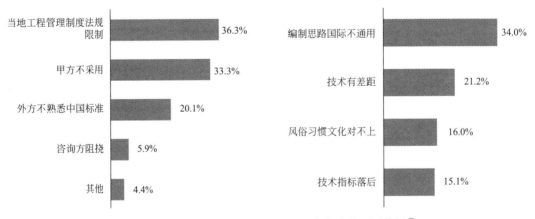

图 1-104 中国标准受限制与缺乏国际竞争力的原因分析[2]

---

[1] 数据来源：中国对外承包工程商会。

[2] 数据来源：中国对外承包工程商会。

　　此外，我国建造企业在参与海外活动中需要进一步加强风险意识与抵御能力。由于人文、环境、法律等一系列意识形态和体制机制方面的不同，中国企业在走向国际时"水土不服"，特别是在风险抵御方面缺少相关机制与法律的保护，工程保险制度尚不健全。

1.4.6　产业队伍素质能力有待提升

　　从建造人才队伍来看，我国现场施工的主要劳动力为农民工，劳动素质无法应对当下快速升级迭代的生产技术（图 1-105）。并且未来从业人员还将面临老龄化问题。据统计，2023 年服务于建筑业的农民工数量 29753 万人，平均年龄 43.1 岁（图 1-106），平均年龄将持续攀升。

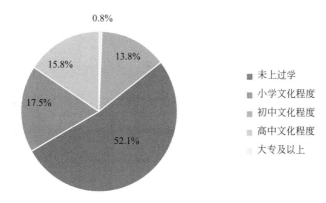

图 1-105　建筑业劳务工人学历结构①

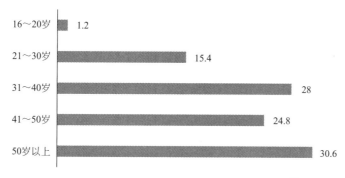

图 1-106　建筑业劳务工人年龄结构（单位：%）①

　　另一方面，我国在建造领域的高端人才、新型人才存在大量缺口。高素质人才供给远小于市场需求。以现有技术人员为例，2023 年，一级建造师总注册人数已超 36 万人，但其中初始注册仅有 61306 人，占总注册数的 17%，其余多为重新注册人员，与市场需求总量存在相当大差距。并且，伴随新一代信息技术、人工智能技术与工程施工技术的深度融合，数字化人才、跨领域人才、新兴领域人才均面临大量空缺，例如智能建造师、建筑工业化应用工程师、建筑业 AI 及大数据人才等。据预测，智能建造师缺口将大于 100 万/年；建筑业 AI 及大数据人才需求未来保持 30%～40% 年均增速，而目前市场上此类人才供给较少（图 1-107、图 1-108）。

---

　　①　数据来源：国家统计局《2023 年农民工监测调查报告》。

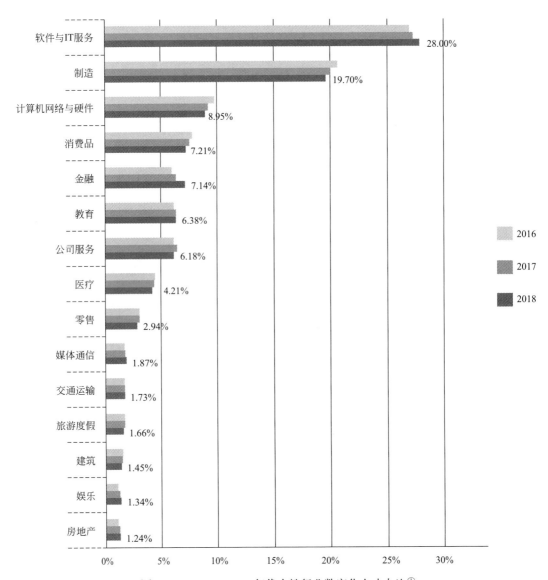

图 1-107　2016~2018 年代表性行业数字化人才占比①

_____

① 数据来源：inkedIn's Economic Graph 2019 年 10 月发布《数字人才驱动下的行业数字化转型》。

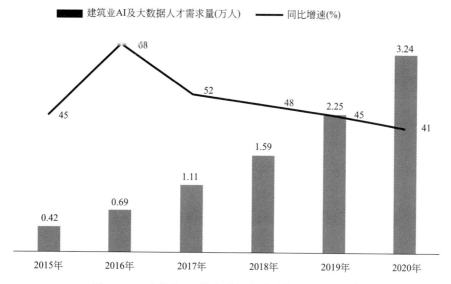

图 1-108　建筑业 AI 及大数据人才需求规模及增速①

---

①　数据来源：猎聘网《中国 AI&大数据人才就业趋势报告》。

第2章 中国建造发展意义和要求

2.1 推动科技创新 做强中国建造的意义

党的二十大报告明确，"加快构建以国内大循环为主体、国内国际双循环相互促进的新发展格局"，这是未来我国经济社会努力发展与追寻的方向。

2.1.1 国家经济社会发展格局转型的重要力量

作为国民经济的支柱产业，中国建造的实力就是国家重大战略实施的重要保障。此外，中国建造还是经济社会发展转型的重要支撑。习近平总书记提到，经济发展的立足点和落脚点是最大限度满足人民日益增长的美好生活需要，要坚持人民城市人民建、人民城市为人民，探索"像造汽车一样造房子"。要通过提升中国建造水平，满足市场上对品质产品的需求。中国建造更是中国参与国际竞争的发展底气。当前国际竞争已经逐渐演变为对科技制高点的把控，需要通过推动中国建造科技创新来提升国家科技力量。

近10年来我国住宅建设快速发展，住房供应规模持续增加，2021年商品住宅销售面积达到17.9亿m²，累计超132亿m²，是上一个十年的2.2倍；城镇居民人均住房建筑面积由2012年的32.9m²，增至2021年的41m²，十年间增加8.1m²，增长25%，住宅建筑对保障人民群众安居乐业和促进社会经济发展发挥了重要作用。特别是随着当下我国大力推进新型城镇化，对于基础设施和居住品质也有了更高要求，城市发展方式转变推动城市、社区、小区以及单体建筑统筹发展，要求做好前期规划设计，关注建筑地域性、文化性的表达；以人为本的发展理念之下住宅建筑更加关注社交、消费、娱乐等多元需求，呼吁住宅关注适老性、适幼性、可变性，满足多功能场景需要……对此，住房和城乡建设部在2023年1月的全国住房和城乡建设工作会议就明确，"让人民住上更好房子"和"提升住房品质"成为高质量住房建设的重点工作要求。随后住房和城乡建设部和各省都开始陆续出台了住宅建筑品质提升的新住宅设计要求文件，多数文件首先提及未来住宅建筑高度主要限定在50m左右，并从空间高度、户型设计、室内环境、养老设施，以及周边设施配备、居住环境等多维度提出相应需求。而这些需求的实现对于中国建造当前的技术实力提出了更高要求。

2.1.2 产业链协同发展的重要环节

建筑业上下游链条长，辐射范围广，在建设过程中需要使用大量的工业产品；在城乡建设场景中，有着大量的制造业产品、商品。所有的成品都通过建筑业在场景中落地。做强中国建造可以为产品落地创造更加丰富、更具想象力的场景，带动产业链协同提升。

首先，中国建造的强大能力为制造业产品提供了广阔的市场空间。无论是高层建筑、桥梁隧道，还是轨道交通、新能源设施，每一个大型建设项目都需要大量的工业制成品。这不仅促进了规模化生产，也刺激了技术创新和工艺改进，促使建筑业上下游企业不断优化产品性能，提高生产效率。比如，随着装配式建筑技术的发展，预制构件的需求增加，推动了相关企业升级生产线，采用更先进的自动化、智能化设备，从而提升了整个产业链的竞争力。

其次，中国建造的高质量标准和创新理念引领了上下游产业的协同发展。随着绿色建筑、智能建筑等概念的普及，建筑材料和设备供应商被要求提供更环保、更节能的产品。这种需求导向促使上游企业加大研发投入，开发新材料、新技术，同时也带动了下游产业，如智能家居、绿色装饰材料等细分市场的快速发展。例如，智能门窗、节能灯具、空气净化系统等产品的广泛应用，既提升了建筑物的整体性能，又激发了新兴产业的活力。

再次，中国建造在全球范围内的影响力为国内企业"走出去"创造了条件。随着"一带一路"倡议的推进，中国建造企业积极参与国际市场竞争，承建了众多海外重大工程项目。这不仅为中国制造的产品开辟了国际市场，也促进了国内外产业链的深度融合。通过参与国际项目，国内建筑企业得以学习国际先进技术和管理经验，进一步提升自身实力，同时也加强了与国际合作伙伴的交流与合作，实现了共赢发展。

最后，中国建造在城乡建设场景中的广泛应用，催生了新的消费需求和商业模式。随着乡村振兴战略的实施，农村地区的基础设施建设、农房改造升级等活动，为家电、家具、建材等商品提供了新的销售增长点。同时，城市更新和老旧小区改造项目，也促进了家装、社区服务等相关产业的发展，形成了产业链上下游相互促进、共同发展的良性循环。

2.1.3　建筑业转型升级的重要动力

当前我国建筑业整体发展水平依然无法满足高质量发展要求，从上游环节来看，建筑业高耗能、高耗材特征依然显著；从中游环节来看，建造过程劳动密集特征明显，生产工艺过程标准化程度低、机械化程度低、信息化程度低，建造过程的组织管理不够精细，集约化程度低；从下游环节来看，建造成果品质与高质量要求、与市场需求之间存在明显差距，产品服务更迭缓慢。通过推动中国建造科技创新，可以加快推动实现建筑业转型升级。

2.1.4　建筑业培育新质生产力的重要引擎

中国建造是在我国迈向社会主义现代化新征程的阶段中应运而生，其诞生之初便承载着推动建筑业转型升级、实现高质量发展的历史使命。这一概念不仅顺应了时代潮流，更体现了工业化、绿色化、智慧化等前沿趋势，与新质生产力创新，追求高效能、高质量的核心要求高度契合，成为新时期建筑业培育新质生产力的重要引擎。

习近平总书记曾强调，高质量发展是新时代经济发展的首要任务，而发展新质生产力是实现高质量发展的内在要求和关键着力点。新质生产力以创新为核心特征，注重质量优势，代表着先进的生产力形态，它在实践中展现出对高质量发展的显著推动力。而回顾中国建造的理念诞生，是在新时期发展新阶段的背景下孕育而生，响应全球经济格局变迁、国内经济转型升级及科技革命的召唤。其核心特征包括工业化生产、绿色可持续发展和智慧化创新，旨在通过提升建筑质量和效率，推动建筑业向技术密集型转变，同时强调绿色建材与节能技术的运用，以及数字化、智能化技术的融合，以实现建筑全生命周期的优化，因而成为新时期建筑业培育新质生产力的重要引擎，引领行业向高质量、绿色化、智能化方向发展。

2.2　中国建造发展面临的机遇

2.2.1　国家战略机遇下的广阔市场空间

随着新型城镇化建设、乡村振兴、"一带一路"、"双碳"等国家战略和重要倡议的提出，建筑业新兴市场空间也在不断涌现。第一，我国未来经济发展的主要动力仍然来自于新型城镇化发展，党的二十大强调重点关注城市群和区域中心城市建设，以县城为载体促进城乡融合，城乡建设依然存在大量机遇。同时，随着城市管理建设模式从增量发展转向增存量并举，在城市更新与存量改造领域涌现众多新兴空间。第二，党的二十大明确全面推进乡村振兴，巩固脱贫攻坚成果，从产业、人才、文化、生态等全方位振兴乡村，乡村建设蕴含广阔市场。第三，随着各领域"双碳"目标与实施方案落地，绿色城市、绿色社区、绿色建筑等细分场景进一步清晰，绿色市场前景丰富辽阔。第四，随着国家层面加速推动数字经济与实体产业融合，智慧场景加速涌现，场景需求也在进一步具象，智慧场景已经进入示范建设阶段。第五，双循环格局将推动全国更高水平更深层次开放，海外市场依然存在发展机遇。

新型城镇化与区域协调发展：《中共中央关于制定国民经济和社会发展第十四个五年规划和二〇三五年远景目标的建议》指出，要推动区域协调发展，强化区域发展战略的引领作用，重点支持京津冀、长三角、粤港澳大湾区等城市群建设，加快农业转移人口市民化，以县城为重要载体的新型城镇化建设。这将产生大量的基础设施建设、公共服务设施完善和住房需求，为建筑业提供广阔市场。

乡村振兴战略：《中共中央　国务院关于全面推进乡村振兴加快农业农村现代化的意见》（2021年中央一号文件）强调，要巩固拓展脱贫攻坚成果同乡村振兴有效衔接，推动乡村产业、人才、文化、生态、组织全面振兴。这意味着农村地区将迎来基础设施升级、农房改造、乡村特色产业和文化旅游设施的建设高潮，为建筑业带来新的增长点。

智慧城市建设：2024年5月，多部门相继发布《2024年数字乡村发展工作要点》和《关于深化智慧城市发展　推进城市全域数字化转型的指导意见》，明确城市和乡村的数字化建设重点，在于加快城市和乡村网络、数据中心、智能感知等数字基础设施建设；通过引入智能化数字化技术，提升城乡治理决策水平。此外，两份文件将数字化作为促进新兴产业与城乡发展融合的重要工具，鼓励城市在城市更新、街区和商圈基础设施升级、数字消费，乡村在电商、农产品、农文旅融合等场景中深度引入数字化技术，从而激发城乡发展新潜力。

海外市场拓展：在"一带一路"倡议下，中国建筑业企业如中建科工等，已经在海外市场上取得了显著成绩。《关于推进共建"一带一路"高质量发展的指导意见》等政策文件鼓励中国企业"走出去"，参与"一带一路"国家的基础设施建设，为建筑业提供了海外市场的机遇。

2.2.2　高质量发展加速推动产业升级

一方面，进入城镇化建设后期，城市发展模式从大规模增量建设转为存量提质改造和增量结构调整并重，对高品质基础设施和建筑产品需求显著提升。另一方面，随着固定资产投资增速放缓，土地、劳动力等传统要素价格上升，建筑业依赖规模扩张的粗放式发展模式和依赖廉价生产资料换得的盈利空间不断被挤压，双循环格局下中国高度参与全球产业链、供应链竞争，要获得更多的利润空间、更高的价值，获得全球市场中的竞争话语权，中国建造必须以高质量高价值为目标。

2.2.3 新技术促进生产方式变革

当前，新一代信息技术仍在持续冲击建筑业，以技术引进、技术融合的方式推动建造方式转型，重塑生产方式，重组产业资源，促进生产方式变革。例如：模块化集成建筑MIC 等新型建筑工业技术创新发展，建筑工业化提速发展；光伏建筑一体化等绿色技术加速推广，集约式建造技术、施工现场临时设施布置节地等施工方式推动建造方式绿色转型；以 BIM、人工智能、大数据等为代表的智能智慧技术加速发展应用，形成了数字世界与物理世界的交错融合和数据驱动发展的新局面，加速传统建筑业的数字化转型步伐。

2.2.4 "双碳"打开产业发展新局面

当前建造领域的绿色转型方向已经十分明确。建造领域的绿色转型，依赖于产业链上下游的通力合作，要通过策划、设计、建材、施工、成果交付的全过程绿色化，最终实现低碳建设目标，实现建筑和基础设施全生命周期的资源节约、环境保护和健康舒适。这种全产业链协同联动的建设方式将打破传统的分段式模式，重塑产业链的布局和生产方式，为产业发展打开新局面。

一方面，进一步丰富中国建造场景。当前"双碳"目标政策已经步入深化阶段，各领域目标已然明朗。2024 年 5 月 29 日，国务院印发《2024—2025 年节能降碳行动方案》，分别部署能源、工业、建筑、交通、公共机构、用能设备等十个重点领域的节能降碳行动，针对性提出每个领域具体的行动计划，并强调科技引领与全民行动，确保低碳目标落实，进一步细化了降碳任务行动。

另一方面，明确了对中国建造产业链上不同环节的要求。《2030 年前碳达峰行动方案》中提出，以城乡和农村建设为重点场景，率先从提升建筑能耗和优化建用能两方面推动绿色转型；《关于推动智能建造与建筑工业化协同发展的指导意见》中提出，实行工程建设项目全生命周期内的绿色建造，推动建立建筑业绿色供应链，提高建筑垃圾的综合利用水平，促进建筑业绿色改造升级；《"十四五"建筑节能与绿色建筑发展规划》中明确目标，到 2025 年，完成既有建筑节能改造面积 3.5 亿 m^2 以上，建设超低能耗、近零能耗建筑 0.5 亿 m^2 以上，装配式建筑占当年城镇新建建筑的比例达到 30%，系列政策明确了产业发展的具象目标。

2.3 中国建造发展面临的挑战

2.3.1 复杂环境下建设活动风险点增加

从全球局势来看，动荡源和风险点显著增多，地缘冲突不断升级，复杂多变的国际局势为工程建设活动的开展带来巨大风险，国际化业务风险显著增高。从工程建设活动来看，风云莫测的政治和市场格局对工程项目的进度管理、质量成果把控提出更高要求，要求企业建立相应的风险预警机制，采用设置风险预案、组建法律团队和购买工程保险等方式以对冲外部风险。从产业链发展来看，国际局势的不稳定，全球化发展走向本土化、本国化，这些趋势对建筑业的海外产业链和供应链布局造成巨大冲击。特别是产业安全顾虑下，各国各行业开始加速产业链供应链回迁，设置技术壁垒，极大阻碍了产业、技术的升级和海外业务的发展。

2.3.2 政策体系迎来调整过渡期

2017年国务院办公厅发布的《关于促进建筑业持续健康发展的意见》拉开了建筑业改革序幕。此后建筑业领域市场准入、资质管理、质量监管、招标投标等系列改革持续推进，监管机制不断深化。2022年1月再度下发的《"十四五"建筑业发展规划》进一步明确了新时期下建筑业的使命与任务在于坚持创新驱动和绿色发展，提高发展质量和效益，满足人民群众对美好生活的需求。此外，近年国家层面不断出台促进营商环境优化、推动市场开放与公平竞争的政策文件，以及AI等智慧化工具的引入也给当前市场监管方式带来挑战。为了应对外部环境变化，深化"放管服"改革，健全产业发展与配套机制，未来建筑业还将长期处于行业政策体系的过渡期，需要及时关注政策风口的变化，关注监管机制要求和发展政策风向，降低政策变动成本。

推动公平竞争：自2024年3月政府工作报告中提出创造公平竞争良好环境，并要求加快出台公平竞争审查行政法规后，国家和地方层面加快行动，发布文件落实市场公平竞争要求。2024年5月1日，国家发展改革委、工业和信息化部、住房和城乡建设部、交通运输部、水利部、农业农村部、商务部、市场监管总局八部委联合印发《招标投标领域公平竞争审查规则》（以下简称"文件"），为招标投标领域出台政策措施列明"负面清单"。文件从细化审查标准、健全审查机制和强化监督管理三方面对推动招标投标领域公平竞争审查提出相关举措，包括针对招标投标实践中的不合理限制，如资格预审、评标方法等；明确了政策制定机关的主体责任，规定政策措施必须在审议或报批前完成公平竞争审查。此外，文件要求相关部门定期评估清理政策措施，建立市场壁垒线索征集机制。种种条例从实施层面进一步破除地方保护和行政性垄断，加快构建全国统一大市场。

数字化监管要求上升：当前工程建设领域正在经历一场深刻的数字化监管转型，这一趋势得到了国家层面政策的支持和推动。2024年5月发布的《关于深化智慧城市发展 推进城市全域数字化转型的指导意见》中强调要在建筑全生命周期中推进数字化管理，包括设计、施工、验收、运营维护等阶段，利用BIM（Building Information Modeling）等技术，同时配合这一要求，要实现全过程的数字化监管。在具体举措方面，2022年12月，住房和城乡建设部在甘肃平凉实施了工程建设图纸全过程数字化监管，通过审批管理系统与公共服务平台的无缝对接，强化了数据共享和审批效率。2023年6月，住房和城乡建设部在浙江台州召开了全国工程质量数字化监管现场会，推广了台州等地的工程质量数字化监管试点经验，强调了统一数字化监管数据标准体系和"互联网＋监管"模式的探索。这些政策举措共同描绘了一幅中国工程建设领域数字化监管的蓝图，强调了数据标准化、信息平台建设、智能化监管工具的使用以及监管体系的完善。

2.3.3 产业升级步伐不一

当前，中国建造正在逐渐由劳动力和资源引领向创新引领、质量引领转型，但由于经济基础和产业基础差异，各地在推进产业升级、技术升级的步伐上并不统一，特别是中西部地区经济发展相较东部地区缓慢，产业基础薄弱，因此要基于区域的资源禀赋和产业特色，因地制宜推进技术革新。同时，全球技术更迭加速，随着产业革命持续推进，科技加速进化，终端市场的技术更迭将加快，对建筑业的数字化能力提出更高要求。

2.3.4　数据、技术安全问题日益凸显

随着建筑领域数字化转型渐深，数据加速上云，安全问题日益凸显。国家互联网应急中心相关数据显示，当前数据泄漏、云平台安全风险等问题较为突出，针对物联网、区块链等新兴技术领域的网络攻击和犯罪数量明显增加。而当前工程建设领域的主要工具软件大多来自国外，以国家重大工程、保密工程项目为代表的标志性、重大项目的数据存在泄露隐患，核心技术、薄弱环节关键技术自主权受限，面临"卡脖子"问题。此外，与5G、区块链等新兴技术相关的网络安全挑战也在不断增大，网络安全漏洞层出不穷。随着数据逐渐成为新兴的又一生产关键要素，如何保护核心数据的安全，在数据保护和数据共享之间取得平衡将成为企业发展必须要面对的问题。

数据资产作为数字化转型核心，其战略地位正在不断得到重视。继 2023 年末财政部发布《关于加强数据资产管理的指导意见》明确数据资产的价值后，上述系列文件中也多次强调要尽快加强对数据的开发与开放力度，加快搭建城市数据管理平台和乡村数据资源管理体系，搭建和完善对数据资产的管理与分享机制，释放数据要素价值。随后，上海、北京、武汉等各地纷纷转发相关通知，进一步细化下阶段数据资产工作重点，提出构建和明确数据资产产权体系与权责关系，逐步完善对数据资产的管理、使用、开发、评估、收益分配、安全管理等系列事项，同时也强调了对数据安全的重视程度，提出要明确对数据资产的全过程管理路径，实施分类分级管理，通过强化管理为后续激发数据资产潜能，做好数据安全做铺垫。

第3章 推动科技创新 做强中国建造的相关研究

3.1 中国制造业发展经验借鉴

与建筑业相比，中国制造业在转型发展方面起步较早，科技创新投入、平台、人才、成果等建设相对完善，产业协同机制比较健全，已经形成了产业化网络化的发展基础，进入了科技融合推动产业发展的局面。

3.1.1 注重顶层设计规划

顶层设计不仅是制造业高质量发展的关键，也是实现国家综合实力和国际竞争力提升的基础。顶层设计通过加强出台相应政策文件、提出发展指导意见等方式推动制造业向数字化、智能化方向发展，从而提升制造业的整体水平和竞争力。

围绕制造业发展，国家层面从"十二五"时期开始积极布局，历经了产业化、智能化、数字化和两化融合的发展历程，并围绕相关装备、技术等形成一系列配套政策文件，明确制造业发展方向。各地省市也相继出台了相关政策，在技术创新、数智化转型、绿色发展、人才保障、优化服务等多个方面给予制造业高质量发展明确的指导。从广东省发展实践来看，作为制造业大省，广东支持制造业高质量发展不遗余力。2021年底以来，广东加强顶层设计，相继发布广东"制造业十九条""1+20"战略性产业集群政策。"制造业十九条"是省委、省政府于2021年印发的《关于推动制造业高质量发展的意见》，是今后一段时期指导广东推动制造业高质量发展的纲领性文件，吹响了推动制造业高质量发展的号角。据悉，广东"制造业十九条"以目标为牵引、问题为导向，启动实施"六大工程"："强核工程""立柱工程""强链工程""优化布局工程""品质工程""培土工程"。2021年，广东省政府出台《关于培育发展战略性支柱产业集群和战略性新兴产业集群的意见》，省工业和信息化厅牵头会同省发展改革委、科技厅、农业农村厅、能源局，逐一制定了20个战略性产业集群行动计划（2021—2025年），简称"1+20"战略性产业集群政策，该政策是作为"十四五"期间乃至更长一段时期指导广东省战略性产业集群培育发展，建设现代产业体系的重要举措。"20个行动计划"是产业特色鲜明的具体工作指南，强化更具操作性的指导作用。格式编制统一，均包括产业总体情况、工作目标、重点任务、重点工程和保障措施5个部分。

总体来看，"1+20"战略性产业集群政策是一个有机整体，既从宏观层面把握战略性产业集群全局性问题，落实新发展理念，深化供给侧结构性改革，紧紧抓住"双区"建设的重大机遇，突出抓创新、强主体、拓开放、促融合，促进产业由集聚发展向集群发展全面跃升，打造产业高质量发展的典范，也从中观层面推进地区间产业错位发展，推动城市功能定位与集群发展协同匹配，达成区域分工合理、差异化发展的产业集群发展格局，还从微观层面强调产业链内部专业化协作分工，对细分领域发展重点提供指引，全面提升产业链、供应链的稳定性和竞争力，深度融入全球产业链、价值链和创新链。

随着智能制造领域政策的持续出台，中国制造业逐渐向智能制造方向转型，并开始大量应用 5G、云计算、大数据、机器人、数字孪生、工业互联网等相关技术。预计行业将持续稳定增长，中国制造业中智能制造所起到的地位将会越来越重要（表 3-1）。

制造业相关指导文件①
表 3-1

		制造业相关指导文件(部分)
国家层面	"十二五"	《中国制造 2025》及系列政策,包括:《产业关键共性技术》《国家战略性新兴产业规划》《制造业三年行动计划》《加快培育发展制造业优质企业》等
		《智能制造科技发展"十二五"专项规划》及子规划《高端装备制造业"十二五"发展规划》《智能制造装备产业"十二五"发展规划》
		《2015 年智能制造试点示范专项行动实施方案》
		《关于积极推进"互联网"行动的指导意见》
		《关于推进工业机器人产业发展的指导意见》
	"十三五"	《智能制造发展规划(2016—2020 年)》
		《关于深化制造业与互联网融合发展的指导意见》
		《关于推动先进制造业和现代服务业深度融合发展的实施意见》
		《国务院关于积极推进"互联网＋"行动的指导意见》
		《"十三五"先进制造技术领域科技创新专项规划》
	"十四五"	《"十四五"信息化和工业化深度融合发展规划》
		《关于加快培育和发展制造业优质企业的指导意见》
		《"十四五"智能制造发展规划》
		《"十四五"工业绿色发展规划》
		《工业和信息化部等八部门关于加快传统制造业转型升级的指导意见》
		《我国支持制造业发展主要税费优惠政策指引》
		《制造业技术创新体系建设和应用实施意见》
		《关于进一步促进服务型制造发展的指导意见》
地方层面		《上海市先进制造业发展"十四五"规划》
		《湖北省制造装备制造业"十四五"发展规划》
		《浙江省全球先进制造业基地建设"十四五"规划》
		《江西省"十四五"智能制造发展规划》
		《山东省智能制造提质升级行动计划(2022—2025 年)》
		《广东省制造业数字化转型实施方案(2021—2025 年)》
		《天津市促进智能制造发展条例》
		《苏州市制造业智能化改造和数字化转型 2022 年行动计划》
		《贵州省关于加快发展先进制造业集群的指导意见》
		《成都市人民政府关于印发成都市支持制造业高质量发展若干政策措施的通知》

① 资料来源：根据相关政策梳理。

目前，我国众多企业都在积极构建自己的工业互联网平台，并以工业互联网平台为核心动力，打造智能制造技术体系、产业体系，形成制造业发展的新模式、新业态。

案例一：《关于深化制造业与互联网融合发展的指导意见》

（1）出台背景

制造业是国民经济的主体，是实施"互联网＋"行动的主战场。党的十八大以来，党中央国务院围绕制造业、互联网、"大众创业、万众创新"提出了一系列新理念、新思想、新战略，先后出台了《国务院关于印发〈中国制造 2025〉的通知》（国发〔2015〕28号）、《国务院关于大力推进大众创业万众创新若干政策措施的意见》（国发〔2015〕32号）、《国务院关于积极推进"互联网＋"行动的指导意见》（国发〔2015〕40号）等重大战略和政策，部署了建设智能制造工程、"双创"示范基地、专项资金支持等重点工作。围绕推进制造业与互联网融合发展，工业和信息化部起草并推动出台了《国务院关于深化制造业与互联网融合发展的指导意见》（国发〔2016〕28号）。

（2）主要目的

把制造业、"互联网"和"双创"紧密结合起来，通过优化产业结构有效改善供给，释放新的发展动能，催生一场"新工业革命"。

（3）主要意义

该意见指出：制造业是"互联网＋"的主战场。这将是对我国经济发展乃至综合国力提升具有深远影响的一个重要政策文件。我国是世界制造业大国，也是世界互联网大国，二者的融合发展既有得天独厚的基础优势，也有十分广阔的价值潜力。互联网与制造业的融合创新与相互促进，一方面能为我国制造业转型升级提供了具体可行的技术路径，另一方面也为互联网产业发展开辟了不可估量的应用市场。

案例二：《"十四五"信息化和工业化深度融合发展规划》

（1）出台背景

从总体看，我国两化深度融合发展仍处于走深向实的战略机遇期，正步入深化应用、加速创新、引领变革的快速发展轨道。大力推进信息化和工业化深度融合，推动新一代信息技术对产业全方位、全角度、全链条的改造创新，激发数据对经济发展的放大、叠加、倍增作用，对于新时期推动产业数字化和数字产业化，统筹推进制造强国与网络强国建设，具有重要战略意义。

（2）主要目的

该规划立足新时期融合发展的历史方位，在衔接继承两化融合"十三五"规划目标任务的基础上，紧密结合推进制造业数字化、网络化、智能化的发展要求，以解决当前我国两化深度融合发展的关键问题为出发点和落脚点，充分考虑与现有政策配套协同，聚焦融合重点，突出系统布局，整合各方资源，明确"十四五"时期两化深度融合的发展形势、总体要求、主要任务、重点工程以及保障措施等内容，指导未来五年两化深度融合发展。

（3）主要意义

新产品新模式新业态代表了未来制造业的发展方向，是深化两化融合发展的切入点和落脚点。在存量变革方面，新技术加速传统制造业数字化改造，推动经济发展从以要素驱动为主向以创新驱动为主转变；在增量培育方面，有利于充分挖掘数据作为新型生产要素的潜在价值，打造制造业发展新动能。关于新产品新模式新业态，规划给出了具体目标：

到 2025 年，企业经营管理数字化普及率达 80%、数字化研发设计工具普及率达 85%，同时规划重点部署了装备制造、消费品、电子信息等行业的融合发展工作，还提出要将培育新产品新模式新业态作为一项重点任务，有利于深化新一代信息技术与制造业全要素、全产业链、全价值链融合发展，推动制造业新产品新模式新业态发展，进一步加快制造业整体数字化转型进程。

案例三：《关于加快传统制造业转型升级的指导意见》

（1）出台背景

我国传统制造业发展存在大而不强、全而不精、普遍存在产业布局分散、产能过剩、低端竞争等问题，这些问题严重制约了制造业的转型升级和高质量发展。为了主动适应和引领新一轮科技革命和产业变革的战略选择，该意见的出台是提高产业链供应链韧性和安全水平的重要举措，推进新型工业化、加快制造强国建设的必然要求，关系现代化产业体系建设全局。

（2）主要目的

推动我国传统制造业高端化、智能化、绿色化、融合化发展，提升制造整体竞争力。

（3）主要意义

一是提升制造业整体竞争力。通过政策引导，传统制造业将加速向高端化、智能化、绿色化、融合化方向转型，进一步提升在全球产业分工中的地位和竞争力。这将有助于提高我国制造业在国际市场的竞争力，推动制造业实现由大变强。

二是提高制造业生产效率，降低生产成本。随着数字化转型的深入推进，工业企业数字化研发设计工具普及率、关键工序数控化率将大幅提升，有助于提高生产效率，降低生产成本。这将有助于提高制造业的盈利能力，增强制造业的抗风险能力。

三是促进制造业可持续发展。意见还强调要推动制造业绿色发展和资源循环利用，这将有力促进我国制造业实现可持续发展，有助于实现制造业的绿色发展，提高制造业对环境的友好程度。

案例四：《关于进一步促进服务型制造发展的指导意见》

（1）出台背景

为推动制造强国建设，工业和信息化部、国家发展改革委、中国工程院于 2016 年联合印发了《发展服务型制造专项行动指南》（以下简称《行动指南》）。《行动指南》印发以来，在各部门、各级政府及中介机构的大力推动下，通过广大制造企业的积极探索实践，我国服务型制造发展取得了积极成效，服务型制造理念传播不断深化，发展水平明显提升，多方协同推进服务型制造的良好局面逐步形成，服务型制造模式不断创新，引发了一系列生产方式和组织体系的变革，有效降低了成本、提高了效益，有力支撑了制造业高质量发展，成为我国制造业转型升级的亮点。考虑到《行动指南》指导期已结束，相关目标任务已经圆满完成，为深入贯彻党中央、国务院相关部署，以发展服务型制造为突破口推进先进制造业和现代服务业深度融合，进一步解决服务型制造发展中存在的问题，推动服务型制造深入发展，相关部门研究起草了该指导意见。

（2）主要目的

促进制造业提质增效和转型升级，为制造强国建设提供有力支撑，更好指导今后一段时期服务型制造的发展。

（3）主要意义

当前，服务型制造模式创新加快，涌现出一大批新模式新业态，成为先进制造业和现代服务业融合的典型代表。作为新型产业形态，服务型制造广泛出现在制造业各领域、各环节。在制造业转型升级的总体趋势下，具体表现形态和实现路径千差万别。指导意见重点提出了发展工业设计服务、定制化服务、供应链管理、共享制造、检验检测认证服务、全生命周期管理、总集成总承包、节能环保服务、生产性金融服务九大模式，既涉及制造业各个环节的服务创新，也涵盖了跨环节、跨领域的综合集成服务。

同时，服务型制造模式仍在不断创新突破中，为尊重企业主体地位和首创精神，指导意见积极鼓励企业结合自身禀赋和竞争优势，因地制宜，探索实践，深化新一代信息技术应用，发展信息增值服务，探索和实践智能服务新模式，大力发展制造业服务外包，持续推动服务型制造创新发展。

此外，指导意见还提出了从四个方面夯实筑牢服务型制造发展基础的措施、从五个方面提出营造推动服务型制造发展良好环境的举措。

总体来看，指导意见为制造业推动服务型制造模式创新、打牢发展基础和创造良好发展环境提出了重要指导意见，有助于进一步促进服务型制造发展。

3.1.2 持续完善标准体系

在高质量发展的背景下，标准化是促进社会全行业创新高质量发展的重要举措。实施标准化是高质量发展的重要组成部分，需要牢牢把握标准化这把金标尺。

习近平总书记指出，"标准决定质量，有什么样的标准就有什么样的质量，只有高标准才有高质量"。《2024年国务院政府工作报告》提出，加强标准引领和质量支撑，打造更多有国际影响力的"中国制造"品牌。标准助推创新发展，标准引领时代进步。标准化是创新发展的重要驱动力，是制造业质量技术基础的核心要素，在推动制造业高质量发展中发挥着基础性、引领性作用。标准化战略是推动制造大国向制造强国转变的重大举措，对于发展新质生产力、构建新发展格局、推动高质量发展具有重大意义。

标准引领是推动科技创新、发展新质生产力的迫切需要。培育和发展新质生产力的关键在于加快科技成果应用。标准是促进科技成果转化的"助推器"。创新成果通过标准迅速扩散，所产生的乘数效应能够形成强大的创新动力，引领新产业、新模式发展壮大，使科技创新发挥更大作用。当前，新一轮科技革命和产业变革突飞猛进，技术标准与科技创新协同趋势更加显著，标准化已深度嵌入科技创新全过程，融为一体、相互促进，为加快科技成果应用化、产业化、市场化提供了重要支撑。我国要加强自主创新，推进自主品牌、知识产权和标准化相结合，大力推进技术专利化、专利标准化、标准产业化，不断提升中国标准水平，提高我国全球配置创新资源能力。

标准引领是提升产业链供应链韧性和安全水平、构建新发展格局的必然要求。构建新发展格局的关键在于经济循环的畅通无阻，标准化能够发挥重要的联通与支撑作用。一方面，标准是对质量的"硬约束"，也是制造业的"世界通用语言"和"国际通行证"。世界需要标准协同发展，标准促进世界互联互通。我国积极参与国际标准化活动，促进产业链上下游标准相衔接，能够有效实现国内国际双循环相互促进。另一方面，标准是参与全球经贸规则制定、提升全球治理制度话语权的重要组成部分。谁制定标准，谁就拥有话语权；谁掌握标准，谁就占据制高点。我国要引领关键技术和产业的标准制定，打造国际化标准高地，有效提升产业链供应链韧性和安全水平，塑造我国参与国际合作和竞争新优势。

通过龙头企业、科研院所联合开展标准研制和试验验证，我国初步搭建了 191 个标准试验验证平台。目前，在智能制造领域已发布国家标准 300 项，基本覆盖产品全生命周期和制造业系统层级各环节（表 3-2）。

智能制造领域五项国家标准示例（2022 年 5 月实施）　　　　　　表 3-2

序号	标准号/计划号	标准名称	标准范围及主要技术内容
1	GB/T 40647—2021	智能制造　系统架构	本标准规定了智能制造系统架构的生命周期、系统层级和智能特征三个维度。 本标准适用于机构开展智能制造的研究、规划、实施、评估和维护等
2	GB/T 40659—2021	智能制造　机器视觉在线检测系统　通用要求	本标准规定了机器视觉在线检测系统的架构、系统功能要求、系统性能要求等。 本标准适用于指导企业、高校、科研院所等相关机构开展机器视觉在线检测系统的研发与应用
3	GB/T 40654—2021	智能制造　虚拟工厂信息模型	本标准规定了虚拟工厂信息模型的模型框架、对象模型库、规则模型库和虚拟工厂信息模型可实现的业务功能等。 本标准适用于指导高等院校、研究院所、企业开发应用虚拟工厂信息模型
4	GB/T 40648—2021	智能制造　虚拟工厂参考架构	本标准规定了虚拟工厂参考架构中不同层级的内容，和虚拟工厂的不同功能实现。 本标准适用于指导高等院校、研究院所、企业开发应用虚拟工厂
5	GB/T 40655—2021	智能生产订单管理系统　技术要求	本标准规定了智能生产订单管理系统的结构、订单管理模块技术要求和智能排程模块技术要求。 本标准适用于企业、研究院所、高等院校等相关机构开展智能生产订单管理系统的研发和应用

标准一头连着市场，另一头连着创新，是创新成果产业化、市场化的桥梁和纽带。完整健康的产业链，必然映射标准覆盖完备、技术指标先进、上下游标准衔接有效的标准链。标准引领新产品新业态新模式快速健康发展，而技术的迭代创新则会催生标准的不断完善。近年来，我国全面推进各领域标准化提升，标准数量和质量大幅提升，标准体系日益完善，标准化意识不断提升。长远来看，加强标准引领，应久久为功，打好政策组合拳。

党的十八大以来，标准化工作被摆在经济社会发展全局高度统筹推进：《中国制造 2025》对加强标准体系建设作了专项任务安排，是中国实施制造强国战略第一个十年的行动纲领，为中国制造业未来 10 年设计顶层规划和路线图，通过努力实现中国制造向中国创造、中国速度向中国质量、中国产品向中国品牌三大转变，推动中国到 2025 年基本实现工业化，迈入制造强国行列；《国家标准化发展纲要》就标准化与科技创新互动发展、提升产业标准化水平等提出了具体举措，是以习近平同志为核心的党中央立足国情、放眼全球、面向未来作出的重大决策，是新时代标准化发展的宏伟蓝图，在我国标准化事业发展史上具有重大里程碑意义；党的二十大报告提到"稳步扩大规则、规制、管理、标准等制度型开放"……这都体现了我国对标准化工作的高度重视。标准化不仅能提高产业的自主性和可控性，还能高效提升产业之间的协同性。同时，它在促进行业组织机构行使整合产业、联合产业间配置要素等职能时，起到了建立机制、形成体系的重要作用。

为了打通发展壁垒，实现工业化产业化发展，中国制造业十分强调标准体系的建设，在船舶、纺织、石化等 14 个细分行业积极开展了细分领域智能制造标准体系建设。

在智能制造方面，为指导当前和未来一段时间内智能制造标准化工作，国家于 2015 年就发布了《国家智能制造标准体系建设指南》，现在已经更新到 2021 版（第三版）。基于多次修订，第三版指南构建了较为完善的国家智能制造标准体系，为智能制造提供了强有力的标准支撑：一是能为智能制造国家标准和行业标准的立项提供依据；二是有利于推动解决制造环节互联互通、跨行业跨领域标准化问题；三是明确了立足国情、开放合作理念；四是有利于建立与时俱进、持续进行的标准完善机制。

在钢铁行业方面，为切实发挥标准对推动钢铁行业智能制造发展的支撑和引领作用，2023 年工业和信息化部依据《国家智能制造标准体系建设指南（2021 版）》《"十四五"智能制造发展规划》《"十四五"原材料工业发展规划》等，组织编制了《钢铁行业智能制造标准体系建设指南（2023 版）》。该指南结合钢铁行业发展现状及发展趋势，明确了"统筹规划，动态更新；共性先立，急用先行；协同推进，注重实施；创新探索，适当领先"的基本原则，制定了到 2025 年的主要发展目标，提出了建立较为完善的钢铁行业智能制造标准体系，研制 45 项以上钢铁行业智能制造领域标准，优先制定基础共性标准以及绿色低碳、产品质量、生产安全等关键应用场景标准，积极参与国际标准研制等重点任务。

在化工行业方面，2024 年 7 月 12 日，工业和信息化部印发《化工行业智能制造标准体系建设指南（2024 版）》，明确了当前和未来一段时间化工行业智能制造标准化工作方向，以促进化工行业与新一代信息技术在更广范围、更深程度、更高水平上实现融合发展，推动化工行业由传统生产方式向智能制造转型升级。该指南提出，到 2027 年，初步建立化工行业智能制造标准体系，累计制修订 30 项以上化工行业智能制造标准，基本覆盖化工行业基础共性与装备、工厂、企业、园区、供应链等各方面。加快安全生产、工程数字化交付、绿色低碳等关键应用场景标准制修订，积极推动化工行业与新一代信息技术融合发展，注重企业实际需求与应用，助力化工行业高质量发展。

在人工智能行业方面，工业和信息化部等四部门于 2024 年联合发布《国家人工智能产业综合标准化体系建设指南（2024 版）》。指南重点围绕基础共性、基础支撑、关键技术、智能产品与服务、赋能新型工业化、行业应用、安全治理 7 个方面，构建起一个涵盖人工智能产业全生命周期的标准化体系。指南同时提出到 2026 年，我国标准与产业科技创新的联动水平持续提升，新制定国家标准和行业标准 50 项以上，引领人工智能产业高质量发展的标准体系加快形成。开展标准宣贯和实施推广的企业超过 1000 家，标准服务企业创新发展的成效更加凸显。参与制定国际标准 20 项以上，促进人工智能产业全球化发展。

未来，中国制造标准的方向将集中在智能化、绿色化方向，重视新兴产业、未来产业的标准研究。在强化新产业发展战略、规划、政策、标准的协同基础上，统筹推进国际标准、国家标准、行业标准、团体标准等各类型标准研制，全面加强标准研究、制定、实施、复审等全生命周期管理，持续完善新产业标准化工作体系。

3.1.3　组建联盟联合发展

为了推动制造业发展，制造业领域围绕战略及专项问题、专项领域成立众多联盟、委员会等，围绕制造业发展核心关键和科技创新问题进行攻关研究，指导行业进一步发展。

案例一：国家制造强国建设战略咨询委员会

（1）基本情况

国家制造强国建设战略咨询委员会组建于 2022 年，是国家制造强国建设领导小组的决策咨询机构，是推动我国从制造大国向制造强国转变的战略性、全局性、专业性决策咨询平台。

战略咨询委主任由全国人大常委会原副委员长路甬祥担任，副主任由中国工程院院长周济担任。委员由新一代信息技术产业、高档数控机床和机器人、航空航天装备、海洋工程装备及高技术船舶、先进轨道交通装备、节能与新能源汽车、电力装备、农业装备、新材料、生物医药及高性能医疗器械、网络与信息安全、知识产权与标准、产业经济、金融等领域的院士、专家及企业家组成。秘书处设在中国电子信息产业发展研究院，承担战略咨询委日常工作。

（2）组建目的

为国家制定智能制造相关的战略、规划、政策等提供支撑，为各地方推动智能制造发展提供咨询服务，开展智能制造理念普及、成效宣传、经验推广等活动，推动构建完善的智能制造发展生态。

（3）主要成效

该战略咨询委员会主要负责制造强国建设过程中的战略性、全局性、专业性决策咨询，包括对《中国制造 2025》实施过程中的重大问题和政策措施开展调查研究和提出咨询意见和建议，对国内外制造业发展进行跟踪和前瞻研究。开展制造业国际合作研究和交流合作等。该委员会提出了中国制造十大重点领域创新的方向和路径，并明确了相关技术路径图。此外，委员会围绕中国制造中的热点话题，开展了一系列专项研究（图 3-1）。

图 3-1　国家制造强国建筑战略咨询委员会研究成果一览（部分）①

---

① 资料来源：根据外部资料梳理。

案例二：中国汽车动力电池产业创新联盟

（1）基本情况

中国汽车动力电池产业创新联盟成立于 2016 年，该联盟由 13 家单位发起，成员领域覆盖新能源整车、电池及系统、电池材料、回收再利用、燃料电池等全产业链。主要在承担国家科技研发项目、开展共性技术课题研究、研制技术规范和搭建合作交流平台四个方面开展重点工作。

（2）组建目的

中国汽车动力电池产业创新联盟的目标：促进动力电池技术的创新和研发，提升电池的能量密度、安全性和寿命，降低成本；推动动力电池的标准化和规范化，提高产品质量和可靠性，增加用户信任度；促进产学研合作，加强技术创新和知识产权保护，提高中国在动力电池领域的核心竞争力；加强与政府部门的沟通和合作，争取更多的政策支持和资金投入；促进供应链合作和资源共享，提高产业的整体竞争力和效益。

（3）主要成效

成立以来，承担 1 项国家 863 项目、发布 59 项电动汽车团体标准、开展 47 项共性技术课题研究等，并通过组织成果分享、学术研讨、技术展览、走进企业等交流活动，持续整合行业创新资源，助推产业创新发展。

案例三：中国服务型制造联盟

（1）基本情况

2017 年 2 月，中国服务型制造联盟是在工业和信息化部的全面指导和大力支持下成立。联盟由工业和信息化部电子第五研究所发起，联合了有关企业、高校、科研院所、金融机构及行业协会等单位，以"平等、开放、协作、共赢"为原则，是全国性、综合性、领先性、非营利性组织。

（2）组建目的

根据"十四五"规划指出的深入实施制造强国战略，推动制造业优化升级，发展服务型制造新模式为目标，整合优质产业资源，以企业为主体，以市场为导向，通过"政、产、学、研、金"相结合形式，提高行业整体能力，促进成员之间的资源共享和互惠互利，提升联盟成员的群体竞争力。

（3）主要成效

联盟成立多年来，始终围绕"服务行业的智库，支撑政府的平台"的核心定位，开展了一系列推进服务型制造发展的工作，发挥了积极的作用。

一是推动政策落实。支撑工业和信息化部服务型制造示范遴选。总结推广工作；协助开展全国多地的"服务型制造万里行"活动；参与有关政策的编制与实施评估，有力推动服务型制造政策落实和经验推广。

二是深化地方合作。开展规划编制、人才培训、咨询诊断、国际交流等服务；深化与地区合作，设立首个服务型制造研究院，创建国家级创新平台载体，构建服务型制造发展高地。

三是服务行业需求。成立专业工作组，聚焦服务型制造重点领域，深化工作开展，推进细分重点领域共性技术研究与成果转化。组织召开中国服务型制造大会、发展实践展，成为推动服务型制造发展的重要交流平台；组织开发公共服务平台，运营微信公众号，加强融媒体宣传报道等，持续推动服务型制造理念传播和资源共享。

四是做好智库研究。聚焦服务型制造、先进制造业和现代服务业融合发展、生产性服务业等有关领域，创建中国服务型制造 50 人论坛，开展理论、政策、实践研讨与研究，发布有关成果和出版物，开展服务型制造标准化工作，研究评价体系建构，为各级政府提供决策依据，为行业发展做好智力支持。

案例四：京津冀智能制造装备产业联盟

（1）基本情况

京津冀智能制造装备产业联盟于 2024 年成立，该联盟由市工业和信息化局联合京冀两地工信部门、整合全国优质智能制造企业资源共同成立。由中国科学院院士、清华大学教授雒建斌领衔，中国工程院院士杨华勇、中国科学院院士毛明等 20 位国内顶级智能制造装备专家共同组成。

（2）组建目的

该联盟旨在搭建产学研深度融合、资源高效配置的共享平台，共同推动京津冀智能制造装备产业协同发展与创新升级。联盟成立后，将加强智能制造装备产业链强链补链延链，推动高档数控机床、机器人、增材制造装备、仪器仪表、工业互联网、工业软件等智能制造装备技术应用和成果转化，引领京津冀乃至全国智能制造装备产业实现高质量发展。

（3）主要成效

该联盟组建以来，以机器人和工业母机为重点方向，现汇集了通用技术集团机床有限公司、沈阳新松机器人自动化股份有限公司、天津百利机械装备集团有限公司、遨博（北京）智能科技股份有限公司等近百家国内知名企业，不断强链补链，壮大产业集群，实现了包括关键零部件、整机生产、系统集成在内的全产业链覆盖。此外，产业联盟还吸引了长三角、珠三角地区的行业龙头企业。通过加入产业联盟，埃斯顿自动化集团、安徽行健智能制造装备股份有限公司、广州数控设备有限公司、深圳市优必选科技股份有限公司等企业均表达了在天津建北方总部的愿望。产业联盟在打造产业集聚"强磁场"、搭建招商引资"资源池"、破解行业痛点"新模式"方面提供了助力，有助于打造京津冀互联互通的智能制造装备产业生态。

案例五：江苏省先进制造业集群联盟

（1）基本情况

2022 年 6 月 24 日，在江苏省工业和信息化厅业务指导下组建的江苏省先进制造业集群联盟在江苏南京成立。该联盟是全国首家成立的省级集群联盟，按照市场化、轮值制方式，依据平等自愿、互利合作原则开展工作。

（2）组建目的

该联盟旨在联合全省先进制造业集群促进机构、产业链支撑机构和智库单位，以及其他服务集群和产业链发展的企业、高校、科研院所、金融单位、社会机构等，探索新形势下先进制造业集群治理新模式，构建江苏先进制造业集群发展命运共同体。

（3）主要成效

2024 年 10 月，由江苏省先进制造业集群联盟、江苏省可再生能源行业协会、江苏省新材料产业协会联合主办的"2024 中国（江苏）新型电力·新能源·新材料集群融合创新应用博览会"将通过组织产品展示、技术交流、项目推介、招商引资、贸易洽谈和报告会、发布会等系列活动,搭建合作交流平台,展示新型电力与数字能源装备产业发展水平,促进企业信息沟通,推动行业技术合作,引导新型电力与数字能源装备产业持续快速健康发展。

3.1.4 强化科创平台作用

在科技创新市场力量发展不充分的情况下,科技创新平台成为汇集创新资源,推动成果转化,实现企业、市场、科研机构高效联动的重要媒介。根据工业和信息化部科技司相关负责人介绍,截至 2023 年 2 月,我国已建设国家级制造业创新中心 24 个,部重点实验室 187 个,产业技术基础公共服务平台 125 个。

案例一:深圳国家高技术产业创新中心

(1)基本情况

深圳国家高技术产业创新中心成立于 1992 年,前身为深圳国家电子技术应用工业性试验中心,原国家计委和市政府共同成立的副局级事业单位,由国家计委指导、市政府领导,市计划局负责建设和管理。2009 年,在工试中心的基础上组建了深圳国家高技术产业创新中心,为非营利性公共技术服务机构、企业化管理事业单位,并作为法定机构试点,由深圳市发展改革委归口管理。2018 年至今,创新中心基于矩阵结构和信息化平台,构建制度化、流程化驱动的网络组织架构,不断推进功能定位、运作机制、人员结构等方面改革转型。

(2)成立目的

在深圳加快建设国际科技产业创新中心、构建竞争力影响力卓著的创新引领型全球城市的大背景下,要进一步发挥创新中心重要作用,推进实现功能定位、运作机制、人员结构等方面改革转型。

(3)主要成效

一是技术创新与突破。深圳国家高技术产业创新中心通过承担国家和市级工程研究中心和实验室的相关工作,以及开展公共服务能力和创新能力平台建设项目的前期论证和评估等工作,推动了技术创新和突破。例如,在医疗领域,国家高性能医疗器械创新中心成功研制出国内首台国产体外膜肺氧合系统(ECMO),填补了国内长期空白,并联合研发出全球首台 5.0T 人体全身医学磁共振成像系统,解决了关键技术卡脖子问题。

二是产业发展与集聚。该中心通过其工作促进了高端医疗器械等产业的发展,带动了一批专精特新医疗器械企业的集聚和发展,使得深圳高端医疗器械产业成为一张城市名片,向全球医疗器械高地迈进。

三是区域创新生态建设。深圳国家高技术产业创新中心还负责深圳数字技术园的建设、运营和管理,通过组织协调、管理国家发展改革委与市政府共建的创新合作项目,以及提供配套支持和跟踪服务等工作,促进了区域创新生态的建设和发展。

四是政策研究和资金管理。该中心还承担了研究国民经济和社会发展动态及重要理论问题,开展宏观调控、经济体制改革、营商环境等政策研究,以及跟踪产业发展态势,开展产业发展规划、行动计划、专项方案、政策措施等方面研究,为战略性新兴产业、未来产业和现代服务业的培育发展和产业结构优化提供支撑服务。

案例二：国家动力电池创新中心

（1）基本情况

2016 年 6 月 30 日，国家动力电池创新中心在京正式成立。该中心也是第一家成立的国家制造业创新中心。

（2）成立目的

创新中心将面向行业共性需求，通过协同技术、装备、人才、资金等各类资源，打通前沿技术和共性技术研发供给、转移扩散和首次商业化的链条，为我国实现动力电池技术突破、提升动力电池产业竞争力、支撑新能源汽车产业发展提供战略支撑。

（3）主要成效

国家动力电池创新中心强化动力电池产业行业国家平台责任担当，"谋得深""干得实""走在前"，推动科技创新能力提升，加快技术迭代升级，服务支持行业发展进步。

一是突出升级形成特色优势，不断提升技术服务能力质量。国联研究院国家动力电池创新中心紧跟行业发展，坚持市场应用、需求导向，发挥研发特色优势，围绕电池行业材料多元化、低成本化、换型效率高、电芯设计多样化等特点，立足 7000 万 Ah 软包中试线基础，迭代优化升级装备能力，电池制备精度控制、产品规格适应性大幅提升，既可满足原有常规尺寸电芯制备，又可兼容长度 100～600mm 及异型规格软包电芯制备，电池工程化制备能力、定制化设计制备效能进一步提升，支撑服务整车企业、电池企业、科研院所等不同应用领域、不同单位的电池及系统研发试制、更新迭代，为其提供从极片、电芯、模组、系统的实验验证及评价、中试验证及评价到电池代工生产（ODM、OEM）等一条龙定制化服务解决方案，适应多品种小批量电池产品及试制服务需求。

二是突出创新引领，强化产品推广，助力提升应用实效。国家动力电池创新中心坚持高标定位、精益求精，已通过 IATF16949 质量管理体系认证、ISO9001、ISO27001 信息安全体系认证，扩展服务整车企业、电池企业、科研院所等 50 余家客户，涵盖海陆空天等各个应用领域，推进产业行业绿色转型，助力"双碳"目标实现。研发了软包电芯，成功应用于无人机，顺利完成 2022 年北京冬奥会期间电力设备空中巡查任务；研发了电池系统，成功应用于电动飞机项目；持续开发电芯及电池系统，满足航空器等应用领域更高要求，推进绿色清洁能源与动力技术进步，促进产业高效可持续发展。

案例三：国家增材制造创新中心

（1）基本情况

国家增材制造创新中心是国家落实《中国制造 2025》而布局规划建设的增材领域唯一的国家级创新中心。拥有一支以 2 名中国工程院院士、5 名特聘教授、2 名陕西省百人计划专家为技术带头人，以高级工程师和博士学位工程师为技术骨干，以硕士、专业技术人员为实施主体的核心研发队伍。现有员工 230 多人，研发人员占比 80% 以上，硕士以上学历占 80% 以上。已获得"陕西省三秦学者创新团队"荣誉称号。

（2）成立目的

以国家战略目标和制造创新发展为导向，瞄准重大设备、重要材料、关键工艺、核心软件、核心元器件等前沿共性关键技术，以及创新技术、转化技术、孵化技术，通过多学科交叉创新和"政产学研金用"协同创新，打造完整创新链、产业链，带动整个制造业的转型升级，服务中国制造强国战略。

（3）主要成效

自成立以来，国家增材制造创新中心已经攻克了航空航天大型金属结构件、智能增减材一体化等关键技术，申请专利221项，制定国际标准1项、国家标准4项，实现营业收入1.3亿元，实现了自我造血、自我发展。该中心还与德国西门子、美国GE公司等开展国际交流合作，共建联合实验室，被批准为陕西省国际科技合作基地，累计收入达到1.26亿元，初步形成了以技术成果转化、委托研发和为行业提供技术服务等方式获得收入的自我发展能力。

此外，国家增材制造创新中心还在湘潭高新区设立了分中心，旨在服务湘潭乃至全省的增材制造行业发展，努力将湘潭高新区发展成为湖南省增材制造行业标准和技术策源地。

案例四：国家信息光电子创新中心

（1）基本情况

国家信息光电子创新中心于2017年10月31日获工业和信息化部批准，落户武汉中国光谷，国家信息光电子创新中心是以"公司＋联盟"形式建立的新型创新载体，由我国信息光电子领域具有雄厚科研实力、丰富资源优势、强大产业能力的企业、科研院所、高校、产业基金等各类创新主体打造。

（2）成立目的

创新中心针对信息光电子制造业创新发展的重大需求，强调协同创新取向，围绕加大产业前沿和关键共性技术研发力度、促进技术转移扩散和首次商业化应用、加强制造业创新人才队伍建设、提供制造业创新的公共服务、开展国际交流与合作、打造协同的创新生态系统。致力于突破产业链关键共性技术瓶颈，促进成果转化，支撑新一代信息技术产业发展。

（3）主要成效

目前创新中心已拥有高端芯片技术研发平台和集成光电研发平台，是国内最具产业化实力的InP、GaAs以及硅光等光通信光电芯片的设计和工艺平台；在Ⅲ-Ⅴ族高端光电芯片技术和工艺、硅光集成芯片设计和测试、高速光系统设计和验证等方面拥有强大的创新能力；组建了包括10名院士专家和17名行业专家的委员会；与28余家国内外单位签署共建协议，在平台建设、资源共享、项目合作、人员交流等方面开展合作；与俄罗斯、法国、美国、德国等国外数家知名研究机构达成战略合作意向，凝聚全球人才及技术资源。创新中心打造了国际一流信息光电子制造业创新平台，显著提升了核心光电子芯片和器件行业供给率；到2025年，将实现核心光电子芯片和器件自主可控。

案例五：华中科技大学材料成形与模具技术全国重点实验室

（1）基本情况

华中科技大学材料成形与模具技术全国重点实验室是国家在材料成形、新材料和模具技术领域建设的国家重点实验室。实验室现有固定研究人员71人，其中教授62人，副教授6人。近年来，共投资近亿元建设了先进的材料测试分析平台、精密成形研究平台、材料制备研究平台、快速成形研究平台，为开展材料成形领域的基础研究、技术创新、人才培养和对外开放提供了良好的支撑条件。

（2）成立目的

面向国民经济和国防建设中的重大需求，围绕材料制备与成形领域的基本科学问题和学科前沿，开展应用基础研究和技术创新，突破关键科学技术问题，促进成果应用，在引领行业发展以及国民经济和国防建设中发挥不可替代的作用。

（3）主要成效

经过多年的不懈努力，实验室已在材料成形过程模拟理论与方法、数字化模具设计制造技术、快速成形与快速制模技术、精密成形工艺与装备、先进材料制备与应用等主要研究方向上形成了鲜明的特色和优势，取得了一系列突出成果。先后获得了国家自然科学奖、技术发明奖和科技进步奖 10 余项，省部级奖励 50 余项。其中，激光烧结成形技术方面的研究成果还被两院院士评为 2011 年中国科技十大进展。近几年来，共发表 SCI 学术论文 1500 余篇，获授权发明专利 200 余项。研究成果已在国内 2000 余家企业、研究机构或高校中获得应用，解决了航空航天、汽车、家电、机械等领域的成形制造技术难题，促进了行业技术进步，在国民经济和国防建设中发挥了重要的作用。与此同时，实验室的国际影响力也在不断增强，研究成果被国际学术界评价为相关领域发展历史上的里程碑，研究团队被誉为是一支富有创新能力的研究队伍，并被国际知名公司评选为"全球最佳创新合作伙伴"。

案例六：武汉理工大学硅酸盐建筑材料国家重点实验室

（1）基本情况

硅酸盐建筑材料国家重点实验室是在原硅酸盐材料工程教育部重点实验室的基础上、于 2011 年 10 月获科技部批准立项建设的国家重点实验室。实验室依托的材料科学与工程学科是国家重点学科、"211 工程"首批及"双一流"重点建设学科，国家第四轮学科评估结果为 A+，进入世界 ESI 学科排名前 1‰；其硅酸盐材料专业至今已有 50 多年的建设历史。1992 年由原国家建材局批准成立硅酸盐材料部门开放实验室，2000 年成立硅酸盐材料工程教育部重点实验室。

（2）成立目的

以服务国家重大战略和建材行业发展重大需求为宗旨，以引领世界建筑材料科学技术发展为目标，以解决硅酸盐建筑材料制备和服役过程的重大基础理论和共性关键技术为中心，聚集和培养一批在国际建筑材料领域有重要影响的高水平创新人才与团队，开展高性能、低环境负荷硅酸盐建筑材料前瞻性、原创性的基础和应用基础研究，研发支撑绿色和智能建筑体系发展以及重大工程建设的多功能、高性能及前瞻性建筑新材料，为实现建筑材料与结构安全服役和循环利用提供新理论、新方法和共性关键技术，为加快实现我国建材行业战略转型升级，保障国家重大战略实施提供科技与人才支撑。

（3）主要成效

围绕总体定位与目标，以及硅酸盐建筑材料"制备—应用—服役—再生"全寿命周期特征，实验室形成了四个特色鲜明的研究方向：硅酸盐建筑材料的低环境负荷制备、硅酸盐建筑材料的功能设计与调控、硅酸盐建筑材料的服役行为与延寿原理、硅酸盐建筑材料的可循环设计。技术成果在全国千余条水泥、玻璃、陶瓷、墙体材料等生产线，以及港珠澳大桥、武汉天兴洲大桥、南海岛礁等一大批"一带一路"控制性重难点工程应用，取得显著的社会环保与经济效益，近五年获国家自然科学奖 1 项（排 2、5）、国家技术发明二等奖 1 项（排 1、4）、国家科技进步二等奖 2 项（单位排 2 和 4）、省部级一等奖和特等奖 15 项（9 项排第 1）、二等奖 19 项。

3.1.5 积极培育中小企业

中小企业通常指的是具有一定规模但未达到大型企业标准的企业。在我国，中小企业一般按照上年度营业收入和总就业人数来进行界定。中小企业在中国创造了大量的就业机会。根据统计数据，中小企业就业人数在中国占到了总就业人数的很大比例。这些企业为各个地区提供了丰富的就业机会，推动了就业市场的稳定和发展。中小企业在中国的创新活动中也发挥着重要作用。由于中小企业灵活、敏捷的特点，更容易进行创新尝试，推动产品和技术的升级。许多创新型企业都是从中小企业中崛起而来，带来了许多新的商业模式和创新产品。

智能制造是指在制造业中运用物联网、大数据、云计算、人工智能等技术手段，实现生产过程的智能化、自动化和信息化。我国政府将智能制造看作是推动制造业转型升级的关键，近年来加大了对智能制造的投入和政策支持。在中国智能制造的发展中，中小企业所占比例是一个重要的指标。中国智造离不开大国工匠的精益求精，也离不开来自链主企业、领军企业的追求卓越，"小而美"的专精特新中小微企业和无数科技创新企业，也为制造强国夯实基础，推动中国智造发展。

2017 年 5 月 17 日，国务院常务会议部署以试点示范推进《中国制造 2025》深入实施，促进制造业转型升级。李克强总理强调，实施当中要积极支持大中小企业融通发展，要与"互联网＋"和大众创业、万众创新紧密结合。关于此点，值得注意的一个细节是，总理用了两个"重语气"的词：《中国制造 2025》"绝对"不是光指大企业，而是涉及很多中小企业；制定相关方案和支持措施时，"千万"不要光面向大企业，而要对中小企业和"双创"企业给予充分支持。"绝对"和"千万"，这两个词里可见总理对"双创"中涌现的中小企业关切之甚、寄望之深。所谓先进制造，并不单纯等同于"大"，而恰恰可能孕育于"小"。

根据工业和信息化部统计，截至 2024 年 6 月，我国累计培育制造业单项冠军企业 1557 家。从创新投入看，我国专精特新"小巨人"企业的研发人员占比基本达到 25％、平均研发强度达到 10.3％，整体上比制造业研发投入强度高出 8.76％。并且在高档数控机床、航空航天装备、海洋工程装备及高技术船舶、先进轨道交通装备、电力装备等高端装备和智能装备领域取得了一系列突破性成果[①]。

案例一：《关于进一步支持专精特新中小企业高质量发展的通知》

（1）主要目的

为深入贯彻习近平总书记关于"激发涌现更多专精特新中小企业"的重要指示精神，落实党中央、国务院决策部署，通过中央财政资金进一步支持专精特新中小企业高质量发展，为加快推进新型工业化、发展新质生产力、完善现代化产业体系提供有力支撑。

（2）主要内容

通过中央财政资金引导和带动，深化上下联动、央地协同，增强政策实效性、培育系统性和服务精准性，提升专精特新中小企业补链强链作用，增强产业链配套能力。中央财政资金将支持重点领域的"小巨人"企业打造新动能、攻坚新技术、开发新产品（以下称

---

① 数据源自智慧芽、前瞻产业研究院。

"三新")、强化产业链配套能力（以下称"一强"），同时支持地方加大对专精特新中小企业培育赋能：

一是支持"小巨人"企业围绕"三新"加大科技创新投入，不断夯实企业立身之本。即打造新动能，从人才、组织机构、设备条件等方面，加强企业创新能力建设，打造创新团队；攻坚新技术，突破关键核心技术，产生原创性、颠覆性科技创新成果；开发新产品，以科技创新引领产业创新，加快科技成果向现实生产力转移转化。

二是支持"小巨人"企业围绕"一强"提升协作配套能力，不断夯实产业基础支撑。即围绕重点领域龙头企业产业链供应链需求，加大产业化投入，着力提升产业链供应链韧性和安全水平。

三是支持地方探索对专精特新中小企业培育赋能，不断夯实服务体系。即鼓励地方因地制宜、因企施策，推出针对性强、实用性高、精准有效的培育赋能举措，积极培育专精特新中小企业。支持地方重点向"小巨人"企业提供规范化、标准化的管理诊断、人才培训、质量诊断等培育赋能服务，助力企业形成诊断评估、对标对表、改进提升的持续跃迁。鼓励地方立足产业特点，兼顾小型微型企业创业创新基地、中小企业特色产业集群、中小企业公共服务平台建设，加大体制机制创新力度，探索建设以技术支持、成果转化、资金对接、企业孵化、产业融通等为主要功能的专精特新赋能体系。

案例二：《关于加强财税支持政策落实　促进中小企业高质量发展的通知》

（1）主要目的

国际经济形势错综复杂，国内经济恢复基础仍不稳固。各地区应加大工作力度，不折不扣落实支持中小企业发展的各项财税政策，为推动中小企业高质量发展提供有力保障。

（2）主要内容

通知从五个方面提出多项具体举措：要落实落细减税降费政策，减轻小微企业税费负担；强化财政金融政策协同，保障中小企业融资需求；发挥财政资金引导作用，支持中小企业创新发展；落实政府采购、稳岗就业等扶持政策，助力中小企业加快发展；健全工作机制和管理制度，提高财税政策效能。再次为中小企业发展注入财税动力。其中，在发挥财政资金引导作用、支持中小企业创新发展方面，通知提出要推动中小企业数字化转型。该政策的出台再次为中小企业发展注入财税动力。

案例三：《中华人民共和国中小企业促进法》

（1）主要目的

2003 年起正式实施的《中华人民共和国中小企业促进法》，是我国第一部关于中小企业的专门法律，法律明确了国家促进中小企业发展的方针、政府扶持和引导中小企业发展的职责，提出了促进中小企业发展的法律举措。实施以来，中小企业政策和融资环境得到显著改善、财税和创业创新扶持力度不断增强、服务体系建设取得了阶段性成果。但工作实践中发现，原法在一些方面已经不能适应当前中小企业发展的实际需要。因此，有关部门启动促进法修订工作，新促进法正式颁布并于 2018 年 1 月 1 日实施。为新时期促进中小企业发展工作提供了法律制度保障。

（2）主要内容

新促进法在法律框架上将现行法律由 7 章扩展为 10 章，由 45 条增加为 61 条，在内容上主要呈现以下几方面亮点：一是进一步明确法律贯彻落实责任主体；二是进一步规范财税支持相关政策；三是进一步完善融资促进相关措施；四是增加权益保护专章；五是增加监督检查专章。

此外，新促进法在创业创新、服务措施、政府采购等方面在原法基础上也做了不少重要的补充和修改。随着新促进法的深入贯彻落实，法律修订的"红利"不断释放，将进一步改善中小企业经营环境，保障中小企业公平参与市场竞争，维护中小企业合法权益，支持中小企业创业创新，不断培育新增量、新动能，实现中小企业持续健康发展。

案例四：《科技部办公厅关于营造更好环境支持科技型中小企业研发的通知》

（1）主要目的

为贯彻落实党的十九大和十九届历次全会精神，以及中央经济工作会议精神，营造更好环境支持科技型中小企业研发，促进科技型中小企业成长为创新重要发源地。

（2）主要内容

通知提出，到"十四五"末，形成支持科技型中小企业研发的制度体系，营造全社会支持中小企业研发的环境氛围，科技型中小企业数量新增 20 万家。增强科技型中小企业研发能力，实现"四科"标准科技型中小企业新增 5 万家（即每个科技企业要拥有关键核心技术的科技产品、科技人员占比大于 60％、以高价值知识产权为代表的科技成果超过 5 项、研发投入强度高于 6％）。在具体举措上，提出要优化支持科技型中小企业研发的资助模式、政策措施、人才服务、应用场景，积极推动中小企业开展科技创新，为中小企业开展科技研发夯实基础条件。

3.2 国外建筑业发展经验借鉴

相较于中国建筑业，国外发达国家由于起步早，产业基础扎实、市场活力充足，在推动产业科技创新方面有着较为丰富的经验和手段。

3.2.1 具有相对完善的体系

国外建筑业发展历史悠久，在促进产业发展方面形成了涵盖顶层规划、标准体系、法律法规等较为完善的制度体系（表 3-3）。

国外发达国家建筑业相关制度体系建设　　　　表 3-3

制度类型	国家	政策名称	主要内容
顶层规划	美国	《美国基础设施重建战略规划》	明确建筑产品和基础设施要实现安全(韧性)、绿色和耐久，并关注建造过程的经济效益和可持续发展
	英国	《政府建设战略 2011》	要求全国全面配合使用 3DBIM(到 2016 年)，政府的公用建筑设计全部使用 BIM 建立模型。要求本国七个政府采购项目的相关部门，截至 2014 年初必须使用 BIM，并要基本完善 BIM 在商务、法律、保险等多方面的条款制定，要求有专门的科研机构以及合作企业对 BIM 的可行性进行深入的研究和实践
	英国	《英国建造 2025》	在目标中强调了绿色、可持续发展的内容，提出了实施数字设计、智慧建造、低碳和可持续建筑的战略措施
	日本	《建设工地生产力革命》	围绕建筑产品的品质、安全、效益及创新等方面提出相关内容

制度类型	国家	政策名称	主要内容
标准体系	美国	《绿色建筑评估体系》	体系分为公共建筑的设计与施工、建筑运营与维护、住宅设计与施工、室内装修设计与施工、社区开发五个分册,分册根据不同建筑用途分为若干个独立的评估系统
	日本	日本建筑物综合环境性能评价体系	建筑物综合环境性能评价方法以各种用途、规模的建筑物作为评价对象,从"环境效率"定义出发进行评价,试图评价建筑物在限定的环境性能下,通过措施降低环境负荷的效果
	英国	英国建筑研究院环境评估方法(BREEAM 认证)	BREEAM 认证始创于 1990 年,是世界上第一个也是全球最广泛使用的绿色建筑评估方法。该体系适用于新建的办公建筑、住宅建筑、商业建筑、学校及其他公共建筑等,用于评估项目在健康、能耗、污染控制等方面的影响
	加拿大	GB Tools 评估体系	Athena(环境影响预测器)让建筑师、工程师以及研究人员在初步设计阶段得到整个建筑的生命周期评估,运用的建筑类型包括新建的工业类建筑、教育类建筑、办公类建筑、多单元住宅建筑以及单个家庭的住宅建筑。这个软件集成了世界认可的 simapor 生命周期详细目录数据库,覆盖了超过 90 种结构与围护结构材料,它能够模拟 1000 多种生产线的组合以及北美 95% 的建筑市场。Athena 考虑了材料生产中的各种环境影响包括资源汲取与循环部分、能源使用的区域差异、交通以及其他因素
	德国	形成装配式标准系统	在钢结构与幕墙、混凝土与砌体、木结构装配式体系都具备完善的规则标准,且同时保证构件满足质量、加工、施工要求
	法国	HQE 绿色建筑认证	HQE 认证对不同类型的建筑有不同类型的证书(如住宅建筑 HQE、医院建筑 HQE、第三产业建筑 HQE)等,标准不仅对建筑的绿色节能作出要求,更对建筑的后期管理、室内环境舒适健康作出要求
	澳大利亚	绿色星级认证(Green Star)	澳大利亚绿色建筑委员会(GBCA)于 2003 年制定了绿色建筑评估体系——绿色星级认证(Green Star)。绿色星级认证可以帮助建筑行业和房地产行业来评估建筑物是否对环境有不利影响,对建筑使用者的健康安全负责,实现建筑行业的可持续发展。绿色星级认证包括了室内环境、能源、管理、运输、水、节材、土地利用与生态、排放和创新这九个部分的内容,评级分为 4 星(最佳实践)、5 星(国家卓越)和 6 星(世界领先)
	澳大利亚	澳大利亚全球建成环境评价系统(NABERS)	NABERS 是一个较全面的绿色建筑评估体系,全面衡量建筑运营的整个阶段,包括了温室效应影响、厂址管理、水资源消耗与处理和住户影响四大环境类别,同时还划分了四大指标来计算得分,分别是"绿色"总指标得分、"水"总指标得分、"场地管理"总指标得分和"使用效果"总指标得分

制度类型	国家	政策名称	主要内容
标准体系	日本	发布多项节能标准,包括1980年《居住建筑节能设计标准》《居住建筑节能设计和施工导则》、2013年《建筑节能标准》、2015年《零能耗建筑发展路线图》等	—
法律法规	美国	《节能建筑认证法案》和《能源独立和安全法》	规范建筑节能减排:分别规定了新型节能技术的应用规范和提高建筑产业的能源利用率的要求
	法国	《强制节能法规 RE2020》	根据法国现行强制节能法规 RE2020,建筑碳排放计算包括两个指标,该法规鼓励实施产能建筑,对建筑全生命周期碳排放提出限值要求,如果建筑产能在覆盖运行碳排放的基础上可以额外覆盖建材和设备的隐含碳排放,即可以理解为实现了零碳建筑
	德国	《建筑能源法》(2020GEG)	以近零能耗建筑为目标,提升可再生能源的应用比例
	日本	《建筑基准法》	规定了建筑施工开始至拆除阶段全生命周期的节能要求
	韩国	《建设废弃物再生促进法》	对建筑垃圾处理企业的资本、规模、设施、设备和技术能力提出要求,并且规定了建设工程义务使用建筑垃圾再生产品的范围和数量,明确了未按规定使用建筑垃圾再生产品将受到哪些处罚

3.2.2　活用市场创新力量

国外十分重视政府、科研单位、高校与产业的共同参与,通过"产学研"结合,依托政府政策、学校人才和技术、企业实践土壤和资本形成互动,合理利用金融手段推动产业进行科技创新。

案例一:意大利在政府政策推动下已建立高效且具国际竞争力的建筑行业产学研体系

意大利建筑行业的产学研体系是一个复杂且高度整合的系统,涵盖了从教育、研究到实际应用的多个层面。该体系通过多种方式促进学术界、工业界和政府之间的合作,以推动技术创新和可持续发展。首先,意大利的高等教育机构在建筑领域扮演着重要角色。例如,米兰理工大学(Politecnico di Milano)是一所著名的科学技术大学,致力于培养工程师、建筑师和设计师,并与商业和制造业建立了紧密联系。其次,意大利的科研机构和企业也积极参与建筑行业的研发和创新。例如,Mapei 是一家全球领先的建筑化学品制造商,专注于专业化、国际化、研发和可持续发展。此外,Pizzarotti 公司以其创新和技术卓越而闻名,在建筑业中占据重要地位。意大利建筑行业的产学研体系通过高等教育机构、科研机构和企业的紧密合作,以及政府的政策支持,形成了一个高效且具有国际竞争力的体系。这种体系不仅促进了技术创新和可持续发展,也为全球建筑行业的发展提供了宝贵的经验和启示。

案例二：西班牙在建筑行业已形成全面且高效的产学研体系

西班牙的建筑行业产学研体系通过高等教育机构的优质教育、活跃的研究平台以及与企业的紧密合作，形成了一个全面且高效的体系，促进了建筑行业的持续发展和创新。在教育方面，西班牙拥有众多优秀的建筑专业院校。例如，马德里理工大学（ET-SAM）是西班牙建筑教育的重要基地，其教学理念和理论体系奠定了西班牙建筑教育的基础。此外，瓦伦西亚理工大学等其他知名大学也提供高质量的建筑教育，并在农学、土木工程、艺术设计等领域具有显著优势。这些学校不仅注重理论知识的传授，还强调实践能力的培养，确保学生毕业后能够直接参与各种规模和复杂程度的项目。在研究方面，西班牙的建筑研究机构和平台也非常活跃。例如，BAM（Best Architecture Masters Ranking）评选出了全球最佳建筑硕士项目，这表明西班牙在建筑领域的学术研究和创新上具有较高的国际影响力。此外，西班牙国家建筑杂志资源开放项目也为建筑师和城市规划师提供了丰富的资料和辩论平台。在实际应用方面，西班牙的建筑行业通过与企业的合作和技术推广，不断推动行业的现代化和可持续发展。例如，马德里建筑师协会（COAM）致力于将重要的建筑出版物数字化，为专业人士提供交流和讨论的平台。同时，西班牙的装配式建筑技术也在不断发展，结合现代化技术和绿色可持续理念，提升了建筑行业的整体水平。

案例三：美国在装配式建筑领域的产学研体系领先全球

美国在装配式建筑领域的技术和产品研发方面一直是走在世界前沿，有很多大学和应用技术大学都与相关产品和技术研发需求的企业或者企业的研发部门保持着紧密合作的关系，企业根据自身产品和技术革新所需的要求，向大学提出联合或者委托研究，大学在理论和验证性实验方面具备完整的科研体系，能科学地完成相关科研设定目标。而其他专业的独立于大学之外的商企研究机构，则在技术与产品革新等方面有着深厚的实用性研究的积累，大大促进了装配建筑产业新技术新产品的发展。目前美国装配建筑产业技术研发动向有：美国得克萨斯州立技术大学的装配式门窗户构件性能试验；美国密歇根州立大学研究的住宅装配建筑物能效设计和建筑技术；美国弗吉尼亚技术学校研发的板式装配设计系统；美国采暖制冷与空调工程师学会（有限）公司研发的低层装配住宅建筑物墙骨架因素的特性描述；美国土木工程研究基金（CERF）研究的绿色装配建筑技术；美国全国建造商协会研究中心（NAHBRC）（有限）公司的全国绿色装配建筑项目的开发；美国得克萨斯州立技术大学和风科学和工程研究中心研发的未来模块化装配住宅试验；美国佛罗里达大学与西门伯格中心合作开发的可选择的装配建筑系统技术；美国弗吉尼亚技术学校住宅研究中心研发的住宅建造现场阶段Ⅰ、阶段Ⅱ和阶段Ⅲ装配产业化等。

案例四：英国基于"三明治"教育模式下重视建筑学科学生的产学研联合培养

英国在建筑行业的产学研体系通过政府与学术机构的紧密合作、多样化的教育体系、灵活的"三明治"教育模式、产学研联合培养、行业标准与技术推广以及创新政策与资金支持等多方面的努力，形成了一个高效、可持续发展的建筑行业生态系统。首先政府和学术机构对建筑业提供了大力支持，例如，英国建筑研究院（BRE）自 1921 年成立以来，一直致力于建筑领域的标准制定、评价和研究工作，以推动可持续发展。英国建筑服务研究与信息协会（The Building Services Research and Information Association）也通过咨询、测试及研究等手段，为全球建筑与建筑服务领域提供权威支持；其次英国的"三明治"教育模式也为建筑教育赋能，该模式强调理论与实训的统一，通过课程模块的设置，使高校学生在学习过程中能够获得丰富的实践经验。基于这种模式的培养有效提升了学生的创新与实践能力，为企业输送更加适配的人才；再者英国政府高度重视产学研联合培养，通过政府、高校、企业和商协会等多方联动进行合作。例如，伦敦大学学院的建筑学博士项目就通过设计和写作的结合鼓励建筑研究的发展。此外，英国还通过完善产学研合作资金支持体系，支持研究人才开展商业化探索。

案例五：澳大利亚政府、行业学会、高校和企业在建筑行业政策体系、标准体系、教育培训、项目应用及相关资源保障等方面开展紧密合作

澳大利亚在建筑领域的产学研合作表现出色，涵盖了教育、研究和行业实践的多个方面。第一，在教育体系方面，澳大利亚的高等教育机构如悉尼大学、阿德莱德大学和莫纳什大学等在建筑学、设计与规划领域处于领先地位。这些学校不仅提供本科和研究生课程，还通过学术研究推动行业发展。例如，悉尼大学在过去一百年间一直致力于建筑、设计及规划专业的教学与研究。此外，纽卡斯尔大学在澳洲研究理事会的 ERA 研究项目评比中表现优异，其土木工程指标均获得 5 星级评价。第二，在学术研究方面，澳大利亚的高校和研究机构积极参与新型建筑工业化、绿色建筑以及可持续发展等领域的研究。例如，阿德莱德大学的左剑教授长期从事生态城镇、绿色建筑以及建筑业可持续发展的研究，并作为专家委员会成员参与了澳大利亚绿色建筑评价体系的评估工作。新型建筑工业化研究中心也与阿德莱德大学进行了深入的学术交流和合作。第三，在产学研协作方面，澳大利亚政府、行业学会、高校和企业在政策体系、标准体系、教育培训、项目应用及相关资源保障等方面开展紧密合作。例如，APCC（澳大利亚建筑信息模型协会）就是一个典型的例子，它联合了政府、企业和学术界共同推动 BIM 技术的发展和应用。此外，莫纳什大学的研究表明，工业 4.0 技术的应用可以帮助建筑行业提高生产力、降低成本并增强可持续性。第四，澳大利亚还注重通过科研项目和创新管理来提升建筑行业的整体水平。例如，维多利亚州建筑局（VBA）承担着监管建筑和管道行业的职责，并开展或推广相关研究，包括管理研究、赞助和与行业及学术界的合作伙伴关系。同时，Building 4.0 CRC 是一个由行业主导的研究倡议，旨在研究更好的建筑解决方案和市场策略。Building 4.0 CRC 由一些主要行业参与者以及几所大学开发，包括 Lendlease Group、Monash University、Melbourne University、Bluescope 和 CSR。澳大利亚绿色建筑委员会、昆士兰理工大学、Schiavello 和澳大利亚标准协会也是新 CRC 的合作伙伴。超过 30 个合作伙伴将再投资 1.03 亿澳元，以资助澳大利亚有史以来最全面的智能建筑研发计划之一。

案例六：日本科学政策中将产业、学术和政府之间的合作确定为基本原则

首先，日本的建筑教育在世界范围内享有盛誉，许多顶尖大学如东京大学、早稻田大学等都设置了完善的建筑学课程和研究项目。例如，东京大学从大三开始就开展造型设计课题研究和设计方案课题研究，并在大四进行综合性设计。此外，东京大学还启动了名为 T_ADS（东京大学高级设计研究）的研究室，以推进跨学科建筑教育。其次，日本的建筑专业不仅提供优质的教育和全面的专业知识，还提供丰富的实践机会。学生可以在大型建筑、商业中心和民居等不同类型的建筑课题中积累实践经验。此外，日本大学生产工学部采用"工作室制"教学方式，鼓励学生从多角度思考人与空间的关系，并通过跨学科的学习培养他们的兴趣和热情。再者，日本政府在 2013 年发布的科学政策中将产业、学术和政府之间的合作确定为基本原则之一，并设定了到 2030 年的目标。这种产学研一体化机制使得大学与科研机构从研究阶段开始就与企业紧密合作，推动科技成果的转化。例如，筑波科学城是建立在全国研究机构和筑波大学基础上的领先的研究和高等教育中心，由 46 所国家研究教育机构和一些成规模的私人研究机构组成，促进了产学官研究机构的相互合作与交流。

此外，国外还重视和利用金融手段。一方面，采用低息贷款、减免利息、税金减免等方式，对积极发展智能建造、装配式建筑的企业给予支持和激励。比如，日本 2013 年提出赠予税优惠政策，对于达到节能标准的住宅，赠予税起征税额上浮 500 万日元；2015 年提出对于能耗降低 15% 以上的建筑，可获最高 5000 万日元补贴；德国对开展既有建筑节能改造项目和新建节能建筑提供补贴性贷款，补贴金额视能效水平而定，最高可达到贷款总额。另一方面，从消费者角度出发，可以通过财政补贴、贷款利率优惠、建立"绿色积分银行"等方式，加大民众参与度，鼓励消费者购买或租赁绿色节能建筑。比如日本实施住宅生态积分制度，对符合标准的新建或改造低碳节能住宅奖励积分，积分可以用于购买商品或补贴建造费用。

案例七：荷兰通过税收优惠政策促进建筑业研发创新

荷兰以巧妙税收政策设计，引导刺激企业投资研发创新。研发税收抵免政策方面，荷兰针对从事研发的公司在其工资、其他支出和投资上的费用不超过 35 万欧元的，可享受 32% 的税收抵免（初创公司可享受到 40% 的抵免）；超过 35 万欧元的部分，可享受 14% 的税收抵免。创新激励政策方面，荷兰于 2010 年制订了与企业收益相关的"创新盒"税收政策，相较 20%~25% 的一般企业所得税税率，企业从技术创新等无形资产中获得的收益实际税率仅为 7%，且纳税人若能够证明利润与符合条件的无形资产相关，其在"创新盒"申报的收益规模没有上限。荷兰巧妙设计税收抵免和"创新盒"政策，大幅降低了企业的研发风险，极大推动了企业的知识产权研发创新活动，有效促进专利市场化、催化了专利的产出效益，提高了荷兰的核心竞争力。

案例八：加拿大通过多种金融手段鼓励建筑业发展

一是资金支持和贷款。加拿大政府和金融机构为了鼓励建筑业发展提供了大量资金支持。例如，BMO 金融集团承诺在 2030 年之前提供 120 亿加元（约 94 亿美元）支持全国范围内的经济适用房项目。此外，加拿大基础设施银行（CIB）与 GDI Integrated Facility Services Inc. 达成了一项 100 亿美元的贷款协议，用于可持续改造项目，这些项目将减少至少 30% 的温室气体排放，并支持 500 个行业工作岗位。二是税收优惠和补贴。政府对新建房屋项目的补贴和税收减免，以及对建筑用地的开发等方面的鼓励，以降低企业的运营成本并激励更多的建筑活动。三是长期投资计划。加拿大政府宣布了多项长期投资计划，如"新建筑计划"，该计划为道路、桥梁、公共交通等基础设施建设提供了超过 700 亿加元的资金支持。这些投资旨在加强加拿大的基础设施建设，促进经济增长和长期繁荣。

案例九：澳大利亚政府通过补贴、贷款担保、税收优惠等多项措施促进建筑业发展

一是澳大利亚联邦政府推出了价值高达 6.88 亿澳元的建房补贴计划，旨在刺激建筑

行业需求和就业。该计划预计将带来150亿澳元的经济活动，并为建筑行业提供超过100万个工作岗位。此外，政府还投资了10亿美元以帮助解决建筑公司因住宅建设审批量下降而面临的流动性挑战，并通过HomeBuilder刺激计划来补充这些举措。二是政策采取了一系列政策措施以促进私人投资的增长，如税收优惠和贷款担保等。这些政策有效地促进了私人投资等增长，从而为建筑业提供了更多的资金支持。三是政府通过国家住房和基础设施投资公司（NHFIC）提供混合住房开发贷款、股权投资和补助，以促进新住房供应（尤其是负担得起的住房）的建设。NHFIC的报告指出，需要大量的投资来填补住房短缺，而NHFIC可以通过促进私营部门融资和跨政府部门合作来发挥关键作用。四是政策实施具体的金融措施，如降低利率和取消《借贷责任法案》，以进一步降低购房者的贷款成本。

案例十：英国政府用绿色金融手段推动建筑节能发展

一是推出绿色金融产品。英国政府为了支持绿色金融的发展推出绿色金融产品，例如汇丰银行提供的绿色定期贷款、绿色循环贷款和绿色资产融资等。这些金融产品旨在为绿色建筑、清洁交通、能源效率和回收利用等项目提供资金支持。二是实施"双重底线"的绿色金融手段。绿色金融手段要满足"要环保""要盈利"，两者缺一不可。英国政府将金融手段与绿色建筑深入嵌接，从而推动了绿色建筑的可持续性发展。三是政府直接投资绿色金融领域。政府于2012年出资38亿英镑成立了绿色投资银行，成为较为少见的政府直接投资行为。绿色投资银行主要投资与节能环保相关的"绿色"项目，其主要目的是探索盈利和环保的双赢，给私人资本起到示范作用。

案例十一：法国通过税收优惠、贷款优惠等金融手段促进基础建设发展

一是法国政府通过减税、税收抵免和无息贷款等措施来降低既有建筑群的能耗，并推动低耗能新房建设和既有旧房节能改造。例如，2020年推出的公共建筑节能改造计划中，卢浮宫获得了1000万欧元资助。二是辅助融资和低息贷款。对于历史街区保护和私有房产主自身传统建筑的改造，法国政府提供辅助融资的便利，如"促进房屋产权贷款"，专门用于鼓励房产主对自己传统建筑进行改造的低息贷。三是再贴息贷款。法国政府向大型国有银行提供再贴息贷款或提高中央银行的贴息上限，同时接受住房和建设贷款的七年期再贴息，并通过其分支机构向银行提供指导和信息。四是设立专项基金。法国政府设立国家住宅改善基金，专门用于改善居民居住条件，并进行辅助融资。此外，还有针对土地开发的特别目的基金（SPIF）。

案例十二：意大利通过税收优惠、发放奖金等手段鼓励建筑企业发展

一是出台税收抵免政策。自2020年起，意大利推出了"超级红利"政策，为业主提供大额税收抵免，鼓励提高房屋的能源效率。该计划规定工程价值110%的抵免额可在各方之间进行交易，以激励业主进行能效改造。二是在2023年预算修订了建筑业超级奖金，建筑翻新的激励措施为65%，将拆除建筑障碍的奖励时限延长至2025年，并提供75%的补贴。三是政府设立了全国能效奖金，预算金额为3.1亿欧元，支持建筑、工厂和生产流程的能效投资项目，最高可获得总投资额70%的优惠贷款或80%个人融资额的贷款担保。四是为中小企业提供金融支持。意大利担保公司为建筑业的企业提供保证金业务，包括置换、城市化费用、法律、公共特许权等服务，以支持中小企业的投资和发展。

案例十三：德国通过税收优惠等政策促进建筑能效和可再生能源发展

一是提供低息贷款和还款补贴。德国复兴信贷银行（KfW）为建筑业主和买家提供多种节能资助计划，如低息贷款、还款补贴和补助金等。此外，该银行还提供国家贷款，帮助新建节能建筑达到更高的能效标准。二是提供资金支持和税收优惠。德国政府拨款 50 亿欧元用于在未来四年内建造 100000 个出租单元，并提供 80 亿欧元作为住房补贴。从 2020 年起，建筑翻新费用可以抵税，要求到 2050 年所有建筑均应实现节能翻新。三是制定可再生能源激励计划。德国政府推出了"可再生能源热力市场激励计划"，旨在促进能源效率和使用可再生能源。该计划为安装太阳能、生物质能和热泵等可再生能源设备的既有建筑提供补贴和低息贷款。

3.2.3　重视信息化数字化作用

国外在推动建筑业发展时，十分强调产业与先进技术的融合，例如通过信息化提升运作效率，通过产业化实现规模发展，通过数字化实现技术革新。

案例一：国外 BIM 推广要求

BIM 是建造环节信息化的基础，目前很多发达国家已明确部分工程建设项目必须强制应用 BIM 技术。英国在 2016 年实施 BIM 强制令，提出政府投资的建设项目必须使用 BIM，2018 年英国了解并使用 BIM 人数占比已达到 74%；新加坡在 2011 年发布的《BIM 发展路线规划》中提出，要推动整个建筑业在 2015 年前广泛使用 BIM 技术，政府部门必须带头在所有新建项目中明确提出 BIM 需求，并开设 BIM 课程、创建了 BIM 专业学位。

案例二：德国建造领域数字化发展战略

德国在 2015 年发布了《数字化设计与建造发展路线图》，提出工程建造领域的数字化设计、施工和运营的变革路径。其中提到，通过推广应用 BIM 技术，不断提高设计精度和成本绩效。2016 年，德国铁路公司与德国联邦交通部、德国铁路工业联合会联合签署合作协议"铁路数字化战略"（铁路 4.0 战略），明确铁路数字化发展举措，建立智能化铁路运营系统。

案例三：美国 BIM 的发展以产业为主导，自下而上推动 BIM 技术发展

美国的 BIM 推广体系在全球范围来看比较具有独特性，体现在：一是美国没有国家层面对应的技术政策，而是靠自下而上来驱动 BIM 技术的发展，即厂商支持、行业研究、业主主导，BIM 技术发展更多是市场自发的行为，或者更偏向于 BIM 软件厂商驱动[①]；二是美国的 BIM 发展以产业为主导，先行将 BIM 技术和理念应用在实际的工程案例中，通过工程案例的经验积累，再逐步要求企业、机构、政府制定相关的政策和制度来加速 BIM 的推广，提升整体产业链的生产力和价值。

案例四：英国颁布顶层规划文件推进 BIM 技术发展

从制度层面来看，英国通过顶层规划文件即《政府建设战略 2011》强制规定 BIM 技术在建筑行业的应用。为了确保政策的落实和 BIM Level 2 愿景的实现，英国政府将政策的具体落实分配给了行业上的各个行业组织机构，不同的组织分担了不同的职责。同时，英国规定在高层住宅项目中需强制使用 BIM，这对英国的建筑商和设计师都具有影响。从发展模式来看，英国的 BIM 标准和政策制定上遵循着顶层设计与推动的模式。通过中央

---

① 美国 BIM 软件在全球 BIM 软件中占绝对多数份额。

政府顶层设计推行 BIM 研究和应用，采取"建立组织机构—研究和制定政策标准—推广应用—开展下一阶段政策标准研究"这样一种滚动式、渐进持续发展模式。

案例五：法国通过多种形式推进数字化发展

法国正在推进其建筑部门数字化的路线图，并且为基础设施项目工作制定了 BIM 标准。2014 年，开始使用 BIM 开发 50 万套房屋，拨款约 2000 万欧元，以数字方式全面增强建筑业。将来，在公共项目中将强制实施 BIM。法国政府发起的"数字过渡计划"旨在实现可持续性和成本优化。该计划将通过增加诸如环境、社会和保护中小企业等价值收益而导致经济的稳定增长。

案例六：芬兰的 BIM 技术已普遍运用于建筑行业

芬兰于 2002 年实施了 BIM 技术。2007 年，参议院房地产公司（Senate Properties）要求在其所有项目中都要求遵守 IFC 和 BIM 模型。BIM 的实施在该国是最高的，因为在 2007 年，有 93％的建筑公司和 60％的工程公司在日常工作中使用 BIM。国际著名的 Tekla 软件，就是由芬兰开发的。

案例七：瑞典在建筑行业强制实施 BIM 技术

瑞典政府在 2015 年为实施 BIM 提供了便利政策，并强制使用 BIM。瑞典的 BIM 应用水平很高。在政府制定指导方针之前，瑞典已经发布了各种指南，以突出自 1991 年以来的最佳实践来推广 BIM。2014 年，瑞典 BIM 联盟主动召集了公共和私营行业参与者，以制定最佳的建筑实践。

案例八：新加坡以 BIM 技术为支点发展数字化

自 2015 年以来，新加坡建设局已在所有公共项目中实施了 BIM 技术。新加坡政府已拨款 2.5 亿新元，已成功实施 BIM。新加坡已将 BIM 作为数字化行业的重点。建筑和建筑管理局 CORNET 已于 2015 年实施了 BIM 电子提交。对于所有大于 5000m² 的项目，已强制采用 BIM 技术。由于实施了 BIM，新加坡的建筑业已显现出更高的生产力。

案例九：挪威对 BIM 技术进行全面研发以加强建筑物的可持续性

在挪威，Statsbygg 和 Norwegian Homebuilders 两个协会负责所有公共和政府设施的建设、管理和开发。他们已要求在 2009 年的所有项目中使用 BIM，并自 2010 年起要求使用符合 IFC 要求的 BIM 模型。挪威总部 SINTEF 研究机构已对 BIM 进行了全面的研发，以加强建筑物和建筑物的运营和可持续性。

案例十：澳大利亚的 BIM 技术在建筑行业中的应用已经取得了显著的成效

澳大利亚政府和相关机构高度重视 BIM 技术的发展。一是通过制定标准和政策来推动其广泛应用。例如，buildingSMART 澳分部（bSA）于 2012 年发布了《国家 BIM 行动计划》，旨在建立 BIM 标准体系、推动 BIM 在建筑全生命周期中的应用，并加强 BIM 人才的培养。此外，NATSPEC 作为权威标准指南，由联邦政府主导制定，确保了 BIM 技术在澳大利亚的统一和规范。二是加强 BIM 技术的教育与培训。为了提升从业者的 BIM 技能水平，澳大利亚各大学和职业学院也积极开设了相关的课程和培训项目。例如，在西澳大利亚的南大都会 TAFE 以及维多利亚的贝克斯希尔学院，都提供了包含 BIM 内容的高级文凭和短期课程。这些教育和培训项目不仅提高了从业者的专业能力，还促进了 BIM 技术在建筑行业的普及和应用。三是强化 BIM 技术的应用。悉尼歌剧院是澳大利亚 BIM 应用的一个经典案例，该项目通过采用 BIM 技术实现了对既有建筑物的有效管理和维护。

此外，澳大利亚还利用 BIM 技术在基础设施建设项目中进行项目管理和协调，以提高项目的效率和质量。例如，悉尼市正在建设的全自动地铁轨道系统就采用了 BIM 技术来优化施工过程和降低成本。四是加强行业合作与创新。澳大利亚的建筑行业通过跨学科协作和行业合作，不断探索和创新 BIM 技术的应用。例如，中国 BIM 发展联盟与澳大利亚 SOH 建筑公司签署了合作备忘录，共同开发 P-BIM 系列标准，并寻求在多个领域开展更广泛的合作。这种合作不仅促进了技术的交流和共享，还推动了 BIM 技术在更广泛的领域的应用。

案例十一：日本建筑行业数字化发展取得显著成效

一是日本政府在推动建筑业数字化方面采取了积极的措施。早在 2016 年，日本国土交通省就启动了名为 i-Construction 的新项目，旨在通过信息通信技术（ICT）和 3D 数据技术等手段提升建筑业生产效率，并计划到 2025 年将建筑业生产力提高 20%。此外，该部门还设立了"基建 DX 推进计划"，从 2023 年开始实施 BIM/CIM 原则，并从 2024 年开始加强劳动时间管制。二是日本的建筑企业在数字化转型中也发挥了重要作用。例如，竹中工务店、清水建设和 NTT Communications 宣布联手推动建筑业的数字化转型，以提高工程管理和作业指示的效率，缓解人手短缺的压力。这些企业希望通过减少一线工作来应对人手短缺加剧的问题。三是日本在 BIM（建筑信息模型）技术的应用上也走在前列。自 2009 年起，日本就开始在设计和施工过程中广泛采用 BIM 技术，并且这一趋势突飞猛进。BIM 不仅用于建筑过程的管理，还扩展到了不动产、通信、能源等多个领域。四是日本还注重利用新兴技术如无人机、ICT 建筑设备和人工智能来进一步提升建筑业的效率和质量。例如，Aldagram 公司开发的项目管理软件"KANNA"能够支持施工现场照片分享、项目文件可视化等功能，帮助用户以数字方式存储所有数据。此外，日本的一些大型建筑公司也在探索如何将 AI 与传统建筑业结合，以促进建筑行业的创新。五是日本政府注重数字化人才的培养。通过各种培训和教育项目来培养与三维设计和施工技术相关的人才，确保数字化转型能够顺利进行。例如，Digital Garage, Inc. 成立了数字建筑实验室（DA Lab），专注于新数字系统和数字数据架构的研究，并邀请感兴趣的人才加入其团队。

3.3　关键核心技术研究

关键核心技术是中国建造发展的最大命门，必须抓在自己手里，才不会受制于人，这是根本上保证国家经济安全，筑牢发展根基的举措。新中国成立以来特别是改革开放以来，我国建成了完备的工业体系和产业配套；党的十八大以来，创新驱动的国家战略地位日益凸显，一批重要科技成果井喷而发，创新成为发展的重要动力，为中国建造迈向中高端打下坚实基础。

目前，中国建造关键核心技术攻关成果丰硕，航空发动机、燃气轮机、第四代核电机组等高端装备研制取得长足进展，人工智能、量子技术等前沿领域创新成果不断涌现，关键核心技术成果涵盖材料类、勘察设计类、装备制造与工艺类、运维类和综合类。未来，关键核心技术将会根据国家政策持续研究、持续迭代，加快中国建造迈入中高端，提高全球竞争力。

3.3.1 材料类关键技术

1. 气凝胶复合不燃保温板生产技术

（1）技术背景

1）技术领域

气凝胶复合不燃保温板是经颗粒包覆、压制成型工艺制备而成，导热系数≤0.042W/（m·K），A$_2$级防火，应用于建筑保温、保温装饰一体化等领域，解决了现有产品高效保温和防火的矛盾，为建筑行业提供了一种兼具节能和防火的保温新产品。

2）现有成熟技术简述

建筑安全等级的不断提高，对保温材料的防火要求也不断提高，A级不燃保温材料是未来发展趋势。目前，使用最为广泛的A级外墙保温材料是岩棉材料。由于岩棉具有导热系数较低，且价格低廉的优势，近几年得到广泛应用。但岩棉存在易吸水和脱落的致命缺陷，并且岩棉材料生产过程能耗高，碳排放量大，使用过程对人身健康也存在潜在风险。自2019年开始，多地相继出台禁用岩棉的规定，但受限于市场还没有可替代岩棉的A级材料，岩棉"禁用令"一直备受争议。

匀质保温板是近三年来快速发展起来的一种新型A级不燃保温材料，采用水泥胶凝材料、可发性聚苯乙烯及功能助剂作为主要原料，经压制或浇筑成型制备而成，具备不燃特性。与岩棉相比，该产品同样具有A级防火，且强度性能及抗水性能均优于岩棉，但是产品导热系数普遍在0.05W/（m·K）以上，甚至在0.06W/（m·K）以上，远远达不到岩棉的保温效果，还无法替代岩棉使用。

气凝胶复合不燃保温板是在匀质保温板基础上，经工艺改进生产的一种新型不燃保温材料，将匀质保温板的保温隔热性能大幅提高，产品在保证A级防火前提下，导热系数低于0.042W/（m·K），并且产品具有强度好，憎水率高及密度低的显著优势，可替代岩棉材料用于建筑保温领域。

（2）技术内容

将气凝胶浆料、水泥胶凝材料、其他助剂、聚苯乙烯颗粒等原料按照特定的比例混合均匀，制备成混合浆料，然后通过模具成型、养护、分切及包装等工序，即可生产出满足使用要求的气凝胶防火保温材料，具体工艺流程如图3-2所示。

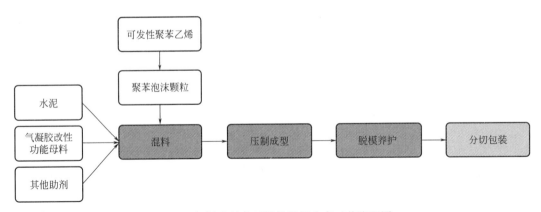

图3-2 气凝胶复合不燃保温板生产工艺流程图

产品生产过程中，无机胶凝材料及功能材料部分需均匀包覆聚苯颗粒，进而形成防火、隔热、阻断氧气源的无机骨架，并为产品提供强度性能。无机骨架的导热系数相比聚苯颗粒明显较高，也会在整个体系中形成热桥，其性能直接决定着产品保温性能的优劣（图 3-3）。因此，通过气凝胶材料的应用及配方调配，在保证强度前提下，将隔热性能优异的气凝胶材料引入产品的无机骨架中，进而大幅降低产品的导热系数。

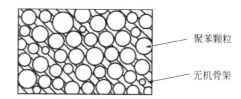

聚苯颗粒

无机骨架

图 3-3　产品示意图

气凝胶复合不燃保温板生产技术的开发及产业化，有效解决了现有保温材料存在的突出问题：

解决了传统匀质保温板导热系数高、保温效果差的问题，提高匀质板性能。

解决了传统保温材料存在的高效保温与 A 级防火不能兼得的问题，可适用于各种新建房屋和旧房改造的外墙外保温系统。

解决了保温材料生产环保、低碳节能问题，可替代岩棉用于建筑保温。

气凝胶复合不燃保温板主要技术指标如下：

1）材料防火性能：燃烧级别达到 A（A_2）级；

2）保温性能：密度在 $110\sim120kg/m^3$ 时，导热系数 $\leq0.042W/（m\cdot K）$；

3）力学性能相关指标：抗压强度 $\geq0.15MPa$，拉拔强度 $\geq0.12MPa$；

4）憎水性能：吸水率 $<6\%$。

（3）创新点与优势分析

1）创新点

通过项目的实施，可为解决传统保温材料"保温不防火，防火易脱落且保温性能差"的痛点提供新型材料和解决方案。本项目通过对核心材料的应用技术开发、配方设计方案优化，实现对低导热系数气凝胶防火保温板生产技术的开发及产业化生产。项目完成后，可实现气凝胶防火保温板的连续稳定生产，产品导热系数 $\leq0.042W/（m\cdot K）$，燃烧性能等级 A_2 级，相关指标均达到行业领先水平，填补国内产品空白，为建筑节能领域提供高性价比产品。

2）优势分析

本项目利用气凝胶功能材料研发生产气凝胶复合聚苯不燃保温板产品，项目节能环保，科技含量高，很好地解决了行业难题，为建筑行业提供一种安全环保、低碳、保温性能优异的新型外墙保温材料，产品综合性价比优于市场现有 A 级保温材料。该产品目前还属于市场空白期，市场竞争压力小，附加值高，具有强大市场竞争力。此外，该项目符合国家产业政策，为经济可持续发展注入了强大动力，助力建筑行业早日实现"双碳"目标。

（4）重点研究攻关方向

为推进技术攻关，本项目需重点解决以下技术问题：

1）气凝胶复合不燃保温板生产技术开发：重点解决气凝胶材料改性及加入方式的优化问题，将气凝胶材料通过适宜的方式应用到产品体系中，并优化产品配方，获得适于工业化生产的工艺技术路线。

2）气凝胶复合不燃保温板生产线设计及建设：根据实验室研究成果，开展中试生产试验，通过中试试验验证，获得满足工业化生产要求的稳定配方。在生产线设计方面，需要重点解决设备选型和改进问题，根据生产工艺需求，开发与工艺配套的配料设备，优化设备布置，最终实现产品的连续稳定生产。

3）气凝胶防火保温板示范应用及评估：开展产品的示范应用，形成具有代表性的示范工程，并进行应用测试评估，为后续产品规模化应用提供参考。

4）气凝胶防火保温板相关标准的编写及申报：通过产品研发、生产线的建设和运行、产品应用等工作的开展，形成完善的气凝胶复合不燃保温板生产及应用体系，并根据应用需求，完善相关产品标准，为后续在行业内的应用提供技术参考。

（5）应用实例

案例一：曲靖市装配式零能耗建设项目

1）项目背景

曲靖市装配式零能耗建设项目，该项目开展时间为 2022 年 3 月 1 日～2024 年 4 月 20 日，地点为云南曲靖麒麟职业教育集团产业园。

2）应用情况和应用难点

本工程外围护结构进行无热桥设计。墙角处采用成型保温构件，外墙热桥部分保温做法同外墙保温；保温层采用断热桥锚栓固定；外墙上固定导轨、龙骨、支架等，在外墙上预埋断热桥的锚固件，并尽量采取减少接触面积、增加隔热间层及采用非金属材料等措施降低传热损失；管道穿外墙部位预留套管并预留足够的保温间隙（图 3-4）。

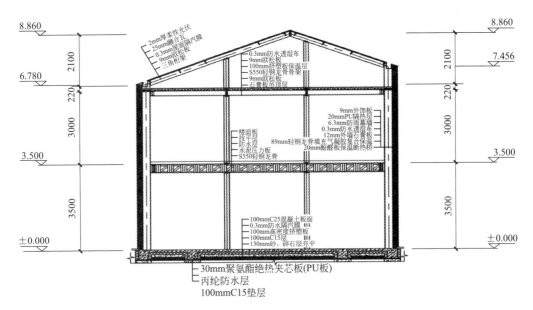

图 3-4　墙体剖面图

本工程外墙传热系数 $0.68W/ (m^2 \cdot K)$，由 9mm 外饰板、20mmPU 隔热层、6.3mm 防雨幕墙、0.3mm 防水透湿布、12mm 外墙石膏板、89mm 轻钢龙骨填充气凝胶复合不燃保温板、20mm 酚醛板保温断热桥构成。

在项目执行过程中遇到的技术难题主要有三项：一是基于热湿传递的室内环境及建筑节能调控方法及保温效率持久长效的控制策略；二是高效被动技术并将其集成到建筑中；三是确保近零能耗建筑建造施工质量。

针对以上技术难点的解决方案为：一是使用模块化设计的含有湿气管理系统的 BIPV 高效节能被动式轻钢装配式建筑墙体及墙体组件；二是运用被动式超低能耗建筑的理念和技术，采用高效保温材料，能够有效地减少室内外温差，降低能源消耗；三是采用气密性良好的绿色建筑材料和设计，有效防止室内外空气交换，保持室内空气的湿度和温度稳定。

① 装配式建造技术：装配式钢结构建造技术是一种现代化的建筑方法，相较于传统的混凝土结构建筑，具有显著的优势。装配式钢结构建筑的内部空间较大，空间布局清晰，施工效率高。

② 被动式超低能耗建筑理念和技术：根据不同气候条件的特点，分析近零能耗建筑，针对建筑围护结构在多因素、双向热流作用下的热湿迁移的机理，构建典型近零能耗建筑保温围护结构模型，并通过相关软件计算、分析、优化，提出基于热湿传递的室内环境及建筑节能调控方法及保温效率持久长效的控制策略、方法和解决方案，研发和生产相关部品部件。

③ 无热桥和高气密性设计：采用带有湿气管理系统的 BIPV 高效节能被动式复合墙板，密封、除湿性能好，光伏板能效转化高。采用高效保温材料——气凝胶复合不燃保温板，其低体积吸水率特性有效控制温湿度变化，显著减少室内外温差，从而降低能源消耗。

④ 全过程质量管控方法：针对保温隔热系统和装配式施工等关键技术环节，开发近零能耗建筑标准化施工工艺，提出施工质量控制要点和控制措施，形成全过程质量管控方法。

3）应用成效

本项目从投入使用的应用数据、经济效益、社会效益及环境效益等方面均取得了良好的成效。

从应用数据层面来看，该项目在能耗、热成像、噪声、环境数据上均呈现较好的状态。气凝胶复合不燃保温板是以聚苯乙烯泡沫颗粒为保温基体，水泥为主要无机胶凝材料，二氧化硅气凝胶为主要功能填料，以颗粒包覆压制成型为复合工艺制成的燃烧性能等级为 A（A_2）级的匀质不燃板状制品。主要应用于建筑隔热保温、保温装饰一体化等领域，有效地解决了现有保温材料的高效保温和防火的矛盾，为建筑行业提供了一种兼具节能、环保、防火的保温产品。在该项目中应用体现出以下优势：

① 隔热节能、防火阻燃

气凝胶复合不燃保温板导热系数 $\leqslant 0.042W/ (m \cdot K)$、燃烧性能达 A_2 级。通过 2024 年 1 月份热成像检测可以看出墙体热桥正常，详见表 3-4。这体现了气凝胶复合不燃保温板强度高、抗湿防潮、性能稳定等优势。

热成像检测资料分析 表 3-4

2024.1.8		2024年1月8日17:47,房屋前(北)面门窗开扇、围护墙体热成像,外开窗热桥需改进,墙体热桥正常
2024.1.8	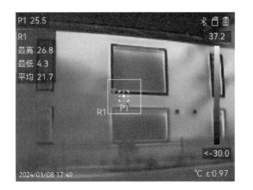	2024年1月8日17:49,房屋背(南)面门窗、围护墙体热成像,外遮阳帘,固定窗热桥正常,墙体热桥正常,墙体两个冷桥点为进排风口,进气排气温度均衡,新风一体机热交换器工作正常
2024.1.8		2024年1月8日17:48,房屋西(北)面BIPV墙体光伏面板、围护墙体热成像,光伏板发电、墙体热桥正常;屋顶三角区为通风结构热量传递层,热桥渐次传递高于下部屋内墙体温度,属正常现象
2024.1.13	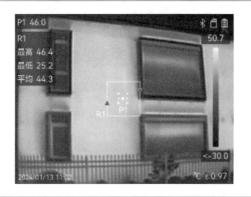	2024年1月13日11:02,房屋背(南)面门窗、围护墙体热成像,外遮阳帘,固定窗热桥正常

2024.1.15	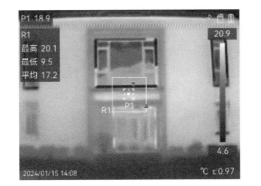	2024 年 1 月 15 日 14:08,房屋前(北)面门窗、围护墙体热成像,外开门、窗扇热桥需改进,墙体热桥正常
2024.1.20	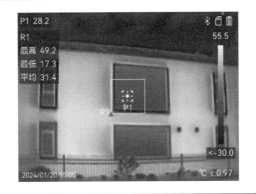	2024 年 1 月 20 日 19:09,房屋背(南)面门窗、围护墙体热成像,外遮阳帘,固定窗热桥正常,墙体热桥正常,墙体两个冷桥点为进排风口,进气排气温度均衡,新风一体机热交换器工作正常

② 隔声降噪

气凝胶复合不燃保温板密度为 $100\sim120kg/m^3$,强度高,性能稳定,降低室内噪声,提高建筑使用寿命。

通过噪声监测记录可以看出气凝胶复合不燃保温板隔声降噪的功能。经检测室外噪声47.2dB,室内噪声 39.9dB。优于国家标准《声环境质量标准》GB 3096—2008 按区域的使用功能特点和环境质量最高要求,白天声级限值为 50dB（A）,夜间等效声级限值为40dB（A）。

③ 施工成本低

闭孔结构,体积吸水率≤7%,可以有效调控室内温湿度,安装便捷,现场任意裁切,施工效率高,施工成本降低。

④ 安全环保

气凝胶复合不燃保温板不含对人体有害物质,安全可靠,符合环保要求。

⑤ 节能减排

2023 年 3 月～2024 年 4 月,房屋本体 BIPV 光伏发电 10601kW·h,房屋新风空调一体机、热水器、照明电器能耗 2950kW·h,汽车充电桩用电 1647.8kW·h,外供厂内用电 2969.2kW·h,离网用电外输与市电补电余额 864.2kW·h,电池储能充放电损耗819kW·h,损耗率 15.9%,全年弃电 4320kW·h,弃电率 40.8%。全年可减少碳排放8321.78kg（表 3-5）。

2023 年 3 月～2024 年 3 月能耗统计汇总表　　　　　　　　　　　　表 3-5

序号	名称	时间	电能转换	单位	备注
1	光伏发电功率	2023.3～2024.3	7.16	kW·h	平均值
2	光伏发电	2023.3～2024.3	10601	kW·h	
3	电池储电	2023.3～2024.3	5139	kW·h	
4	电池放电	2023.3～2024.3	4320	kW·h	
5	空调用电	2023.3～2024.3	2093	kW·h	
6	照明电器用电	2023.3～2024.3	857	kW·h	
7	充电桩	2023.3～2024.3	1647.8	kW·h	
8	外供厂内用电	2023.3～2024.3	2969.2	kW·h	
9	市网供电补电	2023.3～2024.3	2105	kW·h	

从经济效益层面来看，该项目通过使用气凝胶复合不燃保温板提高外墙保温隔热效果，单位体积气凝胶复合不燃保温板对比岩棉保温板，生产能源消耗降低 20％以上，碳排放降低 40％。通过采用新材料和新技术优化近零能耗建筑设计和施工方法，大大降低建筑物的能源消耗，降低能源成本。虽然近零能耗建筑的前期建设成本较高，但通过能源成本的降低和效率的提高，可以在长期运营中获得经济回报。通过对低能耗建筑进行推广，可以促进与近零能耗建筑相关的产业的发展，如绿色建筑、可再生能源、节能设备等，从而带动经济增长。

从社会效益层面来看：一是项目采用装配式的方式建造，不仅可以提供更加舒适、健康、安全的居住环境，还可以提高城市的形象和品质；二是装配式建筑的生产和建设过程更加环保，能够减少对环境的污染和破坏；三是保温材料的性能对于建筑整体使用寿命影响巨大，气凝胶复合不燃保温板具有体积吸水率低、性能稳定、使用寿命长和节能效果好等优势，能够为建筑带来显著的经济回报的同时，更加保证了建筑的耐久性和可持续性，并为城市的发展提供更加长远的支持；四是近零能耗建筑可以提供更舒适、健康和宜居的生活环境，改善居民的生活质量。通过近零能耗建筑的建设，可以增强社区的凝聚力和活力，增强居民的环保意识和参与度。通过本项目的实施，可以为其他地区和城市提供一定的参考，推动可持续发展和绿色建筑的理念。

从环境效益层面来看：一是项目采用装配式的方式建造，大部分建筑部件都是在工厂内预制生产，可以减少施工现场的噪声、尘土和废弃物等污染；二是项目应用了被动式高性能建筑外围护结构、光伏建筑一体化墙板及装配式建造方式等近零能耗技术集成，节约了人力资源和建筑材料，缩短了工期，同时在保证室内舒适度的前提下，减少建筑运行能耗，减少建筑施工和运行碳排放，有效地实现了建筑垃圾减量化，实现人、建筑与环境的友好共生；三是结合云南省温和地区地域、气候和经济发展水平，因地制宜地将光伏建筑一体化技术在温和地区的建筑中大量推广和应用，通过减少能源消耗和采用可再生能源，可以减少温室气体排放，对减缓气候变化产生积极影响，助力"双碳"目标的实现。

该项目荣获 2023 年度的华夏好建筑奖和北极星建筑奖。中国建筑节能协会的华夏好建筑奖旨在发掘洞悉科技潮流，勇于创新、缔造价值的企业及独具匠心、科技与人文有机融合的建筑产品，为行业和大众展示最新的科技人居趋势与成果；北极星建筑奖是中国建筑行业业界最具影响力的技术创新奖项之一，将"新建筑、新产品、新技术"作为评审标准，筛选出年度最具创新性、实用性的建筑新产品。

4）后续展望

目前外墙保温材料应用以岩棉板、EPS 聚苯板为主，这两类材料均具有不可避免的缺陷。同时，一些新型保温材料在不断扩大市场，如石墨聚苯板、STP 真空绝热板、免拆保温模板等。由于行业准入门槛较低，企业数量较多，技术水平参差不齐，具有竞争力的产品不足且同质化现象较为明显。除此之外，目前建筑保温材料相关标准和质量评估体系执行得不统一、不完善，部分企业生产方式落后，缺乏核心技术，产品性能较差，存在安全质量隐患。生产高端、高品质保温材料的企业数量相对较少，产品品质把控仍需要加大市场监督和管理。

国家的政策支持和市场需求的不断增长，为气凝胶材料的产业化发展提供了良好的环境。随着技术创新的不断深入和成本效益的逐步优化，气凝胶材料的产业化步伐正在加速。国家的政策导向和市场需求的双重驱动，为气凝胶材料的商业化和规模化生产铺平了道路，气凝胶材料将迎来更广阔的发展空间和更快速的增长势头（表 3-6）。

气凝胶材料相关国家政策

表 3-6

时间	发布机构	政策规划	要点
2019 年 11 月	国家发展改革委	《产业结构调整指导目录（2019 年本）》	气凝胶节能材料进入该目录"鼓励类"中的建材领域
2019 年 11 月	工业和信息化部	《重点新材料首批次应用示范指导目录（2019 年版）》	气凝胶、二氧化硅气凝胶、常压改性二氧化硅气凝胶新材料、气凝胶保温毡、气凝胶改性复合纤维、二氧化硅气凝胶保温隔热涂料、二氧化硅气凝胶浆料等系列气凝胶材料列入前沿新材料领域，并规定性能要求
2020 年 10 月	工业和信息化部	《国家工业节能技术装备推荐目录（2020）》	介孔绝热材料节能技术及应用被列入，适用于隔热保温领域节能技术改造
2021 年 9 月	中共中央　国务院	《关于完整准确全面贯彻新发展理念做好碳达峰碳中和工作的意见》	推动气凝胶等新型材料研发应用
2021 年 11 月	国务院	《2030 年前碳达峰行动方案的通知》	加快气凝胶等基础材料研发
2021 年 12 月	国务院国资委	《关于推进中央企业高质量发展做好碳达峰碳中和工作的指导意见》	加快气凝胶等新型材料研发应用
2021 年 12 月	工业和信息化部	《重点新材料首批次应用示范指导目录（2021 年版）》	气凝胶绝热毡列入前沿新材料领域，并规定性能要求，导热系数≤0.021，A_2 级防火，压缩回弹率≥90%；振动质量损失率≤1.0%
2022 年 2 月	国家发展改革委	《高耗能行业重点领域节能降碳改造升级实施指南（2022 年版）》	推动采用气凝胶等技术，进一步提升烧成系统能源利用率（水泥行业）

时间	发布机构	政策规划	要点
2022 年 6 月	科技部等九部门	《科技支撑碳达峰碳中和实施方案（2022—2030 年）》	研发气凝胶等新型建筑材料与结构体系
2022 年 11 月	工业和信息化部 国家发展改革委 生态环境部 住房和城乡建设部	《建材行业碳达峰实施方案》	加快气凝胶材料研发和推广应用
2023 年 4 月	工业和信息化部	《建材工业鼓励推广应用的技术和产品目录（2023 年本）》	气凝胶保温毡等涉及气凝胶绝热保温材料相关技术列入
2023 年 12 月	国家发展改革委	《产业结构调整指导目录（2024 年本）》	气凝胶材料被列入鼓励建材目录

在国家政策重点支持下，我国气凝胶市场已处于国际领跑地位。"双碳"背景下，气凝胶下游产业多点开花，是高成长性与规模兼具的行业。建筑保温材料市场规模超 1700 亿元，而气凝胶渗透率不足 1%，未来应用空间广阔，预计 2025 年，建筑领域气凝胶需求可达 20.0 亿元（表 3-7）。

2025 年气凝胶建筑领域市场规模   表 3-7

建筑领域市场空间测算	保守	中性	乐观
国内建筑领域气凝胶制品渗透率	0.5%	1.0%	5.0%
2025 年国内建筑竣工面积（亿 m^2）	40	40	40
2025 年国内建筑外墙竣工面积（亿 m^2）	26	26	26
国内建筑领域气凝胶需求量（万 m^2）	1300	2600	13000
国内建筑领域气凝胶制品市场规模（亿元）	29	57	286

2. 光伏真空玻璃全流程连续化自动生产线技术

（1）技术背景

1）技术领域

全球第一条全自动柔性光伏真空玻璃生产智能制造系统，是智能制造领域里柔性生产线的代表，在最小和最大玻璃尺寸间，可共线同步同时生产，整条生产线就是一个超大型的机器人，所有工位根据每一产品的尺寸、厚度和形状自动调整各项参数，全程自动化、数据化，自动下单、自动排产、优化算法、材料优化，230m 超长生产线远程数据实时控制与传输，独有纠错机制算法，是软件、数学、电气、自动控制系统、热加工、材料加工、超精微加工、机器人、超精密检测、机械等学科的综合成果。

2）现有成熟技术简述

沃米公司已经完成真空封装生产线第四代的建设，经过近 20 年的不断改进和升级换代，从手动人工生产线，逐渐过渡到半自动、自动和全流程柔性生产线，设备设计趋于完善，自动化控制程度高，已经实现工业 4.0 版的工业升级，具备成熟的零部件和设备供应体系，平台化的软件控制系统提供了更好的可靠性和高效性。设备能耗比最初的手动设备降低 40%，产能从 2 万 m²/年提高到 30 万 m²/年，产品合格率从 30%提高到 92%，产品成本从 800 元/m²，降低到 300 元/m²，生产线操作员工由原来的每年 5 万 m²27 个人变为每年 30 万 m² 14 个人，生产效本人人提高，产品尺寸也从原来的 1m×1.5m 做到 1.8m×2.8m，极限尺寸做到 2.3m×3.3m。

近几年国内外真空玻璃研发出现新热潮，但突破性进展较慢。迄今为止，国外真空玻璃生产厂商只有"日本板硝子"（NSG）一家，该公司从 1997 年正式投产真空玻璃以来，在标准真空玻璃（N3.2＋V＋L3.2）及真空节能窗方面作了大量工作，已经实现产业化、规模化生产，主要应用于节能建筑领域，获得了节能建筑市场的青睐。但该公司在钢化真空玻璃及光伏真空玻璃等新生产工艺技术领域未见突破，产能和应用方面也未见发展。

（2）技术内容

沃米光伏真空玻璃生产技术：

支撑物布放漏放率十万分之一，高效矩阵摆放，沃米的核心优化算法可实现自动判断玻璃边缘，根据不同尺寸，控制每个点的单独布放和成组布放。支撑物直径精度达到（0.5±0.025）mm，厚度尺寸精度达到（0.15±0.005）mm，属超精密加工。

边缘焊料涂布可实现（10±1）mm 的任意形状涂布，精确控制转角半径、运行速度、涂布宽度和涂布厚度。

真空化学沉积结合喷涂工艺，自动化控制，精确喷涂控制，自动混料系统，均匀制备 1μm 的钙钛矿光伏材料薄膜。

工业 4.0 柔性生产线是世界首创的全柔性光伏真空生产系统，产品在最小最大尺寸间，可共线、同步、同时生产，整条生产线就是一个超大的机器人，所有工位均根据每件产品的尺寸、厚度和形状自动调整各项参数，全程自动化、数据化。

光伏真空尺寸可以做到 1.2m×1.8m，真空玻璃尺寸可做到 1.8m×2.8m，目前为业内最大尺寸，采用国际超大超重机器人，配套钛合金、铝合金和碳纤维工装结构，实现大尺寸平板玻璃的高速搬运和高精度合片。

采用国际领先的真空系统、工装和产品同步加热隧道窑炉结构，降低封排温度到 400℃以下，每节炉体配备余热回收、余热再利用、冷却端空气加热工件等节能和高效能源再利用装置，更加节能、高效（图 3-5、图 3-6）。

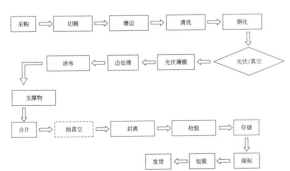

图 3-5 工艺流程框图

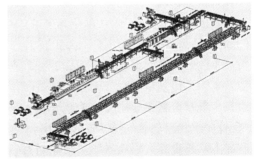

图 3-6 工业 4.0 柔性全流程连续自动化生产线

封口片采用机器视觉定位，世界首创实现高温、高真空下的高精度定位，定位精度 0.2mm，世界首创精密封口系统，包括加热、抽真空、定位、温度检测、0.1Pa 级超高精度真空压力控制，适应黑暗环境和复杂工况的高速高像素工业相机，自动模糊识别、自动纠偏、纠错和形状耦合的视觉识别系统，识别率高达99%。

（3）创新点与优势分析

1）创新点

光伏真空玻璃产业化是涉及玻璃深加工、真空获取及保持、精密热工、材料研究、精密测量、机械自动化等技术集成的系统工程，工艺环节科技含量非常高。每个细节的疏漏都会影响产品质量及成品率。

独有的光伏材料真空沉积和多混分级喷涂系统，可实现电池的单层、叠层、不同原子架构设计，实现发电材料透明度可控、发电效率可控、颜色可控等多种功能。

确保30年以上的真空封装和气体吸附、封口等专利技术是生产线自动化的前提，通过自开发的下单软件、材料优化软件、独有算法支撑物布放软件、优化排产软件、远程控制与人工智能纠错系统，保证了生产线良好、稳定运行。

正是由于上述光伏真空玻璃产业化的难度，沃米在光伏真空玻璃优异节能性能吸引下，在产业化道路上不断研发新技术新工艺，一步步发展到今天的沃米工艺，在一个加热冷却过程中完成封边封口全部工艺，生产出钢化真空玻璃。可以达到成品率高于92%以上，年产能25万m^2的水平。

沃米在长年的积累中正在攻破上述软件、设备、技术开发、大型生产线设计、算法开发、工艺定型等技术难点，引领国际相关产业的走向。

2）优势分析

沃米光伏真空玻璃生产线是世界首创的全柔性生产系统，在不同尺寸间，可共线、同步、同时生产，整条生产线就是一个超大的机器人，所有工位自动调整各项参数。基于订单的工业4.0版软件管理系统，实现了从订单到生产，再到设备控制端参数设定的无人化，自动排单，优化订单结构，自动排产，设定生产工艺，自动设定生产线设备端工艺参数等。软件优化算法，计算出玻璃原片最大切裁率，最大装炉率，保证了成本的降低和生产线高效运行。

（4）重点研究攻关方向

光伏真空玻璃的关键工艺之一是"封边和封口"的封接技术方式，根据选用封接材料不同，目前国内外有两种封接工艺：玻璃焊料封接和金属封接。

目前，国外正在研究真空玻璃的企业有：板硝子（NSG）、旭硝子（AGC）、松下（panasonic），基本上还是沿用悉尼大学当年研发的加热炉及"真空杯"排气系统结合的设备，生产普通真空玻璃。NSG的产品排气口仍在产品角部，而AGC的产品经过技术处理，表面无排气口。吸气剂也改为线状位于边部，使外观效果更好。国外针对金属柔性封边技术虽有多家企业研发，但至今未有产业化报道。

这些结构有明显的缺陷。比如，排气玻璃管被焊接在玻璃的孔或槽的被加工表面，不但加工工艺难度大，而且加工表面的微裂缝容易造成真空泄漏，影响产品质量；生产过程中容易发生断管报废等。又如，悉尼大学过保护期专利中还有用掺入微珠的釉料"点胶"制成支撑物的设计，这种制作方法很难得到微珠数量确定、形状一致的支撑物，而且如果加热熔化后把两片玻璃都形成点状固定连结，在力学上是不可取的。

和国外类似，国内多数真空玻璃企业采用玻璃焊料封接工艺路线，按所用设备不同又可分为两类，沃米工艺和其他真空炉"一步法"工艺。

所谓沃米工艺是指沃米公司在悉尼大学工艺基础上研发的用"加热炉加真空杯片封口排气系统""一步法"生产钢化真空玻璃的工艺，区别于悉尼大学的先封边后封口的"两步法"，在一个加热冷却过程中完成封边封口全部工艺，生产出钢化真空玻璃。这种工艺可以用单体炉实现，也可以用"真空小车循环式连续炉"或"步进式连续封边炉加真空炉"实现。可以达到成品率高于90％，年产能25万 m^2 的水平。

采用其他真空炉"一步法"来实现无排气口、玻璃焊料封接生产真空玻璃，目前尚无成功产业化的报道，早在1984年美国人就没有成功。究其原因，一是玻璃焊料在真空炉中加热时会产生大量气泡，从而破坏了真空玻璃腔内真空度，产品的质量难以保证；二是在真空中加热和冷却都只能靠辐射传热，即使采取了直接加热措施，也很难使温度均匀和快速升降温，对多层玻璃更是如此。

在钙钛矿光伏薄膜技术方面，沃米研究院与北京交通大学、中国农业大学、中国科学院合作开发的光伏技术，使钙钛矿材料的转化率（21.4％）达到国际先进水平，一种铜基材料的转化率会达到15％，超过国际水平。

光伏真空玻璃的关键工艺之二就是钙钛矿薄膜的制备，采取阶梯真空度控制、分阶段混料、精确喷涂等工艺，保证薄膜的均匀性和一致性，多层沉积，多道喷涂，形成多层表面，更容易制备不同性能的薄膜，控制膜层结构，获得更高光电转化效率。

以上为针对真空玻璃技术当中的部分难点的阐述，沃米公司在长年的积累中正在攻克技术难点。

（5）应用实例

案例二：北京房山区真空玻璃阳光房

1）项目背景

此项目系北京新立基真玻科技有限公司于2023年7月为个人位于北京市房山区的居民住宅提供真空玻璃阳光房安装服务。该项目作为一次居民住宅阳光房使用光伏真空玻璃的尝试，对促进光伏真空玻璃发展、适应普通居民住宅应用场景具有重大意义。

2）应用情况和应用难点

该项目共铺设窗户面积 $39m^2$，其中光伏真空玻璃面积占 $2.79m^2$，其余为真空复合中空玻璃，此二者均为北京新立基真玻科技有限公司自主研发生产的产品。该项目除整体均使用高隔声、高隔热性能的真空玻璃外，还创造性地将光伏真空玻璃安装在向阳面，除在大棚、阳光房等应用场景以外，尝试用光伏真空玻璃的发电功能对居民小量低压用电进行代偿，对居住用被动房的设计进行大胆创新。

3）应用成效

光伏真空玻璃本身作为钢化白玻抽真空再覆膜的玻璃制品，除本身就拥有的真空玻璃优于普通中空玻璃的隔声、隔热性能外，还具有利用太阳能发电的功效，这使得光伏真空玻璃能在利用自身真空玻璃特性为建筑减少制冷制热能耗的同时，额外发电满足住户小额低压用电的需求，其每平方米发电量为 $1\sim3kW\cdot h$，随当地气候、日照条件等浮动，可以实现比单纯安装真空玻璃更大程度的节能减排，为住户节约电费，为国家减少碳排放。

4）经验与教训

光伏真空玻璃比起普通的单真空玻璃、真空复合中空玻璃，对运输和安装的要求更高。本次项目作为居民住宅阳光房安装的一个试点，可以为公司提供宝贵的数据，以该房屋为样本，可以对光伏真空玻璃在特定日照条件下对太阳能的利用情况有更详细的了解，这对今后光伏真空玻璃门窗的设计具有重要的指导意义。

5）后续展望

光伏真空玻璃作为北京新立基真玻科技有限公司的次时代产品，技术仍有继续完善的空间，而且市场上目前没有竞品，可谓一片蓝海，光伏真空玻璃的未来展望，应立足于完善工艺的同时，拓宽应用场景，打开市场。

3. 缓粘结预应力技术

（1）技术背景

1）技术领域

缓粘结预应力技术是近年快速发展的一项新型预应力技术，其可良好改善建筑结构性能。主要应用于大跨、重载、超长的大型工业与民用建筑，如机场航站楼、高铁站房、桥梁、商业综合体、体育场馆等。

2）现有成熟技术简述

预应力技术主要分为有粘结预应力、无粘结预应力、缓粘结预应力三种。有粘结预应力、无粘结预应力为现有成熟技术。

有粘结预应力技术主要应用于大跨、重载、超长结构的梁构件中，其主要用来控制梁构件裂缝、减小挠度、提高承载力。其技术特点为：结构性能优异、符合抗震要求，但施工工艺复杂、质量难以控制。有粘结预应力技术是当前应用最为广泛的预应力技术，普遍应用于桥梁及各种工业与民用建筑中。在各种预应力技术中的应用比例约为70%。

无粘结预应力技术主要应用于超长结构的板构件中，其主要用来控制板构件的温度应力，减少裂缝。其技术特点为：结构性能较差、不符抗震要求，但施工工艺简单、质量易于控制。普遍应用于大型工业与民用建筑超长结构的板中。在各种预应力技术中的应用比例约为20%。

（2）技术内容

缓粘结预应力技术是继有粘结预应力技术、无粘结预应力技术之后的第三代预应力技术。其综合了有粘结预应力结构性能优异与无粘结预应力施工便捷的优点，摒弃了有粘结预应力施工工艺复杂、质量难以控制与无粘结预应力不符合抗震要求的缺点，是对原有传统预应力技术的更新迭代。

缓粘结预应力是指：通过缓凝粘结剂的固化实现预应力筋与混凝土之间从无粘结逐渐过渡到有粘结的一种预应力形式。在施工阶段预应力筋可伸缩自由变形、不与周围缓凝粘结剂产生粘结，而在施工完成后的预定时期内预应力筋通过固化的缓凝粘结剂与周围混凝土产生粘结作用，预应力筋与周围混凝土形成一体，共同工作，达到有粘效果（图3-7）。

缓粘结预应力钢绞线

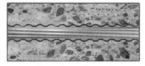
缓粘结预应力筋与混凝土之间的粘结

缓粘结预应力筋

图 3-7　缓粘结预应力作用图

其主要特点为：结构性能优异、抗震性能好、施工便利、质量易于控制、耐久性能优良。可广泛应用于各种大跨、重载、超长建筑结构的梁、板、柱、墙等构件中，应用范围广泛。

缓粘结预应力筋具有张拉适用期（一般 3～12 个月）、有效强度期（一般 6～24 个月）、固化期（9～36 个月），其可根据工程特点灵活配置，满足各种工程需要；我国地域辽阔，气候气温条件多样，缓粘结预应力相关核心技术指标需根据各地气候气温条件确定。缓凝粘结剂固化强度达到 C50 以上，可实现与混凝土同等强度，固化后与周围混凝土具有良好粘结性能。

（3）创新点与优势分析

1）创新点

缓粘结预应力技术是集合材料、机械、力学三个学科的综合创新。

① 开发了缓凝粘结剂（高分子材料与传统建筑材料的综合体），通过研究配方使其固化后性能满足各种工程的工期要求、性能要求。

② 从根本上解决了传统预应力施工质量不易控制的问题。

传统有粘结预应力最大质量薄弱点在于工程现场灌浆工序，而缓粘结预应力将此工序转化为工厂机械化标准化提前涂覆，从根本上解决了传统预应力施工质量不易控制的问题，大大提高了工程结构安全性、耐久性。

③ 提高了预应力施工的工业化程度

传统有粘结预应力施工共五道工序：穿波纹管、穿钢绞线、灌浆、张拉、封锚。缓粘结预应力将穿波纹管、灌浆两道工序集成于工厂完成，大大提高了预应力施工作业的工业化程度。

2）优势分析

缓粘结预应力技术是未来预应力技术发展的趋势。其较高的工业化程度、优异的结构性能，可有效提高工程结构安全性能，耐久性能。对于减少工程结构后期运维、拆改费用，提高服役年限具有重要作用。

预应力行业每年消耗预应力钢绞线材料约 500 万 t，对应社会投资约 600 亿元。采用新型缓粘结预应力技术可减少社会投资约 10%，同时可提高材料利用率，节约资源。

（4）重点研究攻关方向

缓粘结预应力技术作为新型预应力技术，目前处于示范应用、研发推广并行阶段。现需攻克的难题包括：

一是解决缓凝粘结剂张拉适用期时间限制问题，使张拉适用期幅度更宽，使固化开始时间点更易于精准控制，最终实现工程结构的施工节奏、进度不受缓粘结预应力张拉适用期时间影响。

二是开发超高强预应力钢绞线，使缓粘结预应力节材、节资源、节成本效益进一步凸显。开发更高强度（如 2230MPa、2360MPa）、更高性能的预应力钢绞线，使其与缓粘结预应力工艺进一步结合。超高强预应力钢绞线可减少使用钢绞线母材 20%～30%，其节材、节资源、节成本效益更加明显。

三是开发缓粘结预应力全自动下料、穿筋机械设备。当前，缓粘结预应力筋现场穿筋仍需靠人工完成，工业化程度需进一步提高。开发全自动下料、穿筋设备是解决这一问题的关键。解决以上难题需集成高分子材料、机械、结构力学三个学科。需联合钢铁生产企业、机械设备生产企业进行资源整合，合作攻关。

3.3.2 勘察设计类关键技术

1. 中心城区地下空间安全韧性开发关键技术

（1）技术背景

1）技术领域

超大城市更新建设中，中心城区既有地下空间改拓建、隧道穿跨越类项目不断涌现，高敏感、强约束环境下需对工程本体及周边的安全风险有效控制，对现有地下结构建造技术体系、安全质量管控方法提出了韧性、智慧发展新要求。

2）现有成熟技术简述

根据工程调研结果，尽管中心城区地下空间改拓建、穿跨越类项目建设广泛存在且蓬勃开展，但目前这些项目普遍缺乏对于韧性方面的关注和实践。究其原因，一方面在于地下结构韧性基础理论尚未成熟建立，近两年地下结构韧性已逐渐成为研究热点，但相关理论成果往往针对个别具体问题，宏观体系性不强；另一方面地下结构韧性技术体系有待完善，尤其缺乏一些适应于复杂环境下的绿色、高效设计方法、施工工艺以及材料设备等。

与此同时，基于数字化、智慧化的安全管控技术也快速发展，中心城区地下空间改拓建、穿跨越类项目多方建设、多方管理，各自采用的管理模式、数字化水平、数据标准不尽相同，目前缺乏"一网统管"的多源异构数据的统一化、标准化管理。近年来，尽管出现了一些自动化数据采集设备，比如自动化全站仪、测斜仪、三维扫描等数据采集设备，但是这类设备成本较高、对使用环境要求较高。随着人工智能算法的快速发展，地下工程领域也逐渐引入先进的机器学习、深度学习算法完成对工程大数据的挖掘应用，但安全事故的机理还有待揭示，数据质量规模还有待继续提升。

（2）技术内容

1）地下结构韧性基础理论和技术体系的研究及应用

复杂灾变条件下地下结构韧性机理研究。考虑多种灾害及灾害组合条件下新老结构协同作用、灾变过程中结构性能衰减机理，逐步形成地下结构韧性评价模型、指标体系及分级评价方法。

地下结构韧性设计方法研究及应用。考虑灾害适应性、恢复性设计，包括既有结构加固增韧、新型韧性结构体系、拓建结构鲁棒性转换节点、破坏结构冗余性恢复等设计方法。

地下结构韧性材料研究及应用。包括超高性能混凝土、纤维增强复合材料等结构加固应用，高延展性材料、接缝填充材料等结构防渗漏应用。

地下结构韧性修（恢）复施工技术研究及应用，结构韧性增强、地层全方位改良、劣化构件破拆、损伤构件修复、结构功能恢复等技术研究应用。

2）改拓建、穿跨越类项目复杂环境下精细化施工水平提升

改拓建、穿跨越类项目复杂环境下低扰动施工水平，进一步探索高敏感环境下低扰动围护施工工艺、土方开挖方法、地下水管控技术及精准测控及预警技术等。

改拓建、穿跨越类项目特种作业装备研制及推广，注重研制适用于低净空条件的小型

化、快速组装设备,适用于管线原位保护、低扰动施工的专项设备。

工程机具智能化发展与应用,实现复杂环境下特种设备的智能控制,以及盾构掘进参数的自适应控制等。

"智慧工地"在地下工程施工安全管控中的推广应用,完成对人员安全、危险源设备、危险区域、作业环境异常警报,实现对施工现场人—机—料—法—环施工关键要素的全过程安全管控。

3)地下结构大数据平台化建设与智能化决策应用

地下结构性能智慧感知技术研究及应用,包括自动化监测,地下组网无线传输,隧道、管线运维机器人巡检等。

地下结构多源异构数据融合处理技术研究及应用,统一地质—设计—施工—运维、模型—仿真—监测等多源异构数据标准化格式。

地下结构监测大数据分析预测技术的研究及应用,探索既有结构的服役性能、病害水平的动态评价,地下工程安全稳定、环境效应的动态评测。

地下结构大数据平台化建设,打通不同平台之间的壁垒,实现项目多方协同管理过程中的数据共享,确保项目全寿命周期数字化管理实施。

(3)创新点与优势分析

1)创新点

聚焦中心城区既有地下空间改拓建、穿跨越类项目建设需求,揭示多重灾害作用下地下结构韧性机理并建立相应的评价方法,形成面向既有地下结构的增韧设计方法,以及面向新建工程的新型韧性结构体系设计方法,开发复杂环境约束条件下绿色、高效、低扰动施工工艺及专项设备,建立"一网统管"工程大数据管理平台,形成一系列地下工程安全风险智能化预测算法,实现基于工程大数据的地下空间开发智慧化决策应用。

2)优势分析

城市更新背景下,中心城区既有地下空间改拓建、穿跨越类项目不断涌现,在未来占据城市建设的主题,地处城市核心密集区域,结构韧性、工程安全一旦有失则产生波及社会面的灾难性后果。完善地下结构韧性理论技术体系,提升地下空间防灾抑灾性能,探索基于工程大数据的地下工程安全智能化预测方法,以提升地下工程安全风险管控水平。

(4)重点研究攻关方向

1)加强地下结构韧性基础理论和技术体系的研究及应用

一是加强灾变条件下地下结构韧性机理研究,进一步考虑多种灾害及灾害组合条件下新老结构协同作用、灾变过程中结构性能衰减机理,逐步形成地下结构韧性评价模型、指标体系及分级评价方法;二是加强地下结构韧性设计方法研究及应用,进一步考虑灾害适应性、恢复性设计,包括既有结构加固增韧、新型韧性结构体系、拓建结构鲁棒性转换节点、破坏结构冗余性恢复等设计方法;三是加强地下结构韧性材料研究及应用,包括超高性能混凝土、纤维增强复合材料等结构加固应用,高延展性材料、接缝填充材料等结构防渗漏应用;四是加强地下结构韧性修(恢)复施工技术研究及应用,进一步加强结构韧性增强、地层全方位改良、劣化构件破拆、损伤构件修复、结构功能恢复等技术研究应用。

2）加强改拓建、穿跨越类项目复杂环境下精细化施工水平提升

一是提升改拓建、穿跨越类项目复杂环境下低扰动施工水平，进一步探索高敏感环境下低扰动围护施工工艺、土方开挖方法、地下水管控技术及精准测控及预警技术等；二是加强改拓建、穿跨越类项目特种作业装备研制及推广，注重研制适用于低净空条件的小型化、快速组装设备，适用于管线原位保护、低扰动施工的专项设备；三是加强工程机具智能化发展与应用，实现复杂环境下特种设备的智能控制，盾构掘进参数的自适应控制等；四是加强"智慧工地"在地下工程施工安全管控中的推广应用，完成对人员安全、危险源设备、危险区域、作业环境异常警报，实现对施工现场人—机—料—法—环施工关键要素的全过程安全管控。

3）推动地下结构大数据平台化建设与智能化决策应用

一是加强地下结构性能智慧感知技术研究及应用，包括自动化监测，地下组网无线传输，隧道、管线运维机器人巡检等；二是注重地下结构多源异构数据融合处理技术研究及应用，统一地质—设计—施工—运维、模型—仿真—监测等多源异构数据标准化格式；三是加强地下结构监测大数据分析预测技术的研究及应用，探索既有结构的服役性能、病害水平的动态评价，地下工程安全稳定、环境效应的动态评测；四是加强地下结构大数据平台化建设，打通不同平台之间的壁垒，实现项目多方协同管理过程中的数据共享，确保项目全生命周期数字化管理实施。

（5）应用实例

案例一：上海市北横通道新建工程

1）项目背景

本项目背景工程为上海市北横通道新建工程，项目起止日期为 2014 年 12 月～2024 年 7 月。北横通道是上海"三纵三横"骨架路网的组成部分，贯穿中心城北部地区的交通走廊，横跨长宁、静安、普陀、虹口、杨浦 5 个行政区，西起中环北虹路立交，东接周家嘴路越江隧道，全长 19.2km。为减少对核心城区环境、市政设施、轨道交通的影响，主线采用以盾构为主的地下道路形式，地下道路长 14.7km，西段隧道长约 7.8km，东段隧道长约 6.9km。全线结合工作井设置 8 对出入口联系骨干路网，并与中环西段、南北高架形成北虹路立交、天目路立交 2 处全互通立交，构建城市立体交通网络。释放地面空间，改善地面通行条件和周边环境，为提高地面公交品质创造条件（图 3-8）。

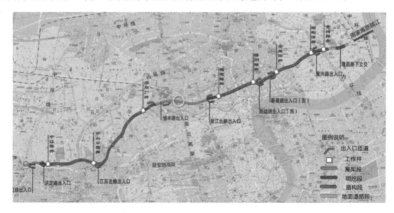

图 3-8　北横通道总体布置示意图

2）应用情况和应用难点

① 总体方案创新：国内首条深层地下交通走廊

1986 年《上海市中心城区高架汽车专用道规划方案》，提出了内环线及"三纵三横"的骨干路网，其中：内环、三纵中线、三横中线为高架道路，三横北线预留高架道路。1988~1999 年，相继建成内环高架（浦西段）、南北高架、延安路高架等，三横北线高架受建设条件及沿线开发的制约，一直未能实施。2000 年后，在规划线路上陆续建设了长宁路中山公园段 2 号线中山公园站，长寿路上建设了 13 号线的 3 个地下车站和区间，常德路和武宁路、江宁路三个车站上方覆土高度都只有 3m。这些地铁车站和区间都未对北横通道进行预留，无论采用高架、地道形式都难以穿越。

2010 年后北横通道研究提出利用深层地下空间构建城市交通走廊，增强骨干路网服务能力，支撑城市主轴发展，提升城市环境品质。为减少对核心区城市环境、市政设施、轨道交通的影响，北横通道采用以盾构为主的地下道路形式，双流路—江苏路段，改线光复路、苏州河、中山公园，避开 2 号线中山公园站及其地下空间。江苏路—恒丰路段，改线余姚路、新会路，避让 13 号线长寿路段武宁路、常德路和江宁路 3 处车站（图 3-9）。

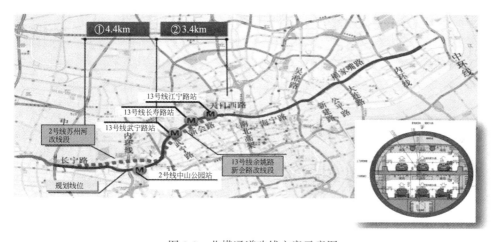

图 3-9　北横通道改线方案示意图

盾构隧道采用单管双层双向 6 车道形式，断面直径 15m。结合工作井布置 8 对出入口联系骨干路网，形成立体交通网络。集约高效、环境友好、低影响度的交通模式，为核心区骨干道路立体化、城市功能更新、交通与环境协调发展提供了新思路。

② 技术标准突破：国内第一条超长小汽车地下快速通道

根据北横以小汽车中长距离到发交通为主交通特征，通过理论计算、既有隧道实测、实验室真人模拟等多种措施反复论证，提出了车道宽度 3.0m，净空高度 3.2m 的小车隧道专用标准，成果纳入了《城市地下道路工程设计规范》CJJ 221—2015，为北横通道采用双层双向 6 车道这一集约化的交通模式创造了条件。

③ 隧道设计技术创新

北横通道采用外径 15m 的超大直径盾构，盾构段长距离穿越上海市中心城区饱和软土地基，并连续穿越 90 多幢既有建构筑物、多条运营轨道线路，多次下穿苏州河防汛墙及大量市政管线，确保结构自身安全和周边环境安全是本项目面临的重大难题。最大穿越深度约 55m，平均深度 25m，最小半径 500m，$R600$ 曲线占比达 60%。在盾构机选型、衬砌结构和防水设计、内部结构、对周边环境保护、应急救援等方面都有重大突破，被誉为盾构穿越的百科全书（图 3-10）。

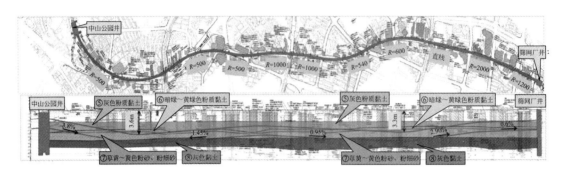

图 3-10　穿越密集建、构筑物

一是攻破超大直径盾构隧道小半径转弯关键技术。外径 15m 盾构隧道首次采用 500m 小转弯半径穿越大量敏感建构筑物，通过采取创新性的管片设计、大变形防水设计、纵向连接装置等技术措施，有效解决了超大直径盾构小半径穿越的技术难题，确保结构和周边环境安全（图 3-11）。

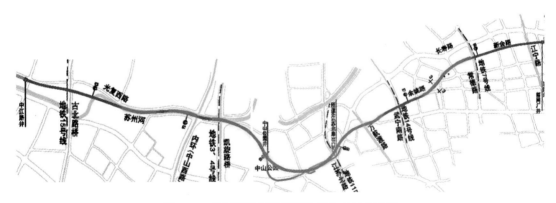

图 3-11　首创两种楔形量管片组合应对小半径

二是首次采用超大、超深盾构过站技术，降低造价，缩减工时。

三是构建双层人车疏散系统。双层隧道上下层间设置人行疏散楼梯，结合工作井设置上下折返车行联络道，构建双层隧道安全疏散体系，保障司乘人员安全。

四是采用分幅围堰明挖法穿越苏州河。首次采用围堰明挖法倒边施工穿越苏州河，有力支撑了总体方案。施工期设置导流槽以满足苏州河防汛安全要求，运营期防汛墙与隧道结构合建。

五是通过桥下基坑净空保障既有桥梁安全。明挖隧道穿越运营桥梁，桥下净空仅 5m，大中型设备难以使用，且施工期间需对桥梁进行保护。围护采用钻孔灌注桩＋MJS 止水帷幕，加大围护插入比，增大围护及支撑刚度，坑内加固。

六是通过小角度长距离上跨地铁 13 号线。筛网厂明挖段需上跨已运营的地铁 13 号线。该段上跨 13 号线段总长度为 246m，其中卸载比大于 0.5 的长度为 100m，需确保地铁运营安全。基坑施工之前，13 号线隧道上方及两侧进行全断面 MJS 门式加固。将卸载比大于 0.5 的区段中间设置多道封堵墙，分为 11 个小仓，建立"弹钢琴"模型。每次只开挖一个小仓，其余小仓不动，待小仓完成封顶后，再跳仓去施工另一个小仓。整个"弹钢琴区"施工期间，地铁 13 号线竖向位移达到了申通地铁要求的不大于 10mm 的目标（图 3-12）。

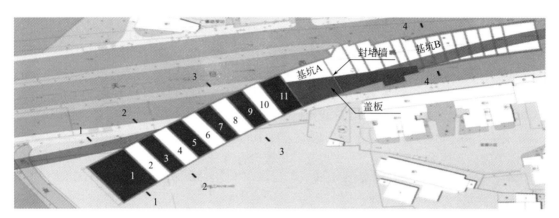

图 3-12　"弹钢琴"施工示意图

七是创新采用清水混凝土装饰工艺。首次在长大地下道路中采用无装饰板清水混凝土装饰工艺，取消常规装饰板，提高混凝土浇筑质量，践行绿色发展理念，并便于后期运营养护。

④ 创新长距离双层隧道通风模式

根据双层隧道空间极为受限的横断面条件，创新提出上层烟道、下层排烟支管的特殊形式，提高排烟效率，保障火灾事故的疏散救援安全，提出下层支管排烟方案并获专利。

⑤ 多点进出超长地下道路的运营方案创新

北横通道出入口众多、建设周期长。相较常规地下道路单一运行模式，提出了"统一管理、分段营运"的理念，为北横通道建成一段、开通一段创造了条件，为超长隧道日后的营运管理、应急救援提供了更为灵活多样的选择。

⑥ 数字化技术创新

数字化技术创新，打造国内智慧隧道标杆。全过程采用 BIM 技术，通过三维建模应用，实现动态漫游、管线搬迁动态模拟、安全评估、三维 VR 可视化、进度质量控制等功能。市内首次运用交通全息感知和智慧防灾、结构健康监测等功能模块，实现高效管理。

⑦ 因地制宜、集约高效

隧道管理中心与武宁路地道管理中心合建，高风塔或设于景观绿地内，或与周边地块结建，集约高效、环境友好。

⑧ 现有立交局部改造功能提升

充分利用现有交通设施，通过对现状交通影响最小的改造方案，完善立交功能提升交通功能，成为市中心区立交改造提升的成功典范。北虹路立交通过增加匝道，实现与中环线的全互通，完善交通功能。天目路立交通过改造现状立交匝道，南北高架由与地面道路衔接调整为与北横通道联系，实现北横通道与南北高架的全互通。

3）应用成效

从经济效益来看，实现了成本节约。一是采用单管双层布置的总体方案，相比常规双管单层隧道，节约土建投资约 20 亿元；二是采用以非开挖为主的实施工艺，减少了沿线约 10km 的土地、建筑和管线征迁，节约征迁费用、缩短建设工期；三是管理中心及风塔与其他工程合建，节约建设用地，投资节省约 1 亿元。

从环境效益来看，实现了节能减排。隧道内照明采用了绿色环保的 LED 光源，LED 调光与传统的荧光灯相比，每年可节约用电 101.2 万 kW·h。

从社会效益来看，为交通规划赋能。一是北横通道的建设完善了城市骨架路网，均衡了路网交通，每天将近 20 万辆小客车转移至地下，释放大量地面空间资源，降低大气与噪声污染；二是对延安路高架、内环和中环北段分流明显。早晚高峰断面流量下降了 5%～7%，有力支持了虹桥枢纽、商务区、国家会展中心等区域的交通疏解和保障；三是对沿线地面道路分流明显。长宁路、长寿路高峰时段双向车流量下降 16%～20%，天目西路、海宁路高峰时段双向车流量下降约 30%。

2. 超高层建筑结构设计技术

（1）技术背景

1）技术领域

适用于多高层及以上建筑，特别是体型复杂、高度超高的高层建筑结构。

2）现有成熟技术简述

我国是一个多地震的国家，而我国大部分高层建筑所在地区恰巧又是地震活动较为频繁的地区，如上海、深圳、广州，这些地区基本风压也较大，因此高层建筑大多要考虑抗震、抗风问题。在我国超高层建筑快速发展的同时，关于超高层建筑结构安全的研究一直在同步进行。一方面国家针对超高层结构设计、综合防灾、围护结构、施工建造、安全监测等方面设立了大量的课题，这为超高层建筑发展提供了强有力的技术支撑；另一方面，行业结合工程进行了大量的试验研究工作，如我国大部分超过 400m 的超高层建筑都进行了模拟地震振动台试验，超过 200m 的超高层都进行了风洞试验等。此外我国大部分超高层建筑都经过了更严格的抗震审查。因此，我国超高层建筑的安全度并不低于其他建筑。

关于防火的安全性，公安部发布的《建筑高度大于 250 米民用建筑防火设计加强性技术要求（试行）》已经采取了更严格的措施。

针对高层建筑，我国建立了包括工程勘察、地基基础、结构设计、施工标准等较为完善的标准体系，标准体系达到国际先进水平。此外，我国有完善的抗震超限审查制度，大部分超高层建筑都经过了更严格的审查。

综上，我国超高层建筑发展无论是在科研、工程实践还是标准体系方面，都取得了系列成果，建立了一套具有中国特色的超高层建筑规划、设计、建造、运营全过程技术体系。

（2）技术内容

我国高层建筑结构体系日趋复杂，高度不断刷新，给建筑结构设计与施工带来了诸多技术难题：既有结构体系不能满足建筑高度增加的需求，新型结构体系破坏机制不明确，缺乏可支撑建筑高度增加和功能多样化需求的新型构件、抗震新技术和配套施工技术。在大量构件试验以及系统数值模拟分析的基础上，结合大量实际工程，通过结构体系破坏机制研究和系列化的组合构件、抗震技术的创新，实现了超高及复杂高层建筑结构体系的完善和性能优化，突破了制约我国超高及复杂高层建筑发展的技术瓶颈。主要创新性成果如下：

1）结构体系设计理论及方法：发现了型钢混凝土框架-核心筒结构倾覆破坏模式，提出了超高层结构抗倾覆性能化设计方法；揭示了组合结构框架与核心筒协同作用原理，提出了框架刚度控制方法；率先提出了高烈度地区多塔楼大跨连体设计理念及方法。填补了超高及复杂高层建筑结构体系设计中的空白。

2）新型关键构件设计方法：首次提出了内置钢板-混凝土组合剪力墙抗震设计方法、钢管混凝土柱受剪承载力计算方法、高含钢率组合柱（墙）设计方法、考虑型钢作用的型钢混凝土构件构造要求等，克服了制约高层建筑高度增加和功能多样化的技术障碍。

3）抗震及隔震新技术：研究了转换层结构、连体结构、体型收进、大悬挑结构等复杂高层建筑结构的受力特点，提出了抗震设计方法；首次将隔震技术应用于高层剪力墙结构，发明了适用于高层建筑的新型变刚度隔震支座及抗倾覆装置。攻克了复杂高层建筑结构地震安全性的难题。

（3）创新点与优势分析

1）创新点

首次提出的框架-核心筒结构抗倾覆性能化设计方法和框架刚度控制方法已成为我国所有超高层建筑结构设计中均采用的方法；

首次提出了内置钢板-混凝土组合剪力墙抗震设计方法、钢管混凝土柱受剪承载力计算方法、高含钢率组合柱（墙）设计方法、考虑型钢作用的型钢混凝土构件构造要求等，内置钢板-混凝土组合剪力墙技术已在我国绝大部分 300m 以上的超高层建筑中使用。

2）优势分析

本项目研究填补了国内外超高及复杂高层建筑结构体系设计中的空白，并取得了一批具有自主知识产权的原创性技术成果，实质性带动了我国超高及复杂高层建筑产业技术升级，提升了国际竞争力。

成果已在上海中心大厦、深圳平安金融中心、广州珠江新城东塔、中国国际贸易中心三期、当代 MOMA 等、成都来福士、成都凯德风尚等数十项代表性的超高及复杂高层建筑结构中成功应用，结果表明：项目创新性成果不仅提高了建筑结构的抗震性能，而且节约了混凝土用量，增加了建筑可用面积，对实现绿色建筑、提高建筑经济性有重要意义。

（4）重点研究攻关方向

当前国家为了规范超高层建筑发展，先后颁布了《住房和城乡建设部　国家发展改革委关于进一步加强城市与建筑风貌管理的通知》（建科〔2020〕38 号）、《住房和城乡建设部　应急管理部关于加强超高层建筑规划建设管理的通知》（建科〔2021〕76 号）等管理办法，严格限制超高层高度，这限制了超高层建筑的健康发展，应从技术角度进一步加大研究，解除政策限制，由市场决定超高层建筑的发展。建议进一步研究攻关方向：

1）从韧性城市角度进一步加强超高层建筑安全度研究

我国抗震设计的整体水准是"小震不坏，中震可修，大震不倒"，这是基于当时的社会经济水平，重点关注人民生命安全。目前，我国经济发展迅速，地震造成的经济活动停滞和城市恢复重建等都将带来不可承受的损失，因此，为适应现在的社会经济发展状况，有必要结合建设韧性城市，适当提高城市密集区的抗震设防标准，提高城市的综合防灾能力。所以，宜开展超高层建筑结构韧性设计理论与方法、超高层建筑结构韧性评估理论与体系研究。

2）加强对高强混凝土、高强钢筋的研究与应用

我国基本建设规模居世界首位，水泥和钢材用量巨大。国家提出的"双碳"目标，对建筑行业带来新的挑战。加强对高强混凝土、高强钢筋的研究与应用，在超高层建筑中推广使用高强高性能材料，采用新型组合构件，可以节省大量的材料和能源，减少碳排放，有非常重大的现实意义。

3）超高层建筑舒适性提升技术

加强以下技术研究：超高层建筑振动舒适性提升技术；超高层建筑的环境舒适性优化技术；既有超高层建筑舒适性高效提升技术；既有超高层建筑空气质量控制技术。

4）超高层建筑综合防灾与应急技术

研究火灾、地震、风灾下的应急救援；研究超高层建筑结构在多灾害耦合作用下的综合防灾技术；城市高密度区超高层建筑防火与消防综合技术。

5）超高层建筑智慧运维技术

研究建筑信息化与智能化在超高层建筑建设和运维全过程的集成应用技术，基于"5G＋AI＋物联网"技术，建立集智能控制、风险评估、监测预警一体化的超高层建筑信息平台。

3.3.3 装备制造与工艺类关键技术

1．单塔多笼循环运行施工电梯

（1）技术背景

施工升降机作为一种特种设备，对建筑施工的整体工期和效益有重大影响，建筑施工过程中，为了满足人员和材料的垂直运输需求，往往会配置多台施工升降机。现有施工升降机存在的问题：1）导轨架上最多只能运行2部梯笼，导轨架运输能力低下。2）施工升降机大量依赖人工操作，自动化和智能化水平低下，人员操作失误安全风险大，施工运行效率低。3）施工升降机的安全性能落后。

（2）技术内容

多部施工升降机梯笼在单个轨道上要实现循环运行，就必须打破常规施工升降机单边"直上直下"的传统运行方式，因此规定，所有的梯笼从导轨架的一侧上行（例如左侧），到达目的楼层，完成运输任务之后，再运行至最近的旋转换轨装置，完成旋转换轨，变换至另一侧（右侧）的下行轨道，向下运行，到达底部旋转换轨装置之后，在底部旋转换轨装置又变换至原始上行轨道，如此，所有梯笼均按照设定的运行方向和路线"左上右下"循环运行（图3-13）。

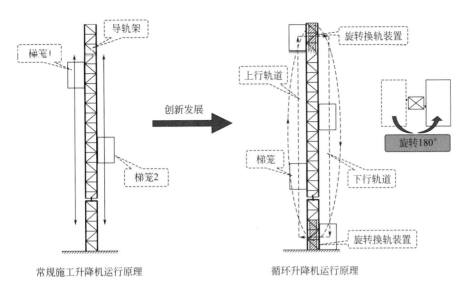

图 3-13 升降机循环运行原理

（3）创新点与优势分析

1）全球首创在单根导轨架上能循环运行多部梯笼，导轨架运载能力可提升 2～5 倍。

2）全球首创梯笼旋转换轨技术，能实现梯笼一键高效安全地变换轨道，换轨时间最快仅需 40s。

3）全球首创多梯笼群控调度控制系统，能对所有梯笼进行集中监控和合理调度。

4）全球首创导轨架竖向卸载附着技术，分段卸载导轨架荷载，减小底部导轨架壁厚50％，架设高度不再受限，通用性强。

5）全球首创多梯笼防碰撞三重防护安全保障技术。

（4）技术指标

1）最大安装高度 650m；

2）最多可运行 6 部梯笼；

3）梯笼额定速度 90m/min；

4）梯笼额定载重 2t；

5）旋转换轨时间 40s 以内；

6）竖向卸载附墙承载力 20t。

（5）经济指标

一部循环运行施工升降机可以取代常规 2～3 部双笼施工电梯，临时措施少，作业面预留少，节省建造工期，节约建造成本。

（6）适应范围

循环运行施工升降机适用于高度超过 200m 的高层建筑建造施工。

（7）应用实例

案例一：深圳城脉金融中心大厦总承包工程

1）项目背景

单塔多笼循环运行施工电梯于 2020 年 9 月～2022 年 9 月应用于深圳城脉金融中心大

厦总承包工程。城脉金融中心大厦项目为深圳市罗湖区城市更新工程，被称为深圳市在建第一高楼。该项目位于深圳市罗湖区红岭北路与桃园路交会处，由中国建筑第三工程局有限公司（简称"中建三局"）承建。项目地下 7 层，地上 70 层，基坑深度 37m，建筑高度 388m，地下天然岩层条件良好，主塔楼区域采用天然筏板基础，总建筑面积约 18 万 m²，总造价约 20 亿元。

城脉金融中心大厦为钢结构主体框架，超高层异型结构，外立面呈倾斜设计，由于项目外框结构整体先向外扩再向内收，每一层钢梁布置形式均不一样。该项目的亮点在于采用了中建三局自主研发的包括"单塔多笼循环运行施工电梯技术"在内的智能建造新技术，这些技术的应用极大地提升了施工的安全性和效率。

2）应用情况和应用难点

深圳城脉金融中心项目主塔楼高度 380m，系深圳在建第一高楼，主体结构施工期间，在塔楼西侧应用安装一台循环施工电梯，安装高度 -25~370m，安装楼层 B4~70F，总计投入 6 部梯笼，1 套群控调度系统，3 部旋转换轨机构，3 道竖向附着装置，1 套无电缆分段供电系统。项目首次进场安装时间为 2020 年 9 月 15 日，最终拆除时间为 2023 年 4 月 28 日，历时 19 个月。

本电梯为 SC 系列施工升降机，型号为 SC6-200X，该电梯单个梯笼额定载重量为 2.0t，单个梯笼尺寸为长 3.2m×1.6m×2.5m，电梯可实现梯笼旋转换轨，使吊笼上下运行。

在本项目中，为适应超高层建筑的运力需求，采用了循环施工电梯作为垂直运输设备，主要服务于工程项目主体结构、幕墙工程、二构装修和机电设备安装等阶段的砌体、粗装修材料、精装修材料、机电材料等运输及人员的上下楼层运输，其特点在于在单根导轨架上布置多部梯笼，从而在低于传统施工电梯的成本内，成倍地提高导轨架的利用效率，减少了传统施工电梯所需的安装面、安装孔等影响后期收尾施工工作量的因素，从而缩短了施工工期。

但是在单根导轨架上同时运行多部梯笼，就会加大运行的复杂度，为了避免相撞，就需要梯笼有序运行，即一侧上，另一侧下，也就产生了旋转的需求，即上行到顶端就需要换轨到下行侧，下行到底端就需要换轨到上行侧，因此，就需要一种旋转换轨机构来实现梯笼"掉头"的功能，且旋转换轨机构也可以在导轨架的中间段（目标楼层）布置，梯笼在目标楼层完成运载任务后，通过最近的旋转换轨机构实现"掉头"，避免无谓"空跑"，从而提高运载效率。

而为了保证在项目应用时能及时响应不同的乘梯需求，了解梯笼的所处位置、高度、速度及载重量等信息，提供了一个集中的调度管理系统——群控调度系统，能同时且高效地调度多个梯笼，以快速响应乘梯需求，从而使运力提升。

为了解决多梯笼同时运行时的供电问题，常规的梯笼随行电缆因会发生缠绕问题而不可用，且其功率会随着梯笼数量增加而成倍增大，针对此技术难点，我们设计了一种全新的供电方式——无电缆分段供电系统，充分利用在一定高度的导轨架内同时只运行固定数量的梯笼这个规律，进行分段供电，使得缠绕和功率过大的输电问题得以解决。

3）应用成效

循环施工电梯在深圳城脉金融中心项目上的应用成效，主要体现在施工质量提升、经济效益显著、大幅节约工期及其他社会效益。

从质量提升来看，主要体现在：①开孔数量少，避免后期补修水现象发生；②占用外立面较少，工序可以提前穿插，降低结构泡水风险。具体详见以下说明：

在主体结构施工阶段，施工电梯主要用于人员上下班和小型材料运输，电梯导轨架需要通过附墙架临时固定在建筑结构主体上，一般来讲，附墙架与主体结构的固定方式有预埋焊接支座、现场临时水钻开孔等，在高层建造施工时，布置的多台电梯需要预埋较多的预埋件或临时开孔，对于主体结构的质量造成一定影响，如预埋需要在前期混凝土浇筑之前完成，预埋件制作和定位工作量大，预埋件有可能会与主体结构钢筋干涉，模板支设存在台阶等，施工质量难以保证，后期电梯拆除之后，预埋件的清理和主体结构外观修复，也会带来额外的工作。如果采用临时水钻开孔等方式，也存在着电梯拆除之后结构修复、后补防水等额外工作。采用循环施工电梯代替常规电梯，导轨架的预埋件或开孔数量可以减少 50％以上，主体结构后期的修补工作大大减少，极大地提高了主体结构的施工质量。

在幕墙工程、二构装修和机电设备安装等阶段，施工电梯主要提供幕墙板块，二构装修和机电设备的运输。施工电梯安装位置的外立面由于无法封闭，存在雨水等恶劣外部环境浸入的可能，所以相应位置的后续施工工序必须等电梯拆除之后才能进行。在提供相同运力的条件下，循环施工电梯占用较少的外立面，相应位置的幕墙板块可以提前安装，外部幕墙安装之后，二构墙体、精装修等工序也可以提前插入，机电设备也可以同步开展，对于这些工程工期和质量提高非常明显。

从经济效益来看，设备成本直接经济效益对比如表 3-8 所示。

设备成本直接经济效益对比　　　　　　　　　　　　　　　　　表 3-8

类别	6 笼循环施工电梯	三台常规施工升降机
升降机梯笼	6 部	6 部
导轨架高度	370m	3 根 370m
附墙数量	380m 高度,总计 60 道	380m 高度,总计 3×60 道
群控调度及安全控制系统	具备	无
楼层呼叫系统	74 套	3×74 套
楼层进站门及平台	74 套	3×74 套
升降机安拆费及塔式起重机台班费	1 次安装费,1 次拆除费	3 次安装费,3 次拆除费
费用对比	低	高

从工期节约来看，以深圳城脉金融中心项目为例，使用循环施工电梯，可以减少幕墙占用面积 2/3，幕墙部位相关施工工序可以提前开展，预计可节约总工期 3 个月，间接经济效益巨大。

从其他效益来看，一是促进专业人才培养。项目受邀做论坛报道 20 余次，举办项目观摩百余次，行业推介数次，央视媒体报道数次，社会影响强烈。项目的研发，培养了一批综合素质过硬的重大装备研发人才；项目的应用和推广，锻炼了一批技术过硬，经验丰富的新产业工人。该项目总结形成了一批专利技术、施工工法、专著论文，并获得多项省部级奖励，在业内形成积极影响，为今后同类创新成果的产出和应用提供了积极示范作用。

二是引领行业技术进步。该项目为国家"十三五"重点研发计划，通过单导轨架多笼循环运行施工电梯的研发、应用和推广，促进了建筑施工行业的可持续发展，使得现场施工更加高效、智能和安全，能够有效节约劳动力、降低施工成本、缩短工期，并显著提高施工质量。同时促进了建筑起重机械行业智能化技术的更新与发展，为类似行业技术创新及改进提供了借鉴经验。

三是打造"中国建造"名片。通过对重大核心技术装备的自主研发和应用，增强了企业的核心竞争力，助力中国建筑擦亮"中国建造"的靓丽名片，矢志不渝推动高质量发展，立足新发展格局，贯彻新发展理念，构建新发展格局紧跟全球化步伐，在"一带一路"倡议发展中输送一批"中国建造"项目，推动提升中国品牌的全球影响力。

4）后续展望

现阶段单塔多笼循环运行施工电梯技术在运输效率、作业面适应性、设备安全性、经济效益等方面都较优的领先于传统的施工升降机。但是也还存在亟待优化的问题，以深圳城脉金融中心项目应用为例，改进方向主要提升了设备运行的可靠性，但设备关键核心零部件均为进口，成本高，工期长，对产品产业化推广不利。同时，该成果为特种设备领域的创新技术，现有规范、规程无法完全适用于本技术，目前已形团体标准，后续需加快实现地方标准、国家标准等的形成，以便于本成果更好的推广应用。

今后工作的主要方向：

① 零部件国产化替代，结构轻量化优化设计等工作。通过零部件国产化，将大幅缩短供货周期，降低设备成本，且增加其零件的可替代性，便于设备零件的更新替换。同时通过合理的结构设计、材料选用，将结构轻量化，使运输、吊装、拆卸过程经济效益更加显著。

② 接口普适性改造，提升设备的标准化能力。将旋转节进行技术改良，优化设计，使其安装尺寸接口适用于市面上目前的通用导轨架标准节，能普遍通用于目前市场存量的标准导轨架、主机厂家新产的导轨架。同时调度系统增加普适性，使其能兼容不同主机厂家的梯笼接入。两个方向同步深化，使成果的推广更便捷通用。

2. 高层建筑轻量化高效施工装备集成平台

（1）技术背景

随着国家城镇化率的逐步提高，人口进一步向大中城市聚集，城市中心的土地属于存量资源，规划修建更多的高层住宅，提高人口、经济聚集效应，成为各大中城市的必然选择。在限高政策的导向下，高层住宅建筑在未来仍有较大的增量市场。

当前高层住宅常采用竖向和水平结构同步施工＋外立面爬架防护的工法模式，爬架仅作为外立面的安全防护设施，刚度强度低，难以满足更多设备设施集成需求，在提升现场工业化建造方面，潜力远远不足。

（2）技术内容

高层住宅轻量化高效施工装备集成平台（"住宅造楼机"）是中建三局借鉴重载型施工集成平台（"空中造楼机"）十余年的技术积累，通过轻量化、标准化的创新，开发的面向普通高层住宅的施工平台，包含顶升支承系统、钢平台系统、挂架系统、模板系统、辅助作业设备设施系统、安全防护系统、全天候作业保障系统等系统，集成了物料堆载、安全防护、喷淋养护、降温除尘、混凝土布料等功能，显著提升了高层住宅施工现场的工业化建造水平（图3-14）。

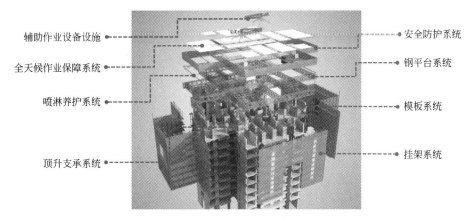

辅助作业设备设施 ●————————————————● 安全防护系统

全天候作业保障系统 ●————————————————● 钢平台系统

喷淋养护系统 ●————————————————● 模板系统

顶升支承系统 ●————————————————● 挂架系统

图 3-14　住宅造楼机组成

（3）创新点与优势分析

采用标准型贝雷架、通用型支点及全装配式可周转预埋件，有效提高构件标准化率和周转率；研发步履式多级防坠支承系统，降低顶升作业对油缸行程的要求，提高支承系统经济性，有效保障作业安全；集成自动伸缩雨篷、喷淋养护等设施，摆脱了恶劣天气对施工的影响，延长了施工作业时长，节省了施工工期；挂架高度覆盖 5 层半结构层，平台防护安全性更高，为立面多工序流水化作业提供了条件，有助于实现精益建造。

（4）技术指标

该平台整体用钢量可控制在 $0.6t/m^2$，主承力体系安装仅需 3～4 个工作日；单支点采用顶推力 70t 行程 800mm 小行程油缸，顶升一个结构层总时间可控制在 2h；利用平台上下弦杆，可集成雨篷、悬挂式布料机等设备设施。

（5）经济指标

单从一次性设备投入成本而言，对比爬架工艺体系，在同等功能替代情况下，住宅造楼机还存在 10% 的价值缺口；经模拟评估，在规模达到 50 台的情况下，住宅造楼机可降低成本 15%，能达到全面替代的条件。

（6）适应范围

高层住宅轻量化高效施工装备集成平台（"住宅造楼机"）主要适用于 100～200m 高层住宅建筑，通过 3 次以上周转使用，有效发挥住宅造楼机的经济效益。

（7）应用实例

案例二：重庆中建御湖壹号项目 20 号楼

1）项目背景

高层住宅轻量化高效施工装备集成平台（"住宅造楼机"）技术于 2020 年 4 月～2021年 5 月首次应用于重庆中建御湖壹号项目 20 号楼，该项目 20 号楼地下 2 层、地上 41 层（不含屋面层、机房层），41 层屋面标高 125.60m，机房层屋面标高 131.00m，地上部分 1层、14 层、27 层为非标准层，2～41 层为标准层，层高 3m。

2）应用情况和应用难点

本技术在重庆中建御湖壹号项目 20 号楼于 2020 年 4 月完成安装，5 月完成首次顶升，2021 年 4 月已安全且高效完成全部顶升作业，主体结构施工完成，2021 年 5 月顺利拆除。

本技术主要用于 60～200m 住宅、公寓等高层建筑主体结构施工，目前已应用于重庆中建御湖壹号（131m）等十余个项目（图 3-15）。

图 3-15　重庆中建御湖壹号项目 20 号楼

多级防坠步履式顶升技术：根据高层住宅施工现场实际需求，研发多级防坠步履式顶升技术，新设计点式钩爪附墙支座，方便附墙支座周转；新设计支撑立柱，匹配单支点 600kN 受力需求。然而，新型附墙支座和新型支撑立柱能否满足受力需求难以评估，支点部位的墙体承载力能否满足要求也难以研判。设计团队采用大型有限元分析软件对附墙支座和支撑立柱受力分别进行了计算分析，根据计算结果对附墙支座和支撑立柱结构进行了改进，使其满足设计要求；采用大型有限元分析软件对支点处的墙体承载力进行了计算分析，经验证墙体承载力满足受力要求。同时，在该技术实际应用前，设计团队委托重庆重大建设工程质量检测有限公司对住宅造楼机支点部位的墙体进行了荷载试验，试验检测结果表明：加载至 600kN 时，住宅造楼机支撑系统满足受力要求，支点部位的墙体承载力满足要求。最终，设计团队通过有限元分析＋荷载试验的双重验证方式，确保了新技术的设计安全，为新技术在项目现场的顺利实施提供了可靠保障。

3）应用成效

提供技术应用后的具体数据和分析，阐述该项技术对项目整体质量的影响。尽可能提供应用成效的数据支持，如成本节省、工期缩短、性能提升、节能减排等指标，展示该项技术在工程建设中的重要性。

一是模块化。钢平台采用轻量化贝雷架设计，相比于传统钢桁架平台，架体自重轻，无焊接连接，安拆速度快，构件周转率可达 80％。

二是集成化。平台刚度大，整体性好，可满足液压布料机、辅助作业机器人等智能化设备设施集成需求。

三是全天候。搭载具备防雨、防晒、降温、加湿等功能的全天候防护罩棚，减小天气对施工作业的影响，打造"工厂化"作业环境。经统计，高温天气下可降低温度多达 15℃，梅雨季节可延长施工时间 30％以上。

四是多覆盖。集成造楼平台可覆盖 4～6 个作业层，实现多工序空间流水施工，提升工效 20％以上。

住宅造楼机技术属于全球首创，集成液压布料机等智能化设备设施，提高了施工现场智能化作业水平；采用轻量化高抗剪贝雷架平台体系，实现平台积木式模块化组装；集成全天候防护雨篷，有效改善了施工现场作业环境，提高了施工人员作业的舒适度。该技术提升了平台的安全保障，缩短了施工工期，彰显了企业品牌，取得了良好的经济效益和社会效益。

4）后续展望

一是有效提高了施工现场的工业化建造技术，为应对产业工人老龄化、推动施工建造技术升级提前布局。通过轻量化、标准化、智能化创新，在集成设备设施的同时，降低平台自重、提升材料通用性和设备可周转性、摊薄造价、提升智能作业水平，对提升现场工业化建造技术发展将更具普适性、普及性和产业价值，具有广阔的推广应用前景。

二是将持续从打造适用于人机高效作业的全天候施工环境、研制覆盖多工序且普遍适用的智能建造装备及建筑机器人、研究施工现场复杂环境下全过程关键要素高可靠感知技术、开发以造楼机为载体的工程数字孪生管控平台系统四个方面进行持续研究，以满足工程现场智能建造平台载体需求，促进人—机—环相互融合，完成施工现场关键要素的智能感知与传输，实现实时、安全、高效的现场管控。最终，本技术将形成一套基于造楼机的人—机—环高度融合的智能建造模式，打造少人化乃至无人化建造场景，具有广阔的应用前景。

3. 整体自动顶升廻转式多吊机集成运行平台

（1）技术背景

超高层建筑吊机布置，常规采用外挂、内爬等形式附着于建筑主体结构，吊机位置固定，吊装范围有限，爬升工艺复杂。为满足吊装需要，施工单位往往会投入数部大型吊机，且附着、爬升耗时费力，投入大、工效低，成为制约超高层建筑施工的关键技术难题。

（2）技术内容

整体自动顶升廻转式多吊机集成运行平台（简称"廻转平台"）由支承与顶升系统、廻转驱动系统、钢桁架平台系统和吊机支座组成（图 3-16）。吊机置于钢平台系统上，依

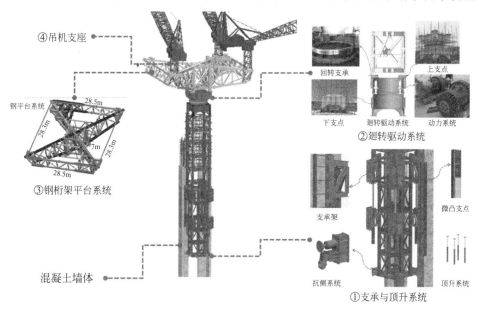

图 3-16　廻转平台组成

托廻转驱动系统可进行 360°整体圆周移位，大幅拓展了吊机吊装范围，因此可根据吊装需求选择大小级配的吊机进行合理配置，充分发挥每台吊机的工作性能。平台支撑顶升系统为微凸支点形式，依托平台可以实现多吊机整体、连续、快速、安全顶升，简化各吊机附着、爬升工艺。

（3）创新点与优势分析

廻转平台可通过整体移位大幅拓展吊机吊装范围，优化吊机配置，实现吊机的大小级配；通过钢平台整体顶升实现多台吊机同步顶升，优化传统吊机各自爬升复杂工艺，提高集中管控安全性；支承系统仅需单个井筒进行布置，大幅降低了吊机布置难度；多吊机可互为备份，避免吊机维修对工期的影响，显著提高了垂直运输系统的鲁棒性。

（4）技术指标

该技术可集成 4 台吊机，其中最大吊机可为吊重 100t，起重力矩 2700t・m 级别吊机；平台整体竖向承载力可达 2000t，倾覆力矩达 10000t・m；多台吊机顶升一个结构层总时间可控制在 6h。

（5）经济指标

可优化 2～3 台大型吊机为较小级别吊机，节省 30%～40%的吊机租赁费用支出；节省了吊机预埋件及支承梁（架）转运措施费用 300～600 万元/台，且无焊接及氧割，作业安全，绿色环保；每层可节省工期约 15%。

（6）适应范围

廻转平台主要适用于 300m 以上超高层建筑施工，可优化吊机的选型配置，有利于吊机功效的发挥。

（7）应用实例

案例三：成都绿地 468 项目

1）项目背景

廻转平台技术于 2016 年开始应用于西南第一高楼——成都绿地 468 项目，该项目地下 5 层、地上 101 层、建筑高度 468m，结构形式为巨柱框架-核心筒结构，外框设计为 16 根劲性混凝土柱及巨型斜撑构成的框架体系。

2）应用情况和应用难点

本技术在成都绿地 468 项目于 2016 年 11 月完成安装，12 月完成首次顶升，2022 年 3 月已安全且高效完成全部顶升作业，经历了九寨沟 7.1 级地震、8 级大风、近 50t 重型构件吊装等多重考验。

吊机基座平台无胎架廻转式安装技术：根据成都绿地 468 项目使用需求，廻转平台配置一台 ZSL1250 型动臂塔机，前期将该塔机安于地面，利用该塔机安装廻转平台及平台其余塔机后，再将 ZSL1250 转至廻转平台。然而廻转平台主桁架构件及节点最重达 40t 以上，廻转平台尺寸达 30m，达到吊机吊装极限，如何在现有设备条件下安全高效的安装平台是一个难题。最终采用的方案为提前安装调试好廻转驱动，利用平台 360°廻转功能，将待安装部分廻转至塔机附近的无胎架廻转式安装技术。结合有限元施工过程模拟结果，规划好安装顺序及廻转角度、方向，依照先主桁架、后次桁架，最后联系杆件的安装顺序，保障安装过程整体结构的强度、刚度及稳定性（图 3-17）。

图 3-17　吊机基座平台无胎架廻转式安装技术

基于有限元模拟的平衡顶升技术：根据廻转平台设计理念，利用其廻转功能，仅需配置一台大型塔机即可满足所有大型构件的吊装要求，实现大小塔机的合理级配。因此，平台设计以及塔机荷载分步导致整体结构本身具备不平衡性。此外廻转平台下部立柱相较于上部平台尺寸小，类似"头重脚轻"悬挑结构，其顶升过程易造成局部支点受力过大，同步性控制难度较高。借鉴塔机配平顶升理念，对平台搭载的三台动臂塔机体系进行详细参数化有限元模拟，拟合出其最佳仰角、大臂方位等参数，使廻转平台整体处于基本平衡状态，保障顶升过程油缸的安全性及同步性（图 3-18）。

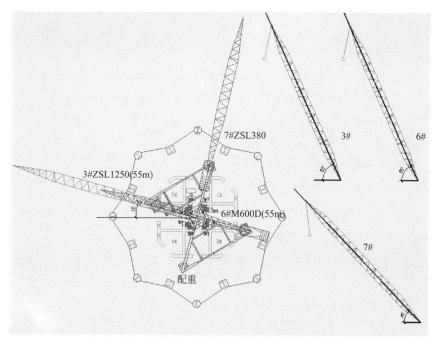

图 3-18　基于有限元模拟的平衡顶升技术

3）应用成效

① 多吊机集成平台廻转系统。最大限度发挥吊机运载功能，优化吊机配置，减少吊机投入费用 30% 以上。

② 高承载抗倾覆附墙支承技术。可自动顶升并周转使用，节省吊机预埋件及支撑梁转运费用 300～600 万元/台。单个项目工期缩短 2 个月以上且无焊接及氧割，作业安全、环保。

③ 大净空多吊机自平衡平台集成技术。多台吊机共用一个基座，实现多台吊机同步整体自动顶升，改变传统高层施工时各吊机的顶升施工工艺，多吊机智能化协同使用功效提升 30% 以上。

廻转平台技术属于全球首创，其关键技术最大限度发挥吊机运载功能，实现资源和费用节约，大幅提升吊机使用功效与管控水平，显著提升整体施工效率，减少环境污染。

4）后续展望

目前我国对地标性超高层建筑高度的限制，决定了其垂直运输及塔式起重机运力需求将有一定的降低，对廻转平台的推广应用有一定的不利因素。然而，针对国外特别是中东地区，仍有较多的地标性超高层建筑建设需求，以廻转平台等为核心的超高层建造解决方案可助力我国承接国际超高层项目，促进建造技术的输出。此外，类似于廻转平台多塔机集成的装备集成理念，利于管理，且显著拓展了设备的功能边界，将对后续施工作业集成平台集成更多的智能化多功能设备设施提供研发思路。

4. 基于 5G 的塔机远程控制

（1）技术背景

针对塔机高空操控环境差、风险高、工效低等问题，提出基于 5G 远程通信的多信息融合远程控制。改变塔机传统的作业模式，全面获取塔机侧信息并利用 5G 通信传输到地面，采用多信息融合远程控制技术辅助操作人员在地面端进行远程吊装作业，改善操作人员的工作环境，提高安全性能；同时利用集中管控技术实现多台塔机的集中管控，提高运维水平。

（2）技术内容

整个系统包含以下几个部分：1）集中管控平台：部署在边缘云服务器上，提供通信中转服务、应用程序服务、视频服务等（图 3-19）；2）塔机侧监控系统：一方面通过多视频多传感器集成的现场信息采集系统，全面获取现场塔机及周边环境的状态，另一方面通过网关控制器实现远程控制指令和塔机本地控制系统的数据交互（图 3-20）；3）地面侧操作客户端：通过沉浸式操作终端，一方面采集操作命令实时可靠地发送给塔机侧，另一方面通过各种方式将感知系统的全方位信息实时有效地反馈给操作人员（图 3-21）。

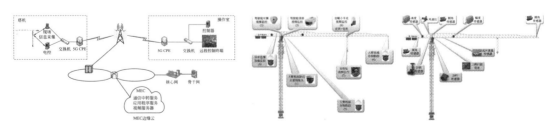

图 3-19　系统整体配置　　　　　　　图 3-20　塔机侧视频及传感器设备配置

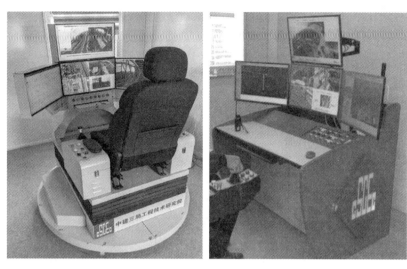

图 3-21 地面操作客户端配置

（3）创新点与优势分析

1）能够利用城市公共 5G 基站实现远程通信的快速组网。通过集中管控技术，实现多台塔机和多个操作端的快速灵活接入和综合高效管控，同时能够实现塔机异地吊装作业。操作客户端可以集中布置在操作中心，能够实现集中作业，操作客户端也可以分散配置在单独的操作室，灵活开展吊装作业（图 3-22）。

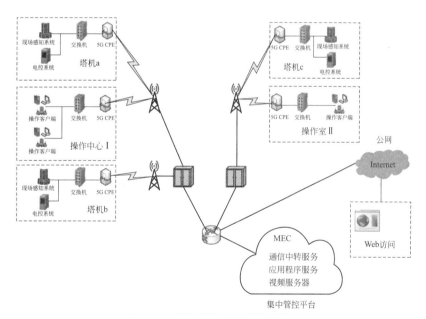

图 3-22 多台塔机多个操作端接入

2）基于三维重建技术，构建塔机及周边工作环境的数字模型及监控系统，实时虚拟吊钩及吊装物体在模型中的位置，实现三维碰撞信息的实时监控（图 3-23）。

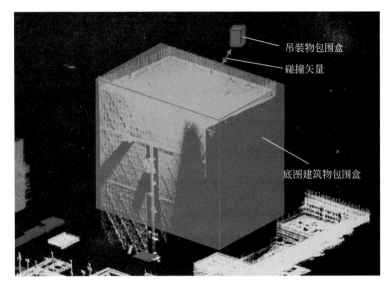

图 3-23　三维碰撞信息检测

（4）技术指标

1）控制信号平均时延≤50ms，视频信号的平均传输时延≤100ms，视频信号的总体时延＜500ms（包含视频信号的编码时间、通信传输时延及视频信号的解码时间）。

2）对于塔机及周边环境的三维重建检测系统，分辨率高于 0.2m（距离塔机驾驶舱100m 处）。

（5）经济指标

1）塔机操作人员在地面进行吊装作业，减少攀爬塔机的时间，增加作业时间。

2）一个操作人员可以分时操控多台塔机，根据塔机使用需求对操作人员进行调度，提高人员利用率，降低人力成本。

（6）适应范围

主要是针对建筑施工现场的塔式起重机机作业，实现操作人员在地面端进行远程吊装作业，改变塔机操作人员的工作环境和管理模式，做到安全高效。

（7）应用实例

案例四：塔机智能集控系统工地应用案例

1）项目背景

塔机智能集控系统是专为施工现场塔机量身定制的数字化控管设备，主要由数据感知、网络传输、远程操控、集中管控及安全保障五大模块组成，实现了将塔机高空作业变革为地面室内集约化作业，旨在简化塔机操作、提高作业效率和安全性，提升现场数字化管理水平。

本项成果通过塔机全要素实时感知与传输技术、智能远控技术、多塔机集约化管控技术等研究，实现操作人员在地面端进行远程吊装作业；通过开发群塔集中管控技术，实现多台塔机、多操作端的灵活接入和综合管控。成果主要功能特点如下：

① 低时延高可靠性：基于边缘云技术，实现现场作业期间控制系统的高可靠性和远程通信毫秒级低时延（图 3-24）；

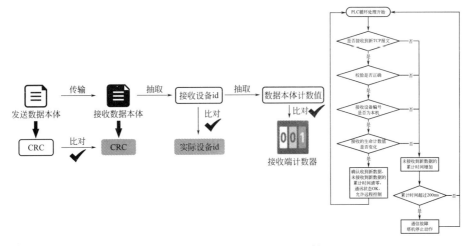

图 3-24　通信数据多重校验机制

② 沉浸式操作体验：利用体感座椅操作终端反馈塔机侧前俯后仰、左倾右倾、360°旋转的状态，带来沉浸式操作体验（图 3-25）；

图 3-25　沉浸式操作环境

③ 多塔机多操作端集约化综合管控：基于云端的管控平台，能够接入多塔机多操作端，一个人能够分时操控多台塔机（图 3-26）；

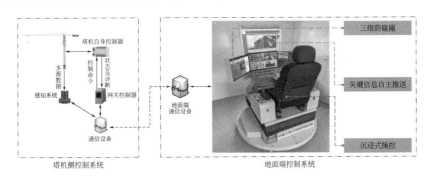

图 3-26　塔机远程控制系统

④ 多功能辅助操控及个性化配置：通过百分比和颜色反映执行机构的位置，提示司机极限位置和减速位置，同时能够记录安全高度、频率较高的目的地等位置的数值，并可以根据每个司机的喜好调整要显示的内容和显示的位置（图3-27）；

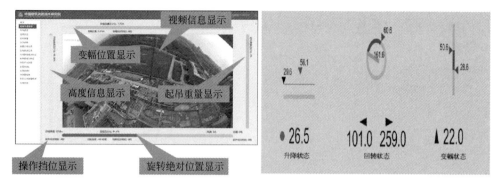

图 3-27　塔机辅助操控界面图

⑤ 基于5G远程通信的异地吊装：基于公共5G基站，快速完成远程通信组网，通过网络优化配置保证通信质量，实现异地吊装作业（图3-28）；

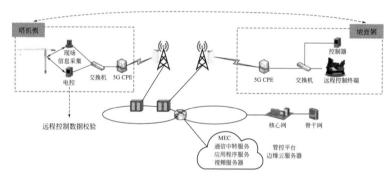

图 3-28　远程通信网络架构图

⑥ 吊装物体自适应实时防碰撞：基于三维重建技术构建塔机及周边工作环境的数字模型及监控系统，实现吊装物体三维碰撞信息的智能监控（图3-29）。

图 3-29　碰撞信息可视化

2）应用情况和应用难点

① 大兴临空经济区发展服务中心工程应用实例

大兴临空经济区发展服务中心项目打造全球首个 SA 独立组网的 5G 智慧工地，以此为基础对 5 号塔机进行远程控制改造，在行业内首次实现施工现场 5G 环境室内远程控制塔机的实际吊装作业。使用情况良好，大幅改善了司机的作业环境（图 3-30）。同时，以该塔机为载体，在世界 5G 大会和大兴智能安保基地项目控制室实现了塔机异地吊装作业（图 3-31）。

图 3-30　大兴临空经济区发展服务中心项目应用

图 3-31　塔机异地吊装作业

② 湖北省广播电视基地项目一期工程应用实例

湖北省广播电视传媒基地是国家广电总局批准的中部地区第一个国家级广播影视内容媒体基地的核心板块、湖北省最大公建项目。以该项目 2 号塔机为载体，行业内首次基于城市公共 5G 基站在实际项目现场完成塔机远程吊装作业。远程吊装作业运行情况良好，并完成了大尺寸钢结构悬挑的吊装作业任务。行业内首次采用了体感座椅操作端，不仅以视觉、听觉的方式全方位展示现场的状态，还能够以体感的方式实时反馈塔机现场的状态，营造沉浸式体验（图 3-32）。

③ 光谷科技金融产业园工程应用实例

光谷科技金融产业园项目一共使用了 2 台塔机，都完成了远程控制改造，行业内首次实现单个项目多台塔机集中远程控制。操作人员在操作端登录后，能选择两台塔机中的任意一台进行远程操控，并且能够一键切换到另外一台塔机。在操作端，将塔机及周边环境的状态全方位展示给操作人员，包括传感器数据、视频信息、诊断信息、故障信息、标定信

图 3-32　湖北省广播电视基地项目应用

息、历史记录、塔机碰撞信息等。基于三维重建技术构建塔机工作场景的数字模型及监控系统，实现吊装过程中吊装物体三维碰撞信息的自适应实时监控，提升了安全性能（图 3-33）。

图 3-33　光谷科技金融产业园项目应用

④ 武汉光谷科学岛科创中心工程应用实例

光谷科学岛科创中心一期（一期）项目配置 5 台塔机，利用集中管控技术，实现 5 个操作端、5 台塔机的接入和综合管控。操作人员在任意一个操作端登录后，能够选择任意一台空闲塔机进行远程操控，单人能够分时操控多台塔机，提高司机利用率，减少人员投入，在项目初期 5 台塔机配置了 10 个司机，逐渐减少到 6 个司机（图 3-34）。

图 3-34　光谷科学岛科创中心一期（一期）项目应用

⑤北京商务中心区（CBD）核心区 Z4 地块项目应用案例

北京商务中心区（CBD）核心区 Z4 地块项目为民生银行全球总部办公大楼，建筑高度 140m，地上 26 层，地下 6 层。以该项目 3 号塔机为载体，行业内首次针对液压驱动的动臂塔，实现室内远程吊装作业（图 3-35）。

图 3-35　北京商务中心区（CBD）核心区 Z4 地块项目应用

3）应用成效

① 实现成本节约。一是采用塔机智能集控系统颠覆传统作业模式，省去司机攀爬塔机的时间，提高司机有效工作时长；二是通过多信息融合远程控制实现高效的人机协同，提高吊装作业效率，节省关键线路工期；三是单人能够分时操控多台塔机，提升全项目周期司机利用率，减少塔机司机投入，节约综合人工成本。

② 实现质量与安全提升。基于本成果的吊装过程安全稳定、高效快捷，且可达到少人化智能作业，实现了以技术保安全、以产品强管理、以创新促市场，助力主业公司履约创效、抢拿订单，获得了央媒、政府部门、市场同行等重点关注，应用本成果产生的质量与安全提升情况如下：

一是通过将单台塔机高空就地操作改为地面室内作业，从根本上改变了塔机操作人员的工作环境，彻底消除了吊装作业环节的塔司人身安全隐患；

二是针对解决隔山吊、地下室吊装场景下，彻底消除吊物与周边环境碰撞的安全隐患，大幅提升吊装安全性、效率与精准度；

三是根本性改善了塔司作业环境，解决塔司生理卫生需求，消除了其对施工现场环境造成的不良影响，消除了塔司原有职业病的困扰；

四是通过塔机作业过程的全要素信息感知，为塔司开启"上帝视角"，通过智能辅助控制技术，提高作业效率，降低了塔机吊装过程中安全事故的发生（图 3-36、图 3-37）。

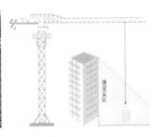

图 3-36　塔机倒塌、火灾等事故，以及塔司视觉盲区

图 3-37　基于本成果的室内安全、舒适吊装作业

③ 缩短了工期。应用塔机智能集控系统进行吊装作业，大幅提高了单次吊装速度，项目吊装作业整体用时缩短了 15％以上，特别是隔山吊、地下室吊装、精准吊装等特殊场景的单次吊装用时缩短 50％以上。

4）经验与教训

一是在北京大兴临空经济区发展服务中心项目应用时，采用自建 5G 专属基站，成本较高，进行数据传输，建设及运营成本较高，后续研发采用城市公共 5G 基站，以到达降低成本的目的。

二是在湖北广电传媒大厦项目应用时，利用城市公共 5G 基站能够快速完成远程通信组网，虽然降低了成本，但同时会带来终端所连基站易切换引起通信中断、公共基站负载大时引起时延抖动等问题，通过优先调度、锁定基站等方式实现网络优化配置得以解决。

三是在光谷科技金融产业园项目应用时，采用 5G 通信，状态数据、视频数据及控制数据的转发在管控平台上进行，管控平台部署在云服务器上。对 5G 通信网络的时延、稳定性、带宽有较高的要求，同时需要在本地租用 MEC 服务器，会增加较高的投入。远程通信采用 Wi-Fi＋5G（或者有线宽带）的方式。在现场，地面操控系统和塔机交互的实时数据采用 Wi-Fi 的通信方式，这部分数据主要包括视频数据、传感器状态数据及控制数据。地面操控系统和管控平台之间的管理数据采用 5G 或者有线宽带的方式进行通信。

5. 移动式高精度测量机器人

（1）技术背景

《"十四五"建筑业发展规划》中强调，积极推进建筑机器人研发与应用，作为解决建筑业用工问题的重要技术手段。传统人工路面测量方式存在用工人数多、作业环境差、测量效率低等问题。当前市场上的移动测量机器人测量精度只能达到厘米级，无法满足路面施工测量毫米级精度要求。推广使用移动式高精度测量机器人能够显著减少测量员数量、提高施工测量效率、改善人员工作环境、提高工程施工测量质量、提升企业数字化管理水平。

（2）技术内容

机器人由硬件和软件两部分组成，硬件包括 AGV 小车、总控平台、调平装置、智能全站仪及 GNSS 接收机等，软件包括底层功能软件、中控调度软件、移动端控制软件及后台云管理系统等。

　　机器人利用全站仪三角高程法替代传统水准测量方法，实现对待测面的高精度测量。工作过程中，由 AGV 小车搭载智能全站仪行驶至目标测站，完成设备调平，然后通过照射道路两侧已知坐标的棱镜进行设站，得到自身坐标，最后由全站仪测量待测点的真实坐标及高程数据（图 3-38）。

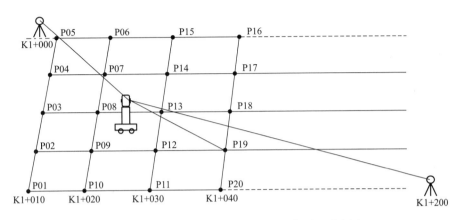

图 3-38　移动式高精度测量机器人工作原理示意图

（3）创新点与优势分析

优势 1：机器人定位与导航技术

采用高精度 GNSS＋惯导组合定位方法，配置激光雷达和超声波作为障碍物探测传感器，使机器人能够适应复杂的施工现场环境。

优势 2：棱镜自动照准及快速设站技术

采用 RTK 对机器人进行预定位和定向，快速搜索棱镜位置，再由全站仪精确搜索设站。相比全站仪搜索功能，大幅提高了速度与成功率（图 3-39）。

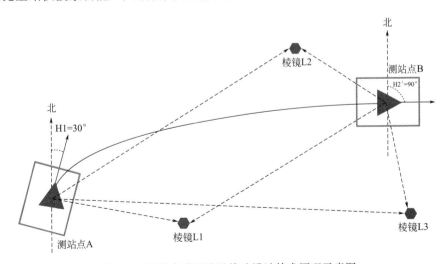

图 3-39　棱镜自动照准及快速设站技术原理示意图

优势 3：待测点智能逼近测量技术

现实中，被测物体存在凹凸不平、障碍物遮挡等情况。针对这种问题，机器人使用了一种智能逼近测量算法，实现了高精度测量（图 3-40）。

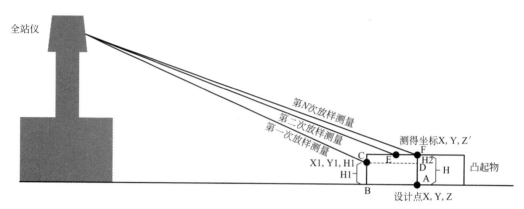

图 3-40　待测点智能逼近测量技术原理示意图

（4）技术指标

本机器人的关键技术指标包括行驶参数、自动调平参数、全站仪设站参数、测量参数，具体技术参数见表 3-9。

移动式高精度机器人关键技术指标表　　表 3-9

序号	指标类型	指标名称	技术参数	检验方法
1	机器人行驶参数	位置误差	≤0.3m	现场实测
		航向角偏差	≤0.3°	现场实测
		障碍物探测距离	0.2～150m	现场实测
2	自动调平参数	调平角度	±15°	倾角传感器测定
		调平精度	≤0.01°	倾角传感器测定
		调平速度	≤20s/次	计时测定
3	全站仪设站参数	设站准确率	≥99％	现场实测
		设站误差	≤1.0mm	委托第三方检定
		单次设站时间	≤30s	现场实测
4	机器人测量参数	高程测量精度	≤2.0mm	委托第三方检定
		单点测量时间	≤10s	现场实测
		综合测量效率	≥4.0km/d	现场实测
		连续工作时间	≥12h	现场实测

（5）经济指标

本机器人的主要经济效益指标体现在劳动力需求小、工作效率高。以路面工程竣工测量为例，单个测量作业面中，相比传统测量方法，测量人员减少约 5 人，测量效率提升一倍。经综合测算，使用机器人可为项目节约成本 45%～50%。

（6）适应范围

本机器人采用模块化设计，可针对不同的应用场景配置不同的功能模块，完成多样化的施工测量任务。机器人目前适用于隧道、桥梁、地铁、房建等施工领域，还能实现施工现场的变形监测和施工装备的高精度定位与控制等。

（7）应用实例

案例五：武汉北四环线二期路面工程项目

1）项目背景

移动式高精度测量机器人于 2019 年 12 月 31 日～2021 年 4 月 30 日应用于武汉北四环线二期路面工程项目。武汉四环线全长约 148km，是湖北省规划"七纵五横三环"高速公路网中重要一环，设计时速达到 100km/h，为全省首条采用、双向八车道标准建设的高速公路。北四环线高速公路全长 47.39km，是武汉四环线重要组成部分之一。建设后对于缓解三环线及过江通道的交通压力，强化武汉综合交通枢纽地位，促进地方经济社会发展具有重要意义。

2）应用情况和应用难点

测量机器人在 2020 年 5 月～2020 年 11 月应用于武汉北四环线路面高程测量工作中，该机器人主要通过 GNSS＋惯导的方式实现道路施工现场的自主行驶与导航，当机器人行驶到目标测站位置后，先根据当前 GPS 坐标位置和棱镜的坐标位置，计算出相互之间的空间位置关系，然后自动控制全站仪照射两个棱镜，实现后方交会，得到全站仪当前的精确坐标位置，然后通过免棱镜的方式测量路面的坐标，再将测得的坐标与设计坐标进行比对，从而实时判断路面施工质量（图 3-41）。

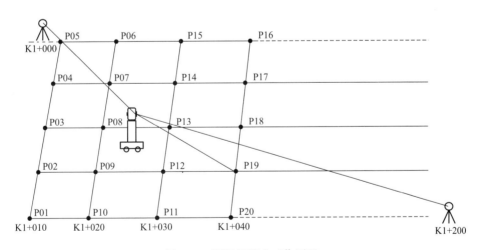

图 3-41　测量机器人工作原理

① 具体应用过程如下：

（a）根据设计图纸创建待测区域的 BIM 模型；

（b）利用 BIM 模型提取待测区域的设计数据，并规划出测量机器人的行驶轨迹，然后将相关数据通过 Wi-Fi 导入手持终端中；

（c）到达施工现场后，先按规划位置架设好三个360°棱镜，然后将手持终端中的数据通过局域网传输到总控装置的工控机中；

（d）总控装置控制移动底盘沿直线行驶一小段距离，定位模块自动记录移动底盘移动过程中的位置坐标，系统会根据GPS位置坐标判断出智能全站仪的大致位置和方向；

（e）待小车停稳后，总控装置通过工控机给调平装置发送调平指令，调平装置根据倾角传感器的倾角数据完成智能全站仪的粗调平，然后根据智能全站仪内部倾角数据，完成智能全站仪的精调平；

（f）系统根据智能全站仪当前的GPS坐标，自动计算照射3个已知点棱镜需要旋转的角度和方向，然后控制智能全站仪分别照射三个已知点棱镜完成自动设站；

（g）智能全站仪完成自身定位与定向后，先根据BIM模型提取的待测点坐标数据进行放样，然后启动免棱镜测距功能，测出放样点的三维坐标值，并将测量的数据通过工控机传输到手持终端；

（h）手持终端上的软件可以自动对比实测坐标数据与设计坐标数据的偏差，也可将实测数据导入BIM模型中，进行更精细的分析；

（i）完成本站测量后，移动底盘会根据当前位置和目标位置，自动规划出行驶路径，移动到下一测站，重复上述测量过程（图3-42）。

② 应用场景

通过在项目的实际应用，测量机器人主要适用于道路、桥梁、机场和大坝等野外施工场景的施工完成面高程的高精度复测，特别适合道路土路基和沥青混凝土路面的复测。

③ 技术难题

（a）机器人系统稳定性问题

机器人底盘的刚性较差，风阻较大，四级以上风对机器人测量精度有明显的影响，另外全站仪距离棱镜越远，影响越大，后续需要在机器人外形和结构设计方面进行优化，以减小风速对测量精度的影响。

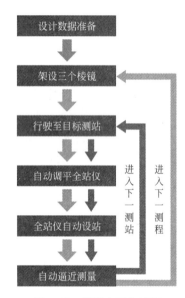

图3-42 机器人工作流程

（b）机器人功能受限问题

目前机器人的功能比较单一，仅具备路基、路面水准高程的自动测量功能，施工现场所需的自动放样和施工过程监控测量等功能暂未完成开发，导致机器人替代的作业面比较小，影响机器人的推广应用。

（c）人机交互软件使用不便问题

人机交互软件需根据用户需求频繁修改，外部厂家对需求理解不深，且因商务等问题响应不及时，制约机器人的迭代速度。后续要加强对现场应用需求的收集、整理和及时响应，提高现场使用人员的用户体验。

3）应用成效

针对路面施工高程测量，相比于传统的人工测量方式，应用测量机器人进行测量的主要经济效益体现在工作效率高、劳动力需求小两个方面。按照武汉北四环线二期路面工程主线全长 47.39km 计算，两种不同测量方式的经济效益如下：

① 人工测量方式

传统道路施工中要依靠人工逐点测量，在武汉北四环路面项目中，使用传统测量方法中，共需要两个测量作业面，因此配备 7 名测量技术员、8 名测量辅助工人、两名司机、两台小型客车。目前市场上专业测量技术员平均月薪 12000 元左右（日薪 400 元）、测量辅助工人平均月薪 6000 元左右（日薪 200 元）、专职司机平均月薪 6000 元左右（日薪 200 元），小型客车租用费用 9000 元/月（300 元/日）。以上的资源配置，完成武汉北四环线二期路面工程需要 10 个月（2019.9.30～2020.11.30，中间包含四个月疫情及季节停工时间段）工期，则所需人工（含车辆）费用＝（12000 元×7 人＋6000 元×8 人＋6000 元×2 人＋9000 元×2 人）×10 月＝1620000 元。

传统测量中通常采用五台莱卡 NA2 水准仪（18000 元/台）、两套银河 6 的 GPS1＋2 设备（89000 元/套）、两台莱卡 TS09plus 全站仪（100000 元/台），总计 468000 元，一般该套仪器可以使用 5 年，则每年的设备折旧费用＝（468000 元/5 年）＝93600 元/年。综上所述，测量费用＝人工（含车辆）费用＋仪器使用费用 1620000 元＋93600 元＝1713600 元。则每公里需要测量费用＝1713600 元/47.39km/2（双幅）＝18080 元/km。

② 测量机器人测量方式

在道路测量中应用测量机器人只需要四名测量技术员、两台测量机器人、两名司机和两台小型客车。专业测量技术员平均月薪 12000 元左右（日薪 400 元），专职司机平均月薪 6000 元左右（日薪 200 元），小型客车租用费用 9000 元/月（300 元/日）。测量机器人费用为 375900 元。由于机器人测量效率是人工的 2 倍。则所需人工（含车辆）费用（12000 元×4 人＋6000 元×2 人＋9000 元×2 人）×10 月＝780000 元。每台测量机器人可使用五年，则每年的折旧费用为（375900 元×2 台/5 年）＝150360 元/年，综上所述，测量费用＝人工（含车辆）费用＋仪器使用费用为 780000＋150360＝930360 元。则每公里需要测量费用为 930360 元/47.39km/2（双幅）＝9816 元/km。

对比两种不同的测量方式，不论在人工还是仪器方面都实现了很大的成本节约，应用测量机器人可节约成本（1713600－930360）/1713600＝45.71%，经济效益明显。

6. 整体自适应智能顶升桥塔平台

（1）技术背景

爬模装置通过承载体附着或支承在混凝土结构上，当新浇筑的混凝土脱模后，以液压油缸为动力，以导轨为爬升轨道，将爬模装置向上爬升一层，反复循环作业的施工工艺，简称爬模。目前我国的爬模技术在工程质量、安全生产、施工进度、降低成本、提高工效和经济效益等方面均有良好的效果。

（2）技术内容

1）爬模设计

① 采用液压爬升模板施工的工程，必须编制爬模安全专项施工方案，进行爬模装置设计与工作荷载计算。

② 爬模装置由整体自适应框架系统、自平衡支承顶升系统、双模板循环施工系统、综合智能监控系统四部分组成（图 3-43）。

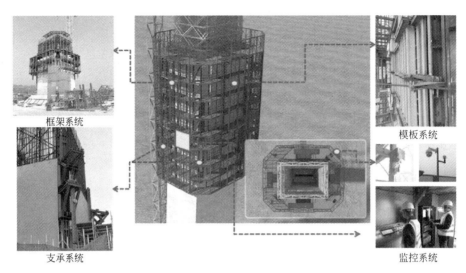

框架系统

模板系统

支承系统

监控系统

图 3-43 液压爬升系统组成

③ 根据工程具体情况，爬模技术可以实现钢筋作业层、模板作业层、支撑系统层等多作业层高效协同施工。

④ 模板可采用组拼式全钢大模板及成套模板配件，也可根据工程具体情况，采用铝合金模板、组合式带肋塑料模板、重型铝框塑料板模板、木工字梁胶合板模板等；模板的高度为塔柱标准节段高度。

⑤ 双模板循环施工系统包括两个模板单元、用于支撑两个模板单元的整体平台、可拆卸安装在所述整体平台内侧的外模板吊具、横梁以及安装在所述横梁上的内模板吊具；钢模板上还可带有脱模器，确保模板顺利脱模。

⑥ 爬模装置全部金属化，确保防火安全。

⑦ 爬模机位同步控制、操作平台荷载控制、风荷载控制等均采用智能控制，做到超过升差、超载、失载的声光报警。

2）爬模施工

① 爬模组装一般需先施工第一套模板的结构，然后进行主框架安装，再完成第二套模板安装。

② 液压系统安装完成后应进行系统调试和加压试验，确保施工过程中所有接头和密封处无渗漏。

③ 混凝土浇筑宜采用布料机均匀布料，分层浇筑、分层振捣；在混凝土养护期间绑扎上层钢筋；当混凝土脱模后，将爬模装置向上爬升一层。

④ 一项工程完成后，模板、爬模装置及液压设备可继续在其他工程通用，周转使用次数多。

⑤ 爬模可节省模板堆放场地，对于在城市中心施工场地狭窄的项目有明显的优越性。爬模的施工现场文明整洁，在工程质量、安全生产、施工进度和经济效益等方面均有良好的保证。

（3）创新点与优势分析

1）整体性好，顶升平稳，全封闭，可抵御12级风。

2）提高混凝土表观质量，表面光洁，混凝土裂缝少。

3）加快施工速度。单个节段施工时间最快达到 3d。

（4）技术指标

1）液压油缸额定荷载 50kN、100kN、150kN，工作行程 150～600mm。

2）油缸机位间距不宜超过 5m，当机位间距内采用梁模板时，间距不宜超过 6m。

3）油缸布置数量需根据爬模装置自重及施工荷载计算确定，根据《液压爬升模板工程技术标准》JGJ/T 195—2018 规定，油缸的工作荷载应不大于额定荷载的 1/2。

4）爬模装置爬升时，承载体受力处的混凝土强度必须大于 10MPa，并应满足爬模设计要求。

（5）经济指标

一次投入较大，通过节约工期，高墩或桥塔施工间接成本降低 20％以上。

（6）适用范围

适用于悬索桥、斜拉桥的桥塔，以及高墩结构液压爬升模板施工。

（7）应用实例

案例六：宜昌伍家岗长江大桥

1）项目背景

桥塔平台技术于 2018 年 7 月～2020 年 5 月应用与宜昌伍家岗长江大桥。宜昌伍家岗长江大桥是《长江经济带综合立体交通走廊规划》中湖北省过江通道之一，是长江宜昌段第 9 座长江大桥，也是宜昌快速路环网的控制性节点工程。大桥全长 2813m，桥宽 31.5m，设计双向 6 车道，主线设计时速 80km/h，是中建集团有限公司第一座千米级跨径悬索桥。

2）应用情况和应用难点

宜昌市伍家岗长江大桥江北项目部施工范围包括桥梁下部结构和桥梁上部结构。下部结构包括隧道锚和主塔，上部结构包括主缆和钢箱梁以及桥面系。桥塔平台应用范围包括江北主塔结构施工。

宜昌伍家岗长江大桥江北主塔桥塔平台进场时间为 2018 年 7 月，于 2018 年 9 月安装完成并首次顶升，历时 12 个月，于 2019 年 9 月上下游桥塔平台累计顶升 68 次并完成主塔封顶。上下游桥塔平台继续辅助悬索桥上部结构施工，于 2020 年 5 月拆除所有部件。

在项目安装并应用 2 套桥塔平台，应用过程中，桥塔平台首先通过支承系统加载试验、预压试验、运行模拟试验、预顶升等各项检验证其可靠性、适用性，安装并验收合格后投入使用。采用了整体式自适应框架系统，抗风性能好，施工作业环境全封闭，施工体验好，安全性较传统爬模有较大提升。采用了一种多功能角模式承力装置作为支点，并形成 4 个支点的支承顶升系统，在平台顶升过程中，实时校准，平台运行极为平稳，无明显晃动，施工体验好。同时，提供了一种两套模板循环施工方法，提高施工效率的同时，在提升塔柱养护时间和混凝土质量方面效果显著。另外，还配备有综合智能监控系统，实时反映桥塔平台状态，为桥塔平台施工安全保驾护航。

桥塔平台的应用为该工程桥塔快速、安全、高效、高品质施工提供了有力保障。应用过程中各项指标均达到预期效果，充分发挥了其"无感"顶升、抗风能力强的优异性能，实现了跨越障碍无拆改、沿倾斜塔柱连续爬升的高适应性，施工效率提升 20%。

实施过程中遇到的问题及解决方案：实施过程中双模板安装空间较小，通过修改平台结构满足空间需要。

3）应用成效

全球首发，高质量完成江北主塔（高 155m）64 节段施工，其良好的应用效果得到行业内高度评价，并受到新华网、人民网等主流媒体广泛关注，累计报道 50 余次，被誉为大桥"造塔机"，其相关成果在国内其他大跨桥梁上推广应用，产生综合经济效益约 1200 万元。

4）后续展望

现阶段桥塔平台较传统技术在施工效率、适应性、安全性等方面有了显著的提升。但是其存在自身结构重量较大，无法适用于异型桥塔等问题，在装备轻量化、装备适用性扩大化等方面存在较大的改进空间，也为后续的装备改进更新指明了研究方向。此外，该成果为新技术，现有规范、规程无法完全适用于本技术，目前已形成企业工法、使用手册、管理办法等，并已开展企业标准编制工作，需加快形成协会标准，以便于本成果更好的推广应用。

今后工作的主要方向：

① 对桥塔平台进行性能优化，降低应用成本。通过采用新型材料，优化装备设计等方式实现轻量化，尽可能降低自身结构重量；持续标准化，提升核心部件标准化率，大幅提升周转次数；持续模块化，可根据具体项目要求灵活安装与拆卸。

② 对桥塔平台进行功能升级，保持技术先进性。在当前智能化控制和预警、平台监测基础之上，开发现场影像实时监测、嵌入项目智慧建造管理平台等功能，提升项目智能建造水平；高度集成化，集成智能布料与振捣、智能监测、智能养护、辅助吊运等功能模块，形成完全人性化、智能化施工综合集成平台。

③ 对桥塔平台进行技术改良，将其推广应用至空间异型斜拉桥桥塔，使其成为悬索桥桥塔、斜拉桥桥塔以及梁桥高墩的施工通用型装备。

7. 大跨空间结构建造技术

（1）技术背景

1）技术领域

大跨度空间结构（横向跨度 60m 以上）形式包括折板结构、壳体结构、网架结构、悬索结构、充气结构、篷帐张力结构等，常用于公共建筑，如影剧院、展览馆、音乐厅、体育馆、航空港、体育场等工程。

2）现有成熟技术简述

世界各国已建造了大量不同跨度、不同类型的空间结构，大跨度空间钢结构主要用于公共建筑，如影剧院、展览馆、音乐厅、体育馆、航空港、体育场等。我国典型空间大跨结构案例包括荣获 2011 年度国家科学技术进步奖一等奖的水立方多面体空间钢架结构（跨度 130m），国家速滑馆单层双向正交马鞍形索网结构（索网尺寸 198m×124m），北京大兴国际机场不规则自由曲面空间网格钢结构（最大尺寸 568m×455m）以及荣获 2012 年度国家科学技术进步奖二等奖的 2008 夏奥会主场馆——国家体育场鸟巢屋面为巨型空间桁架编织结构（最大尺寸 333m×297m）。

（2）技术内容

1）构建了大跨空间结构新体系。研发马鞍形索网＋巨型环桁架＋斜拉索＋幕墙网壳组合结构体系，显著改善索结构受力性能；建立复杂曲面大跨度钢结构参数化曲面成型系统，提出拱壳结构新体系和 C 形柱与支承筒组合支承体系，大幅提升自由曲面复杂大跨度钢结构体系的承载力和跨越能力；研发新型多面体空间刚架结构设计体系，包括多面体空间刚架结构几何构成理论与快速建模技术、多参数多模型整体结构总装分析技术、建立弯矩轴力作用下焊接钢管空心球节点设计方法等技术。

2）提出了大跨空间结构设计新方法。建立了基于位形与预应力双控的大跨度索结构优化设计理论，突破了复杂大跨度索结构预应力精确求解和位形精准控制的技术瓶颈；提出了大跨度结构组合隔震设计新方法、大跨索结构多目标形态分析方法、适用建筑结构的隔震多维多点反应谱法。

3）研发了大跨空间结构建造技术。首创了大尺度空间扭曲薄壁箱形构件与复杂节点设计与加工成套技术；研发了特大跨度复杂钢结构施工过程模拟分析、巨型钢构件吊装、空间复杂钢结构合拢及支撑卸载技术；研发了抗震结构 Q460E-Z35 高强度特厚钢板及其焊接综合技术；研发了基于计算机控制的异位与原位混合安装、高低位二次变轨滑移的环桁架施工方法，形成了超大跨度单层正交索网主被动、大吨位同步张拉技术。

（3）创新点与优势分析

理论研究方面，针对大跨结构隔震分析，国内外普遍采用时程分析方法，我国创新推导出多维多点反应谱法，避免了时程分析方法结果随机性强及耗时长的缺点；设计能力方面，可以由国内设计公司独立完成或合作完成，目前国内外适合大跨度建筑结构的隔震装置、工程研究较少，在深圳宝安国际机场 T3 航站楼首次应用隔震系统及设计方法；施工建造方面，已由国内自主生产、制作、安装和建造；数字融合方面，实现了以软件和平台为工具，通过信息技术与产品和业务的深度融合，实现产品的智能化、业务的数字化。

（4）重点研究攻关方向

紧跟与行业高质量发展密切相关的世界科技前沿和颠覆性技术的发展趋势和进展，组织开展大跨空间结构技术发展趋势预测，研判自主创新的重点方向，持续开展大跨空间结构设计方法、先进工艺、建造机械及装备、先进材料、检测监测手段以及基础理论研究，确保我国大跨空间结构建造技术处于国际领先水平。

（5）应用实例

案例七：国家速滑馆

1）项目背景

国家速滑馆作为北京 2022 年冬季奥运会标志性场馆（图 3-44），其位于北京市朝阳区中轴线北端，奥林匹克森林公园西侧，是在北京 2008 年奥运会临时场馆（曲棍球、射箭场）原址上建造，规划用地约 17hm² （图 3-45）。国家速滑馆建筑面积约 12.6 万 m²，主场馆外廓线投影呈椭圆形，南北长约 240m、东西宽约 178m，地下二层，地上三层，檐口高度 15.4～33.8m，建筑设计使用年限 100 年，抗震设防烈度为 8 度。国家速滑馆主要承担了速度滑冰比赛和训练项目，其建筑创作从"速度"和"冰"出发，立意"冰丝带"，寓意"冰"和"速度"的结合,与奥林匹克公园重要建筑"水立方""鸟巢"相呼应,形成"水""火""冰"的质感对比。

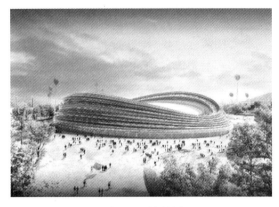

图 3-44　效果图

图 3-45　规划用地位置

2)应用情况和应用难点

① 研发基于平行施工的钢结构智能化安装技术

应用难点:国内一般使用进口高钒密闭索,其生产费用高,加工周期不稳定,国产索无大规模应用案例,高钒密闭索的加工是难点之一。此外主体结构(混凝土、钢结构、索结构)合同工期紧,索网成型是马鞍形屋面成型的关键环节,因此需对混凝土结构、钢结构、索结构进行合理的施工部署并控制施工质量。

解决措施:一是按照国家标准、对照欧洲标准,利用 BIM 技术模拟钢丝受力状态,确定高钒密闭索设计参数,优化 Z 形钢丝、密闭索加工工艺并对索体进行耐久性试验研究,实现高钒密闭索国产化;二是基于平行施工理念进行主体结构施工部署,考虑整体施工工期,结合工厂化加工、现场拼装整体装配式思路,应用滑移机器人精准实现钢结构环桁架"东西区二次滑移+南北区原位吊装"的施工措施,实现混凝土结构、钢结构、预制看台、索结构高效施工,节约工期;三是使用数控设备,实现屋盖索网的整体提升和同步张拉,提高施工效率,节约工期,精准找形,严控施工质量。

综上创立了基于平行施工的高效高精度建造技术体系,满足了安全、质量、工期、场地、投资的要求。首次自主研制建筑用大直径高钒密闭索,建立了完整的构件加工制作工艺流程,性能达到欧洲标准要求,打破了国外同类产品垄断,实现国产高钒密闭索量产,并首次应用于国家重点建筑工程,带动了国产密闭索在建筑领域大面积的推广应用,使密闭索价格降低了 2/3 以上,供货期缩短近 1/2,极大推动相关产业发展;研发了环桁架高低位变轨滑移、索网地面编索整体提升张拉的高效高精度建造技术。首创了基于计算机控制的大落差马鞍形环桁架高低位变轨滑移安装技术,实现拉索耳板偏差<10mm,节约滑移胎架 1500t;研发了国内首个大吨位、大面积的超大跨度单层正交索网同步张拉技术,控制智能张拉力最大偏差为 9.45%,高于验收标准的 15%。

② 研发适应索网变形协调的装配单元式屋面安装技术

应用难点:屋面索网在正常使用阶段会随温度、风荷载等的变化而产生一定变形,因此在屋面深化设计阶段,应采取一定的构造措施来适应索网正常使用阶段的变形,并且控制施工过程中的变形。

解决措施：一是板缝间预留变形缝，采用幕墙设计理念，将索网区域金属屋面改为装配式单元屋面，单元板块之间预留变形缝；采用延展性能良好的防水体系；单元式屋面支座滑移固定：深化设计时将每个屋面的四个支座部分调整为滑移完成后固定，为适应屋面索网变形留下合适的条件；二是使用屋面荷载置换法，对索网屋面施加预负载，及将屋面荷载变形提前施加，达到锁定屋盖的条件，控制屋面和索网施工过程中的变形。

综上研发了适应索网变形协调的装配单元式屋面安装技术。速滑馆拥有世界最大的索网屋盖，将索网上金属屋面按照网格大小划分为 4m×4m 的板块，每个板块配有四个支腿，可以便捷地安装在索夹上。经计算分析得到屋面的最大位移量为 474mm，在屋面单元板块之间设置（90±20）mm 变形缝，并在支腿和索夹之间设置可调节支座，解决了金属屋面和索网的变形协调问题，为同类索结构屋面设计提供思路。通过单元式屋面工厂化加工，简化现场安装，优化了施工现场的安装工艺。安装过程相较于传统的金属屋面从结构层檩条和压型铝板到保温岩棉、隔汽膜等，需要逐层吊运、逐层安装，大大节省了人工、提高了现场安装效率，是我国装配式金属屋面的大胆尝试与创新，对我国乃至世界金属屋面装配化的推动有极大参考意义。

③ 研发了高工艺曲面玻璃幕墙加工和基于容差的独立安装技术

应用难点：国家速滑馆曲面幕墙玻璃性能要求高透、节能、安全，剖面为 S 形，弧形区半径为 1500mm，冰丝带半径为 175mm，大量高性能弧形幕墙玻璃的加工是幕墙整体施工质量控制的重点。幕墙的受力体系为幕墙索网壳结构，玻璃幕墙与其网壳结构的变形协调及其安装质量、工期的控制是围护结构施工的关键。

解决措施：一是针对国家速滑馆幕墙系统对玻璃的特殊性能要求，定制特殊的加工设备、改进生产工艺，生产出合格的产品，以满足工程需求；二是通过 S 钢龙骨调节幕墙索和玻璃单元体之间的误差、在玻璃和铝框架之间增加了压板构造，解决了不同材料加工偏差大的问题；三是考虑了幕墙板块的安装固定区别于常规的固定方案，玻璃幕墙板块之间无插接关系，固定也无关联性，可以实现单个板块独立安装固定，从而实现幕墙板块的无序安装，加快施工进度。

针对国家速滑馆天坛形曲面幕墙玻璃高透、低遮阳互相制约的要求，研发了特制高透 Low-E 膜，使得天坛形幕墙玻璃透过率高达 70%、遮阳系数低至 0.457，实现了整个幕墙系统既通透又节能环保；针对国家速滑馆天坛形幕墙系统整体"S"形、四层中空以及镀 Low-E 膜的要求，在正弯玻璃的基础上研发反弯设备，实现镀膜面的连续以及玻璃颜色统一；优化施工工艺，严控玻璃加工温度和风压，采用自重以及外力调整的方法，保证多层弯弧玻璃的高吻合度，解决了多层弯弧玻璃成像变形问题。针对小半径 175mm 冰丝带玻璃，研发小半径玻璃模具，并改进工艺使得冰丝带可以批量生产，提高生产效率。发明出小半径玻璃集成圆管系统，该系统是世界最小半径多层弯弧幕墙玻璃系统，同时也是异型幕墙玻璃的加工制造的新尝试。通过 S 形龙骨耳板、压块构造、瓦式铝板扣盖等构造措施，调节不同材料之间的安装误差以及幕墙索的变形，达到从设计到施工的统一，保证了安装精度。提出了新式的单元式幕墙构造，通过幕墙 S 形龙骨调节实现幕墙系统和结构的变形协调，单元式幕墙和龙骨的压块及瓦式连接等构造的实现，既解决了幕墙单元不同材质之间的容差问题，同时优化了 S 形幕墙的防水节点，也打破了单元式幕墙因承插构造必须有序加工、有序安装的传统，避免因为幕墙玻璃加工过程中自爆等原因无法有序到场影响安装进度的问题，实现了天坛形单元式幕墙的独立安装，为异型幕墙系统的设计和施工提供了参考，同时也是幕墙装配式的新探索。

3）应用成效

作为北京 2022 年冬奥会北京赛区唯一新建冰上竞赛场馆和标志性场馆，独特的造型、大量的新技术新工艺要求、紧张的工期和奥运的高标准要求，给国家速滑馆的建设带来了极大难题，为落实"绿色、共享、开放、廉洁"的办奥理念，以上关键技术的应用产生了巨大的经济效益，主要分节省项目建设成本、运营成本和新增营销额三部分，节省建设成本约 1.13 亿元，运营期最高节省成本 7083.5 万元，已签新营销额约 2.5 亿元（表 3-10）。

国家速滑馆减排量统计表 表 3-10

减排措施	减排量（t）
建造绿色三星场馆	6.12 万
二氧化碳跨临界直冷制冰系统	1.09 万
绿色电力	4768
BIM 建筑数字化建模技术	3200
单层双向正交马鞍形索网屋面	2057
制冷余热回收	960
能源管控系统	622
光伏发电系统	186
合计	8.38 万

研制的国产高钒密闭索在国内大型场馆中首次成功应用，打破了国际市场垄断，进口索价格开始下降，并在厦门步栈道、上海浦东足球场、三亚国际体育中心、国家会议中心二期等项目得到应用。研发的环桁架低高位变轨滑移、索网地面编索整体提升张拉的智能建造技术，大幅度提高施工精度至毫米级、节省工期 3 个月、减少工滑移胎架约 1500t。国家速滑馆项目用国产密闭索由巨力索具成功研发后，空间结构项目应用越来越多，带动国内制索厂家贵州钢绳及广东坚朗先后成功开发国产密闭索，形成良性市场竞争，促进技术提升，带来更大的社会效益，推动国内制造业及基础建设的发展。

在北京冬奥会期间，国家速滑馆共进行了 14 个小项的比赛，有来自 27 个国家和地区的 166 名运动员参赛，13 次刷新奥运会纪录，其中 1 次打破世界纪录，无愧称为"最快的冰"。

4）后续展望

近年来大跨空间结构呈现出自重轻、强度高、材料性能优、制作安装机械化程度高、结构可靠性强以及抗震性能好等发展趋势，以绿色建造与可持续发展作为大跨空间结构发展的核心，以建筑功能为导向的设计建造，实现了大跨空间结构体系更加轻盈，高性能材料应用规模更大，建造过程智能化、低碳化。未来大跨空间结构应以智能建造为支撑，重点对大跨空间结构综合模块化加工、高效运输及智能化安装技术、多层空间结构工业化建造关键技术、基于数字孪生的精细化智能协同管理平台等关键技术开展研究，以期实现大跨空间结构高效高精度建造。

8. 建筑拆除与建筑垃圾资源化利用技术与装备

（1）技术背景

我国作为仍然经济高速增长的经济体，国内建筑市场正在面临着由增量转存量、由新建转城市更新的新发展阶段，既有建筑拆除以及建筑垃圾资源化行业发展都迎来了巨大的机遇。

（2）技术内容

我国目前建筑拆除技术储备不足，建筑垃圾回收利用不充分。主要存在以下技术难点：一是需要研究拆解建（构）筑物的拆解设计技术及智能化拆解专用装备，二是需要研究拆解废弃物与城市固废低碳处理资源化利用技术。

针对建筑拆解产生的环境影响及废弃物分拣难题，开展建筑拆解设计技术及智能化分拣专用装备技术研究；针对建筑垃圾资源化利用率低的难题，开展建筑垃圾源头破碎筛分智能化设备及资源化利用智能处置设备研究。

建立建筑垃圾拆除及分类回收再生资源化配套制度，严格落实责任主体，构建建筑垃圾回收再资源化监管体系。

标准规范：目前北京市关于建筑垃圾资源化利用的地方标准为《建筑垃圾再生产品应用技术规程》DB11/T 1975—2022，缺少建筑物拆除、标准化集中处置、产品的设计等相关标准，需进一步完善全产业链标准，形成系统的指导体系。

（3）卡脖子问题分析

1）技术攻关：针对建筑爆破拆解产生的环境影响及废弃物分解难题，开展建筑拆解设计技术及智能化拆解专用装备技术研究；针对建筑垃圾资源化利用率低的难题，开展建筑垃圾源头细分智能化设备及资源化处理智能处置设备研究。

2）政策支持：建立建筑垃圾现场分类及回收再资源化配套制度，严格落实责任主体，构建建筑垃圾回收再资源化监管体系。

3）产业配套：不断细化产业分工，打造完备的产业链条。

（4）研发攻关建议

针对我国城市更新行动和工业升级改造过程中大量高层楼房、高耸构筑物和桥梁等大型建（构）筑物安全高效拆除的重大需求，研究建（构）筑物绿色拆除技术体系、绿色拆除专用装备与器材以及建（构）筑物拆除作业有害效应精细控制技术，为受限空间内大型建（构）筑物的绿色、安全、高效拆除提供技术与装备支撑。针对建筑垃圾资源化利用率低的难题，研究路面冷再生在旧路铣刨、废料处置、废料应用和乳化沥青冷再生施工方面的成套技术，开发适用于各类型路面冷再生生产设备，总结形成路面冷再生产业全过程全链条技术体系及配套施工措施。

（5）应用实例

案例八：北京城建华晟交通建设有限公司建筑垃圾资源化板块

1）项目背景

北京城建华晟交通建设有限公司建筑垃圾资源化板块，于 2018 年 9 月实施，地点位于北京市房山区河北镇，现主要资源化产品有流态固化再生混合料、再生砖制品、再生路缘石、再生水泥稳定碎石、再生二灰稳定碎石等。

2）应用情况和应用难点

① 应用情况

在北京城建资源化处置场项目中，建筑垃圾资源化利用技术和装备得到了广泛深入的应用。首先，项目团队通过重型筛分机将建筑垃圾中的冗余土和大骨料进行分离，一般冗余土粒径为 0～9.5mm。然后通过破碎设备对建筑垃圾进行初步破碎，将大块的混凝土、砖瓦等破碎成较小的颗粒，以便于进一步处理。然后，利用筛分设备对破碎后的物料进行筛分，分离出不同粒径的骨料，以满足不同再生产品的需求。在筛分过程中，项目团队还采用了风选、磁选等技术，将骨料中的金属、塑料等杂质分离出来，以提高骨料的洁净度，确保再生产品的质量。一般再生骨料分为砖瓦类 0～4.75mm，4.75～9.5mm，9.5～31.5mm；混凝土类 0～4.75mm，4.75～9.5mm，9.5～31.5mm。

建筑垃圾再生主要产品包含流态固化再生混合料、再生砖制品、再生路缘石、再生水泥稳定碎石、再生二灰稳定碎石等。流态固化再生混合料是以冗余土和 0～4.75mm，4.75～9.5mm 砖瓦类骨料为主材，添加水泥、白灰、粉煤灰等胶凝材料和特殊外加剂形成的用于深狭地下空间浇筑填充的新型材料，现已在北京市大面积推广。

通过上述处理，得到的骨料被送入再生产品生产线，经过配料、搅拌、成型等工艺，生产出符合国家标准的再生建材产品，如再生砖、再生无机料等。这些再生建材产品不仅质量优良，而且可以广泛应用于城市道路、公园、广场等市政工程，实现建筑垃圾的减量化、资源化和无害化，有力推动了"绿色建筑"和可持续发展。

② 技术应用场景和实施条件

建筑垃圾资源化利用技术的应用场景主要集中在城市建设、房屋拆除、道路改造等过程中，对产生的建筑垃圾进行处理。实施条件方面，需要建立完善的建筑垃圾分类收集体系，确保建筑垃圾能够得到有效分离和回收。同时，还需要配备专业的破碎、筛分、风选、磁选等设备和生产线，以及相应的技术人员和管理人员，以确保技术的顺利实施和产品质量的稳定。

③ 技术难题及其解决方案

在技术应用过程中，遇到了一些技术难题。例如，由于建筑垃圾成分复杂，含有大量的钢筋、塑料等杂质，这些杂质在破碎和筛分过程中容易堵塞设备，影响设备的正常运行。为了解决这一问题，采取了以下几种措施：一是源头减量化，在建筑拆迁时进行分类有序拆迁，对大件类、金属类、塑料类、装修类等分别进行拆除运输，前期的一根柴可能造成后期的大麻烦，尽量做到源头减量；二是建筑垃圾破碎第一道关卡设置人工筛选，将拆迁过程中遗留的不良垃圾进行筛检，避免其进入破碎环节，对骨料产生更大程度污染；三是骨料出料口设置负压风选筛进行筛选，将轻质杂物进一步清理，保证骨料洁净；四是对设备进行优化设计，提高了设备的耐磨性和稳定性。同时，还加强了对设备的维护和保养工作，以确保设备的正常运行。

另外，建筑垃圾资源化利用过程中还需要考虑环保问题。为此，采用了先进的除尘、降噪设备和技术措施，来减少对环境的影响。同时，还加强了对再生建材产品的质量控制和检测工作，确保产品符合相关标准和要求。

3）应用成效

建筑垃圾资源化处置技术在近年来的工程建设中发挥着越来越重要的作用，其应用成效显著，对项目的整体质量产生了积极影响。以下将从成本节省、工期缩短、性能提升、节能减排等方面，结合具体数据和分析，阐述建筑垃圾资源化处置技术的应用成效。

① 成本节省

建筑垃圾资源化处置技术的应用能够大幅度降低项目成本。通过对建筑垃圾进行分类、回收和再利用，可以将原本更高价购买的新材料替换为再生材料，从而降低了原材料采购成本。此外，资源化处置还能减少运输和填埋等费用，进一步降低项目成本。

以房山区长阳镇 06、07 街区回迁房项目工程为例，该工程采用建筑垃圾资源化处置技术，将废弃混凝土、砖瓦等建筑垃圾进行加工处理，制成再生骨料、再生砖和流态固化再生混合料等建筑材料。据统计，该工程通过资源化处置技术，节省了约 20% 的原材料采购成本，并降低了约 15% 的运输和填埋费用，总计节省成本超过千万元。

② 工期缩短

建筑垃圾资源化处置技术的应用还能缩短项目工期。通过及时将建筑垃圾转化为再生材料，可以确保施工现场的整洁和有序，避免因垃圾堆积而延误工期。此外，再生材料的使用还可以减少材料采购和加工的时间，进一步提高施工效率，并且预拌流态固化再生混合料的施工方式本身就会缩短 90% 工期。

③ 性能提升

建筑垃圾资源化处置技术还能提升建筑材料的性能。通过对建筑垃圾进行加工处理，可以去除其中的杂质和有害物质，提高再生材料的纯度和质量。同时，再生材料经过特殊处理后，还可以获得更好的物理和力学性能，满足工程建设的需要。首先部分建筑垃圾再生产品的应用标准使用的是天然骨料产品标准。此部分的产品质量等同于天然骨料制品，例如砖制品、路缘石、无机混合料等，另外流态固化再生混合料的产品标准是远远优于现在的传统灰土回填的。流态固化再生混合料强度要求为 0.5～8MPa，采用一体浇筑，其产品特点主要体现在具有流动性、抗渗性、抗震、抗裂、免振捣以及良好的施工便捷性，特别是对于狭窄空间的填筑工程，可根据施工需求，调整坍落度及流动性，又采用泵送或溜槽施工，浇筑时无需振捣等，使其产品质量优于传统灰土回填质量。

④ 节能减排

建筑垃圾资源化处置技术的应用还具有显著的节能减排效果。通过将建筑垃圾转化为再生材料，可以减少对自然资源的开采和消耗，降低能源消耗和碳排放。此外，资源化处置还能减少建筑垃圾填埋和焚烧对环境造成的污染和破坏，促进可持续发展。

据统计，每利用 1 亿 t 建筑垃圾可以生产标砖 243 亿块、混合料 3600 万 t，减少取土或代替天然砂石 1000 万 m³，节煤 270 万 t，新增产值 84.6 亿元。同时，与简单堆放和填埋相比，建筑垃圾资源化利用还可减少 50% 的一氧化二氮、99.3% 的氮化物和 28% 的一氧化碳排放。这些数据充分证明了建筑垃圾资源化处置技术在节能减排方面的巨大潜力。

4）后续展望

① 技术创新与设备智能化

随着人工智能、物联网和大数据等先进技术的融入，建筑垃圾处理设备将更趋智能化和自动化。设备能够自动识别建筑垃圾的成分和类型，实现高效分类和精准处理，从而提高资源回收利用率并降低处理成本。

② 高效节能与环保

未来的建筑垃圾处理设备将更加注重节能和环保。通过优化设备结构和采用先进的节能技术，降低设备运行能耗，同时减少处理过程中产生的废弃物和污染排放，实现绿色处理。

③ 多功能与集成化

建筑垃圾处理设备将向多功能和集成化方向发展。一台设备能够完成破碎、筛分、分类、回收等多个处理环节，提高处理效率并降低运营成本。同时，设备之间可以通过物联网技术实现互联互通，形成智能化的建筑垃圾处理系统。

④ 定制化与模块化

随着市场需求的多样化和个性化，建筑垃圾处理设备将逐渐实现定制化和模块化设计。设备可以根据不同的处理需求进行定制，满足各种规模和处理能力的需求。同时，模块化设计使得设备更加灵活和易于维护。

⑤ 扩大应用范围与产业链整合

建筑垃圾资源化处置技术将不再局限于建筑领域，还将逐步扩展到其他相关产业，如道路、桥梁、水利等工程领域。通过产业链整合，实现建筑垃圾处理与再生资源利用的紧密结合，推动循环经济的发展。

9. 预应力压接装配混凝土框架建造技术

（1）技术背景

1）技术领域

本技术针对高性能装配式混凝土框架建造技术领域，具有布置灵活、施工高效、经济耐用和抗灾性能优异等特点，可广泛应用于不同地震烈度区的多高层办公、商业、学校、酒店、公寓、多层仓库及工业厂房等建筑中。

2）现有成熟技术简述

当前，我国大量采用的装配式混凝土框架体系为基于"等同现浇"理念的装配整体式框架体系。为了保证装配整体式钢筋混凝土结构中，预制构件之间或者预制构件与现浇构件之间的节点或接缝的承载力、刚度和延性不低于现浇钢筋混凝土结构，整体性能与现浇钢筋混凝土结构基本相同，节点连接大量采用现场湿式连接。比如：预制柱和预制叠合梁端部伸出一定长度钢筋，在现场交错拼装后浇筑节点区混凝土形成抗侧力框架；楼板采用带后浇接缝的钢筋桁架叠合板，叠合板四边留连接胡子筋等。

现有建造技术的优势是，在不过多改变传统现浇混凝土框架基本构造的前提下实现了部分构件的工厂预制。但是，由于构件连接区以湿作业为主，现场钢筋碰撞问题仍然较多，结构整体施工效率仍然偏低，未能充分发挥装配式建筑的效率优势，综合造价偏高。

（2）技术内容

预应力压接装配混凝土框架建造技术使用后张预应力压接方式将预制梁和预制柱连接在一起，通过梁内集中设置耗能钢筋提供梁柱节点地震过程中耗能，适用于工业化制造预应力空心板、双T板等作为楼板。大大减少现场湿作业量，结构整体预制率可达80%以上，安装速度可达"五天两层"；同时，结构最大层间位移角可达 1/25，具有一定的震后自复位能力，整体稳固性和抗连续倒塌性能优异。实现了"高效建造"与"高抗灾性能"的统　。

该技术基于以下技术原理实现高效建造：

1）采用预应力压接装配技术简化连接、提高装配率，采用大型预制构件减少连接数量。梁柱节点区为干式连接，采用 2～3 层通高预制柱减少柱间连接数量。

2）采用规则、不出筋形式预制构件提高制造效率。梁、柱和板标准化程度高，预制构件结合面免冲洗成型，易于高效制造。

3）采用高强连接材料和先进施工工艺提高安装效率。连接处耗能钢筋采用 HRB500 和 HRB600 大直径高强钢筋，减少钢筋连接数量；柱连接采用滚压套筒大直径钢筋灌浆连接技术和新型高位集中注浆技术；楼板采用钢筋桁架叠合板四边不出筋和少支撑技术实现高效施工。

4）融合基于物联网的信息化技术提高建造过程效率。建造全过程充分利用 RFID 技术、区块链技术和人工智能等手段进行数据管理，实现建造全过程高效信息化管理。

该技术基于以下技术原理实现高抗灾性能：

1）梁内集中设置耗能钢筋。在结构受力最大处设置局部削弱耗能钢筋，在罕遇地震作用下保持稳定耗能能力，结构其他部位基本保持弹性状态，实现结构的低损伤。

2）局部有粘结预应力提高自复位和抗连续倒塌性能。在地震变形较大部位采用无粘结预应力技术，在其他部位采用有粘结预应力技术，保证罕遇地震作用下预应力钢绞线一直处于弹性状态下，提高结构的震后自复位能力和抗连续倒塌性能。

3）"强节点弱构件"，确保罕遇地震下连接不破坏。柱间连接设置在楼板上方一定高度，避免连接部位先进入塑性；梁柱连接和柱与基础连接处的耗能钢筋进行局部削弱，确保了相连的直螺纹连接接头在罕遇地震下不破坏。

4）后浇叠合层保证结构整体性能。采用了后浇叠合层及抗剪钢筋技术，将预制梁、板和柱连成整体，提高结构整体性和抗连续倒塌性能。

（3）创新点与优势分析

1）创新点

本技术基于预设耗能损伤部位、高装配率和简化连接的先进理念，通过低位高强预应力压接、预设局部削弱耗能钢筋、局部有粘结预应力和预制叠合梁板共同工作 4 项关键技术创新，突破了"等同现浇"的传统理念，为干式装配式混凝土框架在高烈度区应用提供了新思路，关键技术指标远超传统装配整体式混凝土框架结构。

本技术还在建造过程中对大直径钢筋连接用滚压套筒、新型高位集中注浆工艺、钢筋桁架叠合板四边不出筋和少支撑技术、信息化技术等进行集成创新，减少了生产工序和成本，节约了资源，提升了建造效率。

2）优势分析

一方面，本技术现场湿作业少、现场非实体材料投入少，建造阶段绿色低碳，环境效益显著。按现阶段数据测算，与传统装配整体式体系对比，建造过程中碳排放量可减少34.9%。另一方面，该体系还具优异的震后自复位性能和抗连续倒塌性能，可降低建筑震后、灾后损失，整体提升建筑品质，具有良好的社会效益。

（4）重点研究攻关方向

本技术应重点在以下几个方面进行攻关和推广：

1）研究高性能的组合框架梁柱连接技术。连接节点不但具有优异抗震性能和抗连续倒塌性能，还应兼顾安装的便利性。

2）研究预制构件标准化技术。预制柱、预制梁和预制板按常用建筑功能进行模数标准化，实现构件生产成本最小化和设计选用简单化。

3）研究基于性能的便捷设计方法。针对体系特点，提出与其相适应的标准化设计方法，利用人工智能等信息化技术，提高设计环节的效率和质量。

4）研究与本技术配套的构件生产工艺、自动化设备，研究与本技术配套的高效安装工艺、定制化工具或工装、支撑架体等高效安装技术。

10. 面向建筑钢结构检测的攀爬机器人关键技术

（1）技术背景

1）技术领域

建筑钢结构施工过程中的焊缝质量、螺栓、栓钉、防腐蚀防火保护质量检测，维保过程中的钢结构局部损伤监测和检测等均属于高危作业。传统作业方式是采用搭设脚手架、机械悬吊或人工攀爬等方式，安全稳定性不足、成本高、工作效率低，而且人工作业质量分散，稳定性、及时性、准确率、环境适应性均难以保证。为此，对面向建筑钢结构检测的攀爬机器人关键技术进行研究。

2）现有成熟技术简述

一直以来，国内外都有不少团队从事爬壁机器人方面的研究，但是主要集中在高校和研究院所。在特种场景作业等工业领域，国内的企业和研究机构集中在史河科技、清华大学、中国科学院等；国外则有 Gecko Robotics、CMU 和 MIT 等。在外墙清洗与幕墙检测等民用领域，国内外的研究企业和机构有北航、新加坡南洋理工和 Serbot 等。比如国外的 INUKTUN 和 ICM（International Climbing Machine）研究高空爬壁机器人，适用于曲面结构，并且可以搭载外部探测和作业设备。但该高空爬壁机器人负载能力较弱，且主要在海外销售应用。过去二三十年来，爬壁机器人的研发一直停留在研究所与高校的科研阶段，真正实现产业化的寥寥无几。究其原因在于：

① 场景复杂

针对不同场景的特殊需求，往往需要进行机器人的定制化设计，从而导致研发成本和研发周期居高不下。

② 功能不足

传统机器人样机尺寸较小，负载能力弱，且主要针对平面场景设计，所以其应用场景非常局限。一般只能搭载摄像头等检查设备，且无法在风电、船舶、管道、化工等曲面场合应用。

③ 效率偏低

特定场景下的功能模组与爬壁机器人本体集成后，过去均采用遥控方式操作整机，导致操作人员进入门槛较高，现场使用效率低下。

（2）技术内容

本项目拟定研究以下内容：

①　建筑钢结构形貌自适应的吸附与行走

考虑建筑钢结构的特殊性，建立攀爬机器人的静力学和动力学模型，分析建筑钢结构表面的焊缝、肋板等障碍结构特征尺寸对机器人翻越过程中吸附力、摩擦力、驱动扭矩的影响，从而确定所需要的磁吸附力、电机输出扭矩等物理参数，以满足建筑钢结构表面的自适应吸附与行走要求。

②　高磁质比的阵列式吸附组件优化设计

研究面向建筑钢结构形貌特征的海尔贝克整列式永磁吸附组件设计，分析建筑钢结构表面障碍对机器人攀爬通过性能的影响，以确定永磁吸附组件的最大气隙和安装空间；分析永磁单元结构尺寸、永磁单元数量、充磁方向对磁吸附力的影响，以确定海尔贝克整列最佳参数，得到磁吸附力/质量数值大的吸附组件。

③　搭载视觉传感器及超声探测仪的灵活轻巧建筑钢结构攀爬机器人本体设计

面向建筑钢结构特征和焊缝探伤等待检项目，机器人需要搭载视觉摄像头和超声探测仪，并规划攀爬机器人的行走轨迹和行走方式，设计具有小回转曲率、高稳性、少主动自由度的攀爬机器人本体结构及关节形式，结合模块化设计、虚拟样机与有限元分析等方法，实现攀爬机器人本体的轻量化设计。

④　机器人钢结构壁面行走的机体姿态稳定控制

研究机器人在建筑钢结构表面行走过程中机体姿态对磁吸附力和牵引力的影响，获取保持可靠吸附行走的极限机体姿态数值，设计可靠的机体姿态稳定机构与控制系统，提出基于机体倾角反馈信息的机体姿态稳定控制方法，以保证机器人在建筑钢结构表面上的稳定行走。

⑤　基于视觉＋超声探测仪的质量检测

分析焊缝、螺栓、栓钉以及防腐蚀防火保护的点云图像和超声探测数据，提取关键特征，明确质量等级分类；研究超声探测仪与爬壁机器人的机械搭接方式和数据接口；从而实现爬壁机器人移动至作业位置的自主识别与目标质量的自主判断。

（3）创新点与优势分析

1）创新点

本项目具有以下创新点：

①　实现建筑钢结构形貌自适应的吸附与行走

考虑建筑钢结构的特殊性，建立攀爬机器人的静力学和动力学模型，分析建筑钢结构表面的焊缝、肋板等障碍结构特征尺寸对机器人翻越过程中吸附力、摩擦力、驱动扭矩的影响，从而确定所需要的磁吸附力、电机输出扭矩等物理参数，以满足建筑钢结构表面的自适应吸附与行走要求。

②　实现机器人钢结构壁面行走的机体姿态稳定控制

研究机器人在建筑钢结构表面行走过程中机体姿态对磁吸附力和牵引力的影响，获取保持可靠吸附行走的极限机体姿态数值，设计可靠的机体姿态稳定机构与控制系统，提出基于机体倾角反馈信息的机体姿态稳定控制方法，以保证机器人在建筑钢结构表面上的稳定行走。

2）优势分析

①　本项目具有良好的社会效益。攀爬机器人的应用避免了人工检测作业可能存在的

安全风险，降低建筑业的高空作业事故发生；降低人工参与的程度，以及对操作人员的要求，大幅度提升作业质量和作业效率；为建筑钢结构的长时间安全可靠运行提供保障；为实现"十四五"建筑业发展规划提供有力支撑。

② 本项目具有良好的经济效益。通过将该攀爬机器人在实际工程中的示范应用，加速该机器人的成果转化，成为真正实现建筑机器人产业化的典范，为研发企业和应用企业均带来可观的经济效益。

（4）重点研究攻关方向

本项目拟定研制能够在建筑钢结构表面可靠吸附与行走的攀爬机器人，可以翻越建筑钢结构复杂的表面障碍，通过搭载摄像头、超声探伤仪等设备对建筑钢结构进行焊缝质量探伤、螺栓和栓钉焊接质量、防腐蚀防火保护质量等多项检测，从而避免了人工检测作业可能存在的安全风险，降低建筑业的高空作业事故发生；降低人工参与的程度，简化对操作人员的要求，大幅度提升作业质量和作业效率；为建筑钢结构的长时间安全可靠运行提供保障；为实现"十四五"建筑业发展规划提供有力支撑。

从解决关键技术问题着手，本项目拟定研制具备自适应吸附与稳定行走的攀爬机器人本体，在此基础上搭载视觉和超声探测仪器，以实现对建筑钢结构进行焊缝质量探伤、螺栓和栓钉焊接质量、防腐蚀防火保护质量等多种检测。

本项目主要完成以下具体内容：

1）完成建筑钢结构形貌自适应的吸附与行走技术研究、高磁质比的阵列式吸附组件优化设计。

2）完成搭载视觉传感器及超声探测仪的灵活轻巧建筑钢结构攀爬机器人本体设计、机器人钢结构壁面行走的机体姿态稳定控制技术研究。

3）基于自适应吸附与稳定行走的攀爬机器人本体，完成基于视觉＋超声探测仪的质量检测技术研究。

（5）应用实例

案例九：浙江省之江文化中心工程

1）项目背景

由浙建研究院承建的浙江省之江文化中心工程为浙江省文化基础设施建设的领头项目，是建设文化强省的重大举措。它是集浙江图书馆新馆、浙江省博物馆新馆、浙江省非物质文化遗产馆、浙江文学馆、公共服务设施等多功能空间于一体的大型文化综合项目。该项目位于杭州市西湖区转塘街道，总用地面积 258 亩，总建筑面积约 32 万 m²，总投资32.3 亿元，建设工期为 2019～2023 年。攻克了结构"双百年"设计要求、大跨度双向缓粘结预应力结构体系、1500t 钢结构连廊整体提升、近 120 万 m³ 超限支模架实施、近 2 万 m² 的十余种不同坡度的不规则斜屋面、7 万余 m² 的外立面开放式干挂石材幕墙等 40 余项施工技术难题。

2）应用情况和应用难点

① 针对建筑钢结构壁面维护作业的移动机器人技术

通过现场使用该机器人对项目主体使用的钢结构材料与现场设备进行检查，有效排查了项目使用钢材中存在的安全隐患，提高了安全检查效率。

一是设备搭载独立驱动器，搭载的摄像头与传感器可在项目现场噪声环境中正常高效收集传输数据；二是爬壁机器人在钢结构表面开展检测作业时，通过无线图传模块将工业相机采集的图像信息传输至电脑实时显示，其最大有效传输通信距离为 80m；三是设备在现场工作中运行稳定，对提高建筑钢结构与大型设备检测效率有推动作用；四足视觉检测及分析功能已经集成至钢结构智能管理平台，用于现场施工工作人员安全帽佩戴与反光背心穿戴情况的实时检测，实现安全生产作业检测与管理。

② 针对建筑钢结构壁面维护需求，基于视觉信息的锈蚀和焊缝检测技术

机器人在现场工作中运行稳定，加快钢结构连接处检测速度，检测效率优异。一是算法分割性能具有良好的稳定性。使用攀爬机器人搭载的自主研发的锈蚀检测算法，通过搭载在爬壁机器人上的高清摄像头无线图传传输视频数据，最高检测速度可达每秒 62.26帧。二是算法具有很好的视角鲁棒性。对于面积相对较大的锈蚀区域，该算法也能够有效地分割与标注，并且分割边缘较为平滑。标注结果表明锈蚀区域面积统计误差可以控制在9%左右，能够有效识别分割 98%以上锈蚀面数据。

3）应用成效

一是提高了工作效率。团队于项目主体钢结构施工完成十五个工作日后，在多个检测区域中使用攀爬机器人并搭载自主研发的焊缝跟踪与锈蚀检测算法，通过在爬壁机器人上搭载高清摄像头无线图传传输视频数据，最高检测速度可达每秒 62.26 帧，机器人在现场工作中运行稳定，提高钢结构检测效率 90%以上；二是保证了较高的检测准确率。机器人现场工作保持检测准确率达 98%以上，在钢结构公司共 13 个现场检测区域中有效完成项目现场检测工作；三是降低检测成本。机器人的现场工作缩短了预计检测工作工期的30%，共计节省检测费用 258 万元。

4）后续展望

通过将该攀爬机器人在实际工程中的示范应用，加速该机器人的成果转化，成为真正实现建筑机器人产业化的典范，为研发企业和应用企业均带来可观的经济效益。以该攀爬机器人作为移动平台，拓展该攀爬机器人的应用范围，比如除锈、喷涂、焊接、打磨等，充分挖掘该攀爬机器人成果的应用潜能，彻底打开攀爬机器人产业化发展的大门。

11. 水电站超大跨距缆索起重机关键技术研究技术

（1）技术背景

1）技术领域

项目为建造装备与工艺类技术方向，缆索起重机是以两支点之间的钢索为承载结构，利用其上的载重小车进行物料吊运的起重机械，具有工作范围大、速度快、效率较高等特点，常用于水电站混凝土浇筑施工及金属结构吊运。

2）现有成熟技术简述

世界上使用超过 1500m 跨距的缆索起重机有德国 PWH 公司生产用于塞内加尔 MAN-ANTALI 工程跨距 1620m、起重量 18t、最大起升扬程 120m、牵引速度 6m/s 的缆机；德国 PWH 公司生产用于印度 NARMADA 工程跨距 1541m、起重量 28t、最大起升扬程180m、牵引速度 8m/s 的缆机；意大利 NUOVA AGUDIO 公司生产用于巴西 SALTO OSORIO 工程跨距 1510m、起重量 12.5t、最大起升扬程 120m、牵引速度 6m/s 的缆机；国内使用最大跨度缆索起重机有德国 KRUPP（PWH）生产用于三峡工程跨距 1416m、起重量 20t/25t、最大起升扬程 215m、牵引速度 7.5m/s 的摆塔式缆机；国产用于观音岩工

程跨距 1365m、起重量 30t、最大起升扬程 180m、牵引速度 7.5m/s 的辐射式缆机；国产用于向家坝工程跨距 1363m、起重量 30t、最大起升扬程 230m、牵引速度 8m/s 的平移式缆机（表 3-11）。

世界超大跨距大起重量高扬程高速重型缆索起重机参数   表 3-11

参数类型	使用工程	MANANTALI	NARMADA	SALTO OSORIO	三峡	观音岩	向家坝
1	缆机型式	摆塔式	平移式	辐射式	摆塔式	辐射式	平移式
2	额定起重量(t)	18	28	12.5	20/25	30	30
3	跨距(m)	1620	1541	1510	1416	1365	1363
4	起升扬程(m)	120	180	120	215	180	230
5	牵引速度(m/s)	6	8	6	7.5	7.5	8

目前世界上起重量 30t、跨距 1500m 以上、最大起升扬程 300m、牵引速度 8m/s 的缆索起重机还没有生产制造使用的先例。国产起重量 30t、跨距 1365m 以上、最大起升扬程 230m 以上、牵引速度 8m/s 的缆机也没有生产制造使用的先例。

（2）技术内容

项目依托的巴沙缆机是当前水电行业最大跨度和最大起升扬程的高速缆机，主要技术参数见表 3-12。

巴沙缆索起重机主要技术参数表   表 3-12

序号	参数名称	单位	值
1	工作级别		F. E. M. A7
2	额定起重量	t	30
3	跨度(1号/2号)	m	1500/1400
4	吊钩扬程	m	300
5	满载时承重索最大垂度	%	约5.5%
6	左岸主车轨距/轨道长	m	19000/225
7	牵引速度	m/s	8
8	满载起升/下降速度	m/s	2.15/3.00
9	大车运行速度	m/s	0.30

缆机主车设置在印度河左岸，为高塔架结构形式，右岸布置缆机副车，为低塔架结构，设备布置见图 3-46。

缆机主要由主车、副车、钢索系统、小车、承马、吊钩、吊罐、检修平台、司机室及电气控制系统等组成。主车塔高 30m，由主车运行机构、主车架、起升及牵引机构、主塔架、天轮架及各导向滑轮装置等组成；主车架上平面设有机房和电气室，机房内布置起升

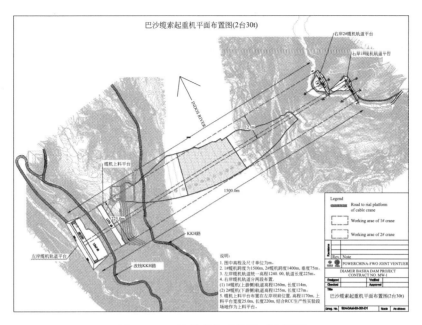

图 3-46　巴沙缆索起重机平面布置图

和牵引机构。副车塔高 22/16m，主要包括副车运行机构、副车架、牵引索调整机构、副车桁架、副车天轮装置及部分电气设备。整机布置详见图 3-47。

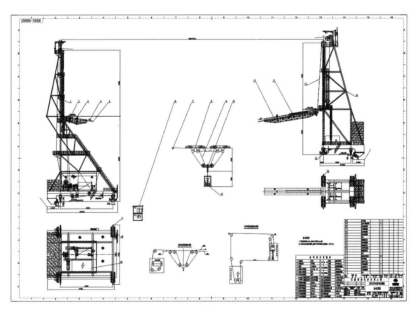

图 3-47　巴沙缆机整机布置图

项目缆机因其大跨度和高牵引速度，需要进行以下六个关键点研发：

1）钢索系统。钢索系统是缆机正常运行的关键，需对安装和吊运工况进行综合分析和研究，在保证主索安全系数的前提下合理选型，确保主索垂度满足各工况的吊装要求。研究起升绳及牵引绳的选型及缠绕方式，需兼顾可靠性、耐用性和经济性。

2）载重小车及固定张开式承马。当主索上小车高速经过固定于主索上的承马时，需两者配合良好以保证承马迅速打开。故需研究固定张开式承马在各种工况下的受力及运动特性，研究零件的最佳配合和选型，分析制造关键控制要素；研究小车开马轨、关马轨等与承马的匹配机制，研究小车的制造关键技术、各关键尺寸的保证措施等。

3）起升机构。缆机的高起升速度造成常规钢丝绳排绳方法不满足要求，需重点研究缆机的排绳导向装置，以及钢丝绳卷绕报警保护装置、链条报警保护张紧装置等，确保高起升速度下，钢丝绳不出现跳槽和脱槽。

4）牵引机构。牵引机构通过牵引绳使小车行走在主索上，而柔性主索使小车轨迹为曲线，故牵引机构的负荷持续变化。需研究牵引机构电机功率变化规律，选择满足各工况要求的传动系统；研究摩擦块的摩擦特性，保证牵引绳在有效张力条件下不打滑。

5）传动和控制系统。针对缆机的安全运行，需要专项研究工业通信，大功率变频传动，分布式 PLC 控制网络，自动防摇、防碰撞、路径规划等前沿技术与缆机的融合。

6）设计计算。针对缆机要求，需要总结一套合理的优化计算方案。

（3）创新点与优势分析

1）创新点

① 结合仿真技术，综合分析缆机工况条件，研究出适应大跨度工况、兼顾可靠性、耐用性和经济性的钢索系统。

② 运用有限元分析和仿真动态模拟技术，分析承马在各种工况下的受力及运动特性，研制出适应大跨度缆机工作要求的固定张开式承马及与之匹配的载重小车设计方案，保障了缆机的可靠稳定运行。

③ 采用有线与无线混合配置，并且考虑冗余无线通信网络监测和主备切换，构建高速可靠的现场通信网络。

④ 开发出在小型电网条件下的大功率变频传动能量回馈装置的可靠运行技术。

⑤ 采用先进通信和采集技术，实现承马位置满足高速运行条件下的实时检测要求。

⑥ 采用自动防摇、快速定位/一键送达、专家诊断等先进技术，最大限度提升缆机安全可靠性。

2）优势分析

① 技术社会效益

巴沙缆机是世界上起重量最大、跨距最大、速度最快的缆索起重机，其正常投入使用，不仅在国内缆机市场上有较大影响力，也将扩大公司在国外市场的影响力。

② 经济效益

单台缆索起重机单价约 5000 万元人民币，预计产生利税 320 万元人民币。此外缆机成功运行后，将成为工程建站设备的又一标杆，可助力企业进一步占领近期国内外缆机市场，成为企业新的经济增长点。

（4）重点研究攻关方向

1）钢索系统关键技术研究。以小直径、高强度的选型原则选择合适的钢丝绳，需要统计分析全球范围内的优质钢丝绳参数，形成具备兼顾可靠性、耐用性和经济性的最优钢丝绳选项方案；研究大跨度缆机工作索的滑轮布置和滑轮结构形式，仿真分析钢丝绳入槽偏角，形成适应大跨度的工作索缠绕系统，延长工作索及导向滑轮寿命。

2）牵引机构关键技术研究。缆机牵引机构采用的滑轮在充分润滑的条件下仍具有摩擦系数高的特点，需要通过工程实例调研和试验，优化牵引机构方案，在保证钢丝绳不出现打滑的前提下适当减小牵引绳张力，提高牵引绳的使用寿命，降低更换牵引绳的频率。

3）承马（支索器）关键技术研究。巴沙缆机因跨度太大，各工作绳会产生过大的垂度，进而可能导致其工作过程中互相缠结，使缆机不能正常运转，为避免这种情况发生，必须针对巴沙缆机的特点和工况，分析缆机常用承马结构形式的优缺点，研究适应大跨度缆机工况的承马结构形式，并利用有限元进行计算分析、优化小车结构，形成最优的缆机载重小车及承马方案。

4）电气控制系统关键技术研究。

① 一主多从的 PLC 分布式控制系统

多个 PLC 系统构成缆机的一主多从分布式控制网络，共同完成缆机的操作、控制和保护等任务。重点研究：各 PLC 站点的主要功能和任务分派；站点间交互信息的定义，确定数据格式和长度；各 PLC 程序容量和时长的估算，评估数据传输的实时性能确定通信速率指标；研究各站点运行可靠性方案，包括供电和必要的模块冗余措施。

② 高速可靠的现场通信网络

采用有线通信与无线通信混合组成的通信网络，研究其工作原理和网络架构，确定相关工作参数，包括通信协议、接口和工作频率选择以及各网段的通信速率计算，数据包传输率估算；无线网络的通信质量侦测、冗余无线通信的配置以及切换和断电重启机制。

③ 适应小型电网供电条件的大功率变频传动系统

研究变频传动能量回馈装置配备冗余的电阻制动单元，包括工作原理，电阻制动单元容量选择，确定制动单元开启门槛与回馈装置参数配合关系，故障预防和安全保障措施。

④ 结合缆机的自动防摇控制技术，实现可靠适用的定位控制和目标位保护功能。拟采用多级分段加减速法原理，引入吊钩的摆角和摆速值，可通过闭环模式来满足缆机吊钩防摇摆控制的需求；以编码器为位置检测基本方式，估算位置检测精度，采用曲线减速＋微动实现定位控制；研究毫米波雷达对于位置检测的先进技术，实现缆机牵引位置检测≤100mm 的高精度指标；目标位保护采用声音图像预警和自动减速控制以保障缆机的安全高效运行。

⑤ 研究缆机的高效路径记忆和定点操作控制，构建"路径记忆"数据库，将缆机多个常用的、频繁的定点工位进行数据储存，实现目标点的快速定位操作。在缆机满足高精度位置检测指标的条件下，可以设计软件程序实现一键送达功能。

⑥ 构建缆机安全监控系统，构建模块化的系统平台，使系统具备通用化、标准化、互换性强等特点，通过与 PLC 实时通信，将缆机控制系统采集的起升高度、起升荷重等信息与安全监控系统实现互通互联，并在工控机监控系统构建专家诊断数据库，在故障发生时计算机系统会自动报警，并提供故障设备的位置、故障的可能原因、排除故障的参考信息。

12. 城市轨道交通装配叠合整体式地铁车站建造关键技术

（1）技术背景

1）技术领域

城市轨道交通装配叠合整体式地铁车站建造关键技术可在富水地区、常规带支撑基坑条件下应用，适用范围广泛，形成设计—构件生产—施工—装备研发的全产业链，可实现轨道交通地下工程装配式全面推广应用。

2）现有成熟技术简述

相对于传统现浇混凝土结构，装配式建筑因其施工质量好、速度快、绿色、低碳、环保、节省人力等优点，国家及地方连续发布政策文件进行推广。

对于地铁车站，采用装配式技术难度较大，需要克服的技术难题较多，因而具体应用的典型案例较少。国内主要工程案例有长春地铁捷达大路站、上海地铁吴中路站、广州地铁上涌公园站、哈尔滨地铁丁香公园站等。国外主要有法国、苏联、日本等对装配式地下结构有少量工程案例。

目前我国城市轨道交通装配式技术处于起步阶段，采用的地下车站装配式结构主要分两大类：

第一类是全预制装配式结构。有的采用拱形无柱全预制结构，适用于无内支撑基坑；基坑范围无地下水；构件重、尺寸大，运输及施工难度大；灌浆套筒对接施工精度要求高；无叠合层，防水效果较差。有的仅拱顶采用预制，取消拱部模板，但仍然需要脚手架或台车支撑，上层主筋需要现场绑扎、焊接，现场工作量大。

第二类是叠合装配式结构。钢筋连接一般采用套筒，现场定位精度要求高、工作量大。有的采用单一墙，防水效果较差；支撑及中柱永临结合，施工精度要求高，施工难度大。有的仅板墙局部采用装配，预制构件仅作为模板，还需架设支撑或脚手架；现场钢筋绑扎工作量大，机械化程度低。

（2）技术内容

1）技术路线

提出一种适用于富含水地层带内支撑的明挖法装配整体式有柱地下车站设计、施工成套技术方案，通过理论研究并结合数值模拟、试验研究，突破各构件新型环扣式节点连接方案、单面预制外墙板叠合结构形式、装配整体式有柱地下车站抗震计算理论及计算方法、装配整体式有柱地下车站智能化虚拟建造等关键技术，结合研究成果完成装配式地下车站标准设计图，在试点车站实施落地（图3-48～图3-50）。

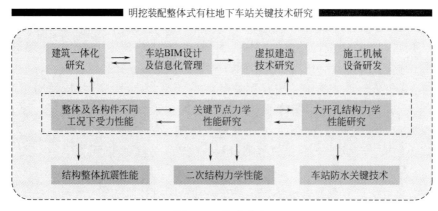

图3-48　技术方案

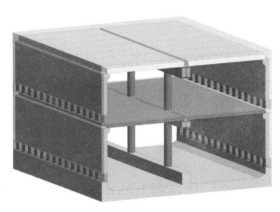
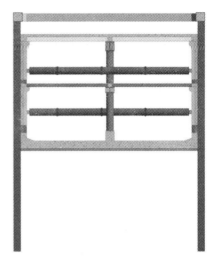

图 3-49　明挖装配整体式地下车站三维视图　　　　图 3-50　明挖装配整体式地下车站横断面

车站底板为现浇混凝土，中柱为钢管混凝土柱，外墙、顶板、中板及纵梁等均为预制叠合构件，底板与侧墙、中板与侧墙、侧墙与侧墙等均采用新型环扣连接节点连接，梁柱采用型钢组合结构，通过预应力和型钢抵抗施工荷载，最后浇筑混凝土形成整体框架结构形式，保证结构受力和结构防水（图 3-51）。

结合建筑、装修、管线等装配式一体化方案研究，以标准设计、模数协同以及集成化、信息化为目标，以 BIM 协作平台为手段，引入三维动态仿真技术全过程模拟装配建造，预判优化建造工序与工艺，同时建造过程中引入激光技术，构建智能化吊装防碰撞预警系统，实现设计、生产、施工等信息交互，全面提升装配式地下车站的智能建造技术（图 3-52）。

图 3-51　装配式地铁车站拼装图　　　　　　图 3-52　装配式地铁车站效果图

2）第三方评价：

① 装配整体式地下车站成套技术方案论证会专家结论：该装配整体式地下车站成套技术方案基本合理可行，进一步深化完善、科研验证后可为实施方案。

② 锡澄线南门站抗震设防专项论证会专家结论：该预制装配整体式地下车站结构总体上达到国际先进水平，其中单面预制外墙板的叠合结构形式和上下预制墙板间环扣搭接

节点新形式达到国际领先水平。

③ 明挖装配整体式有柱地下车站关键技术研究及工程应用科技查新结论：本科研多项研究成果处于国内外领先，填补行业空白，国内外无相关研究内容。

④ 无锡市装配式建筑设计阶段技术认证专家意见结论：星级评定为三星级。

（3）创新点与优势分析

1）创新点

① 提出了一种适用于富含水地层带内支撑的明挖法施工装配整体式有柱地下车站设计、施工方法，有效解决了装配式车站推广受限问题。

② 提出了采用单面预制外墙板的叠合结构形式，有效提高了装配地下车站防水性能。

③ 提出了装配整体式地下车站各构件新型环扣式节点连接方案，有效解决了预制构件有效连接问题。

④ 开展了装配整体式有柱地下车站整体及各构件不同工况下受力计算方法、"半预制＋半现浇叠合结构"抗震计算理论及计算方法研究，填补了国内空白。

⑤ 提出了装配式地下车站机电系统一体化技术，提高了机电系统的整体质量和性能。

⑥ 提出了装配整体式有柱地下车站智能化虚拟建造技术，有效解决施工过程构件拼装、定位问题。

2）优势分析

① 地层适应强。可广泛应用于富水软土地层带内支撑基坑。

② 防水性能好。采用单面预制＋现浇叠合结构，彻底突破装配地下车站防水难的技术卡点。

③ 结构适应广。不受结构跨数、层数影响，装配式地下车站结构形式灵活。

④ 预制构件轻。轻量化预制，运输优势明显，对拼装设备要求较低，有效降低建造成本。

⑤ 节点连接快。创造性提出新型环扣式节点连接方案，解决了预制构件连接复杂的施工痛点。

⑥ 拼装效率高。较传统现浇结构缩短30％工期。

（4）重点研究攻关方向

结合无锡南门站的研究和实践，中铁第四勘察设计院集团有限公司首创装配整体式叠合地下车站结构体系，形成了富水地区装配叠合整体式有柱地铁车站设计成套关键技术，位居装配式地下车站技术第一方阵，下一阶段重点研究攻关方向：

1）装配式技术研究广度。目前针对明挖装配式有柱地下车站、高架车站、明挖区间及部分构件等进行了一定研究，研究范围有必要进一步扩大，比如无柱车站、盖挖车站、机电系统等，形成全方位的装配式技术体系。

2）装配式技术研究深度。现阶段装配式技术成果偏向工程性，需要进一步提升研究的理论深度。

13. 智能建造与运维装备技术

（1）技术背景

1）技术领域

智能建造与运维装备技术是运用数字化、智能化技术形成建造装备和数字化集成管理平台，实现建造少人化或无人化及危重作业人工替代，主要应用于高层建筑、高速铁路、高速公路、桥梁隧道、矿山、水利、机场、港湾及城市更新等工程建设中预制构件生产、建筑施工和建筑维护作业或管理。

2）现有成熟技术简述

目前，在建筑部品部件的工厂化生产中，钢筋加工成型、混凝土布料与成型、起重转运（行车）等设备的自动化程度已具备相当能力，且能实现基于二维码的下料单，具备一定的信息化水平，但是在设备间的信息缺乏联通，导致中间转运和存储较多，需要人工辅助完成的工作较多。在建筑构件施工中、围护结构新建及改扩建施工中多采用塔式起重机、汽车起重机等方式进行吊装，施工中存在自动化程度低、就位难度大、施工效率低、劳动强度高、安全保障困难等问题。当前城市更新、老旧建筑加工、城市地下空间利用等场景越来越多，但由于其空间狭小导致很多机械装备难以应用，很多场合不同程度地依赖人工作业，导致施工安全性差、劳动强度大、效率低等问题。

（2）技术内容

围绕智能建造需求，开展数字化、信息化、网络化技术与传统建筑施工装备及建筑设备设施的有机融合研究，提升建筑施工装备与建筑设备设施的智能与安全水平，重点包括以下技术：

1）全链条成套装备技术

建筑预制部品部件的数字化、工厂化生产关键技术。钢筋骨架的自动组合成型技术与设备，钢筋骨架成型生产线的柔性焊接技术与设备，复杂预制构件混凝土数字化智能精确布料技术与设备，大型构件复合振动密实与高精度成型技术，构件台振系统与模振系统的成型技术与设备，可扩展组合式长线台座法生产技术与装备，构件生产关键技术及装备的系统集成（图 3-53）。

图 3-53　预制部品部件数字化工厂技术

适用于老旧基础设施拆除作业的多功能、多层多级重型作业与维护平台，施工现场构件高效吊装安装关键技术与装备。集构件吊运和安装等功能于一体的专用起重平台技术与装置，构件自动取放、调姿、寻位安装及临时定位支架技术与装置，构件吊装安装数字化自动控制技术与系统，构件接缝施工混凝土专用提模及快速布料技术与装置，模块化组合、信息化控制的外立面施工多功能自动升降作业平台技术与装备，装备工程应用协调保障技术（图 3-54）。

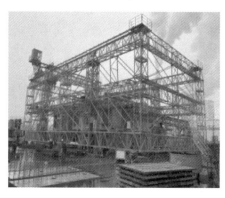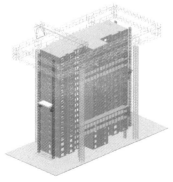

图 3-54　装配式建筑智能吊装平台

2）多功能智能作业机器人技术

与相关设备协同作业的智能化混凝土布料机，针对大体积混凝土密集浇筑作业需求，研发高效低能耗的混凝土输送浇筑设备。

针对韧性城市建筑建设需求，研究面向地下空间开发的智能化施工成套技术及其相关设施设备；针对狭小空间施工作业场景下施工装备的结构性短缺问题，研究智能建造机器人。重点研究隧道及老旧建筑地下空间加固改造用的多功能钻机微型化集成、智能化控制技术；研制具有较强环境参数感测能力、自适应钻进功能的大型车载钻机，以满足超深孔钻掘、应急钻掘救生通道等的需求；研发构配件智能安装机器人，解决狭窄空间重型构件（如人防门等）的安装难题（图 3-55）。

图 3-55　人防起重安装机器人

3）建筑外墙围护设备及其数字化管理技术

研发建筑外墙清洗维护智能设备，提升高品质绿色建筑的维护能力。重点研究基于高空悬吊技术的满足多场景的建筑外墙清洗维护成套作业设备技术，研究新型多功能悬吊平台，实现无人操控和应急防撞保护，研究基于物联网的维护作业设备数字化运维平台技术与装备；研究适用于建筑内外高大空间范围维护作业的高空作业平台技术（图 3-56）。

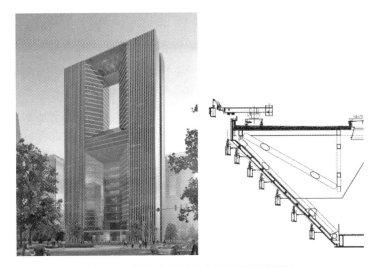

图 3-56　国家金融信息大厦内凹外墙维护

4）建筑设备智能检测及其数字化平台技术

为支撑建筑韧性提升，研发电梯等建筑设备的智慧运维技术及数字化平台，解决电梯检测及建筑机械智能检测与绿色评价技术（图 3-57）。

图 3-57　数字化管理平台

（3）创新点与优势分析

1）创新点

一是适应狭小空间的多功能重载安装机器人技术，能完成既有建筑改造中狭小空间、地下空间等施工条件下进行人防门等重型构配件的机械化自动安装，实现危重劳动的人工替代。

二是适应复杂建筑内凹型外墙维护的设备及其数字化管理技术，能保障各种墙体的安全、高效维护。

181

2）优势分析

目前数字化、信息化、智能化深入发展，在推动经济社会发展、促进国家治理体系和治理能力现代化方面发挥着重要作用，本技术针对建筑韧性提升、装配式建筑新体系、城市功能提升等领域的关键建造装备技术短板，聚焦构配件数字工厂、智慧工地、城市更新与既有城区改造中的智能化施工装备、建筑设备智慧运维中的共性技术与科学问题，融合数字化、信息化、网络化技术，在构配件智能化生产装备、多功能智能建造机器人、生产与施工装备数字化管理平台、建筑电梯等垂直运输设施及施工设备的智能检测技术等重点方向，形成包含设计、生产、建造、检验检测、运维、标准等在内的具有自主知识产权的智能建造装备全链条共性关键技术，支撑高品质绿色建筑建造技术的发展。

该技术可全链条系统解决智能生产、智能施工与智慧运维装备的技术难题，解决因短缺灵活多用的作业设备而带来的局部机械化施工难题，保证安全高效建造。一体化打通智能建造与运维信息流，形成数据共享，有利于数据挖掘，实现智慧高效管理。该技术可广泛应用于高层建筑、高速铁路、高速公路、隧道桥涵、矿山、水利、机场、港湾、市政、工业工厂等工程建设中，具有良好的经济和社会效益。

（4）重点研究攻关方向

拟重点攻克以下智能建造装备关键技术。

1）建筑部品部件生产智能化装备技术

研发建筑部品部件智能化生产共性基础技术，包括智能构件工厂规划、钢筋骨架加工、混凝土成型及钢筋混凝土生产线高效耦合系统，以及预制构件智能工厂的数字化管理平台等，重点研发钢筋骨架模块化拆解及自动化组合加工成型、高品质预制混凝土构件成型、预制构件生产 MES 系统的等关键技术。

2）建筑主体结构及围护结构施工智能化装备技术

针对装配式建筑等新型建造工艺体系及既有建筑更新改造等，研发适应其主体结构高效率装配施工、围护结构新建及改扩建施工的安全高效吊装技术、新型作业平台装备及技术、混凝土施工及其信息化技术等。重点研究建筑施工现场构件高效吊装安装的关键技术及装备，研究适应城市更新改造多种工况的系列化、成套化升降工作平台技术；研究适用于老旧基础设施拆除作业的多功能、多层多级重型作业与维护平台，研究与相关设备协同作业的智能化混凝土布料机，针对大体积混凝土密集浇筑作业需求，研发高效低能耗的混凝土输送浇筑设备；研究起重升降机械安全及其信息化技术，突破起重升降设备关键状态、关键部位、关键工序节点的信息感知与监控技术，研发新一代安全监控系统。

3）地下或狭小空间复杂工况施工与建造机器人技术

针对韧性城市建筑建设需求，研究面向地下空间开发的智能化施工成套技术及其相关设施设备；针对狭小空间施工作业场景下施工装备的结构性短缺问题，研究智能建造机器人。重点研究隧道及老旧建筑地下空间加固改造用的多功能钻机微型化集成、智能化控制技术；研制具有较强环境参数感测能力、自适应钻进功能的大型车载钻机，以满足超深孔钻掘、应急钻掘救生通道等的需求；研发构配件智能安装机器人，解决狭窄空间重型构件（如人防门等）的安装难题。

4）建筑设备智慧运维技术及数字化平台

为支撑建筑韧性提升，研发电梯等建筑设备的智慧运维技术及数字化平台，解决电梯检测及建筑机械智能检测与绿色评价技术；研发建筑外墙清洗维护智能设备，提升高品质绿色建筑的维护能力。重点研究在用电梯安全状况的综合性评估方法，构建安全隐患精准识别、安全风险量化管控的科学评价体系；研究电梯及其电气部件的能耗测试和科学评价方法，研究制定与电梯产品相适应的能耗限定值、能效等级分级指标及电梯的碳排放评价计算方法；研究在用电梯智能化检测方法，研究远程测试技术及装置；研究特殊环境用途电梯检验检测方法。重点研究基于高空悬吊技术的满足多场景的建筑外墙清洗维护成套作业设备技术，研究新型多功能悬吊平台，实现无人操控和应急防撞保护，研究基于物联网的维护作业设备数字化运维平台技术与装备；研究适用于建筑内外高大空间范围维护作业的高空作业平台技术。

（5）应用实例

案例十：深圳城市轨道交通 13 号线常规机电安装工程

1）项目背景

深圳城市轨道交通 13 号线常规机电安装工程位于广东省深圳市。深圳地铁 13 号线起于深圳湾口岸站，终于上屋北站，全长 22.450km，全部为地下线，设车站 16 座。工程标段一包含 8 站 8 区间（含相应同步实施工程）。工程主要包括通风空调系统、给水排水及水消防系统、低压动力照明系统。工程于 2018 年 1 月 10 日开工建设，2024 年 6 月 30 日交付使用（图 3-58）。

图 3-58　深圳城市轨道交通 13 号线线路图

2）应用情况和应用难点

该工程的建设地点大部分处于深圳市区的核心地段，地面交通量大、周围人群密集，这些客观条件限制了工程所能利用的临时用地面积。常规机电安装工程一般是将原材料运输到施工现场进行加工后安装，由于涉及专业多、管线数量大，导致需要在施工现场具有一定的材料存放、加工制作的场地。这与本工程的先天条件形成强烈的冲突，极大地影响了常规机电安装工程建设。

为了保证建筑业健康有序发展，国家积极提倡推动新型建筑工业化的发展，按照"模块化设计、工业化生产、装配式安装和组织管理科学化"的理念，提升工程品质和生产效率。将本工程的机电管线的预制加工在施工现场以外进行，将生产好的预制机电管线运输到工程现场安装，通过该技术将会解决本工程所面临的不可调和的矛盾。

① 基于 BIM 的装配式设计

信息收集：装配式机房的深化设计是在原设计的基础上进行优化调整，以 BIM 技术为基础，在深化设计前，需要收集项目实际采购的设备和阀门的 BIM 族文件或关键尺寸信息，以确保深化的精度，保证模型与实物做到真正的 1∶1 对应（图 3-59）。此外，现场运输通道及吊装口限制尺寸也是不可缺少的重要信息，需要根据限制尺寸大小确定装配式模块允许的最大外形尺寸，防止出现模块尺寸设计过大造成无法运输或吊装的情况发生（图 3-60）。

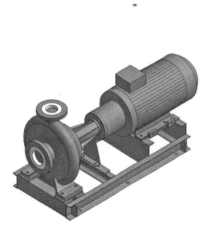

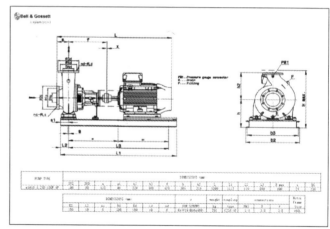

图 3-59　设备厂家提供的 BIM 族　　　　　图 3-60　设备厂家提供的设备尺寸

管线分段与模块设计：根据收集的资料信息，即可进行机房管道分段、模块划分设计，必要时可对机房排布进行局部优化调整。管道分段点处使用法兰连接，管道分段的原则是：考虑管道构件预制加工的可操作性，尽量以阀门为自然分段点，非必要不增加额外分段点，并在必要的弯头处设置综合误差补偿段（图 3-61）。模块划分的思路是，以模块允许最大尺寸为限值，综合机房的平面布置，将成排成组的水泵、设备 2 台或多台集成到一个模块内，包括设备进出水管的阀组等，满足规范要求的检修间距即可（水泵净间距一般为 0.7m）。模块外框根据模块重量使用 10 号以上工字钢制作，设备主管道以模块框架为支架，成排布置在模块框架顶部（图 3-62、图 3-63）。

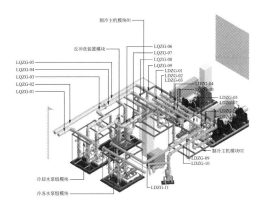

图 3-61　机房管道分段及模块划分

图 3-62　机房冷冻泵
模块设计三维图

图 3-63　模块框架
设计三维图

模块受力分析：通常成品泵组模块内应包含水泵进出水主管、模块框架及吊耳、设备进出水端管道及阀组、减震器及减震台座，模块内集成度较高，重量一般为 2～4t。因此，模块初步设计完成后，使用专业软件进行模块受力分析，对模块框架承载能力进行复核。根据验算结果分析，结果不满足要求时，相应调整型钢规格或位置，直至验算结果合格（图 3-64）。

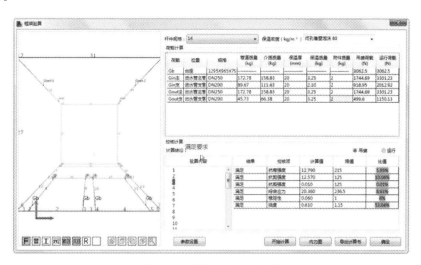

图 3-64　模块框架受力验算

导出生产加工图：为便于管道构件生产、运输及安装等管理，机房管道分段及模块设计完成后，需先对整个机房管道构件按照一定规则（按系统或构件类型）进行统一编号，形成构件清单。编号完成后，使用 Revit 软件将深化完成的装配式机房内所有构件生产加工图导出，加工图需明确管道材质、法兰类型、关键尺寸数据及加工数量等信息，对于简单构件，使用二维图表达即可，对于较复杂的构件需要附上构件三维视图进行表达，便于生产技术交底（图 3-65、图 3-66）。

② 基于数字控制的预制化生产

根据 BIM 软件生产的预制加工数据，输入预制加工设备生产制造，通过带有机器视觉的自动焊接机器人实现复杂、异型构件的生产。

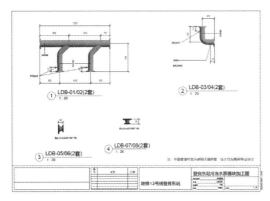
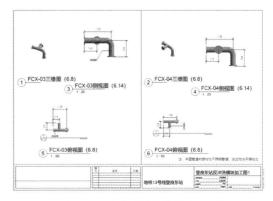

图 3-65　冷冻泵模块构件加工图　　　　　图 3-66　反冲洗模块构件加工图

　　装配式空调管道采用自动化生产设备在工厂对管线进行预制，采用法兰连接方式现场拼接组装，阀组、泵组等在工厂集成装配成模块单元，直接运输至现场就位安装。

　　采用机器人 CO_2 保护焊接代替手工电弧焊，焊接变形小，提高了焊接低合金高强钢抗冷裂纹的能力、焊接标准，焊缝饱满、美观，表面平整无焊瘤、咬肉、凹陷等缺陷，同时也避免人工焊接水平不够造成焊缝不合格的质量问题，确保了产品的标准性及合格率。经管道打压试压，管道机械焊接焊缝合格率为 100%（图 3-67～图 3-70）。

图 3-67　机器人马鞍口自动焊接工作站

图 3-68　焊接机器人

图 3-69　悬臂式管道自动焊机中心

图 3-70　焊缝美观、表面平整
无焊瘤、咬肉、凹陷

管道下料采用数控相贯线等离子切割机，根据设计图纸输入管道规格、壁厚、坡口角度、切口间距等参数，精准实现对管道下料及开口，实现下料、开口误差控制在 1mm 以内，确保下料精准性，提高产品质量（图 3-71、图 3-72）。

管道组对采用机械组对平台，极大地提高了管段与法兰的垂直合格率，降低法兰错位率，提高产品的标准度（图 3-73）。

图 3-71　管道数控机械下料　　图 3-72　管道数控机械开口　　图 3-73　管道组对平台

③ 基于信息化的生产管理

通过对各个预制生产的工艺进行梳理形成标准化的制造工序。通过在管理系统中将各个预制化构件与制造工序形成对应关联，可以指导生产车间明确相应的生产过程（图 3-74）。

图 3-74　工序族库

对地铁项目的各个车站的预制构件生产订单在系统中录入形成生产数据，根据每个生产任务单制定每天生产计划，明确生产车间的生产目标；生产任务完成通过成品质量检查形成成品入库数据（图 3-75）。

在管理系统中对各个构件生产对应生成二维码，方便指导施工现场的装配式安装。二

图 3-75　构件快捷生产清单

维码文件配合扫码设备的使用，同时也可以对生产、安装的进行形成统计数据和图表（图 3-76～图 3-78）。

图 3-76　系统二维码生成

项目名称	13号线登良东站	
部位	1#-1F-法兰短管管道构件	
构件型号	DN200	混凝土强度等级:C15
构件编号	2022_DN200_00002	
中建五局安装华南装配式机电生产基地		

项目名称	13号线登良东站	
部位	1#-1F-法兰短管管道构件	
构件型号	DN200	混凝土强度等级:C15
构件编号	2022_DN200_00004	
中建五局安装华南装配式机电生产基地		

项目名称	13号线登良东站	
部位	1#-1F-法兰短管管道构件	
构件型号	DN200	混凝土强度等级:C15
构件编号	2022_DN200_00001	
中建五局安装华南装配式机电生产基地		

项目名称	13号线登良东站	
部位	1#-1F-法兰短管管道构件	
构件型号	DN200	混凝土强度等级:C15
构件编号	2022_DN200_00003	
中建五局安装华南装配式机电生产基地		

图 3-77　二维码标签（示意）

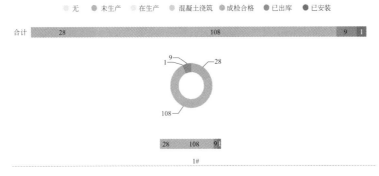

13号线登良东站

图 3-78　生产数据统计

④ 基于标准化的现场装配

设备定位复核及就位：在装配式机房深化阶段已将机房内所有设备位置定位明确，并将对应的设备基础进行深化。机房内制冷主机、装配式模块现场安装时需按照深化方案的定位尺寸进行精准就位，再采用三维扫描仪进行现场扫描，核对 BIM 模型，复核设备就位尺寸，精度可达毫米级。复核后，按照复核结果对模块及主机位置微调即可。

装配化施工：装配式模块及制冷机组就位后，按照机房整体装配图进行模块外管道构件连接装配（图 3-79）。现场管道构件连接，只需要进行法兰装配连接，无需进行焊接、切割等操作，减少了现场的废气、噪声污染及安全隐患（图 3-80）。

图 3-79　工人正在进行机房装配施工

图 3-80　机房完成装配安装

3）应用成效

智能建造设备及技术应用为本工程 8 个制冷机房提供了 40 个装配式模块、1260 个预制管道构件。与传统施工方式对比，节约人工 20％，降低施工成本 8％，节省施工工期 60d。

该技术的应用避免了现场大量动火焊接作业，通过材料优化排版减少了现场废料的产生，有效提升了安全性、现场文明施工观感。项目团队得到建设方的赞誉与肯定。

4）后续展望

本工程通过基于 BIM 的装配式设计、基于数字控制的预制化生产、基于信息化的生产管理、基于标准化的现场装配充分证明了智能建造技术先进性和可行性。由于相关技术水平的限制，智能建造技术仍有很广阔的发展及升级空间，例如更为先进的智能化预制生产线、可以替代人工作业的现场装配式机械设备等。

14. 大跨度双斜拱支双曲抛物面索网结构技术

（1）技术背景

1）技术领域

本技术属于钢结构施工技术，主要适用于大型场馆索网结构屋盖的施工。本技术应用在成都露天音乐公园双面剧场主舞台罩棚（屋盖），结构跨度为180m，两边采用五边形变截面双曲斜拱作为支撑，中间为双曲抛物面索网。

2）现有成熟技术简述

索网结构一般由两组曲率相反的索形成，下凹的索为承重索，作用为承受屋面恒荷载和向下的活荷载；上凸的索为稳定索，作用为承受由风荷载产生的向上的吸力作用，两组索相交处由索夹连接，索网两端锚固在周边刚性构件上索网屋盖体系。该结构体系从20世纪50年代开始应用，因可实现超大跨度、结构轻盈，并可显著降低造价成本，目前已有较多的应用工程案例，国内的典型应用如2022年建成的北京奥运会国家速滑馆、苏州奥体中心游泳馆等。目前索网结构案例中，周边的刚性构件主要采用的是闭合的空间环梁，索网张拉时可以形成较好的自稳定体系。

索网结构的施工目前常采用3种方法：一是原位安装法，即搭设满堂脚手架，在高空安装稳定索和承重索，采用中心向四周依次张拉，该方法主要应用于结构尺寸较小的场景；二是采用溜索施工方法，先将承重索提升到设计标高并张拉锚固，然后采用溜索方式布设稳定索并张拉锚固；三是整体提升法，即在地面上先完成承重索与稳定索的布设和组装，然后整体提升至设计位置，再依次张拉索网形成预应力的方法。对于大型场馆屋盖的实施建造，目前常采用后两种施工方法。

（2）技术内容

1）大跨度双曲变截面钢斜拱信息化精准安装控制技术

施工采用信息化控制技术，实现结构的高精度成型安装，建立了结构与施工措施的一体化理论模型，在建立精细化结构模型的同时，考虑施工平台、安全通道、支撑结构等施工措施一体化设计，实现了结构安装过程的精确放样，指导实际安装（图3-81）。

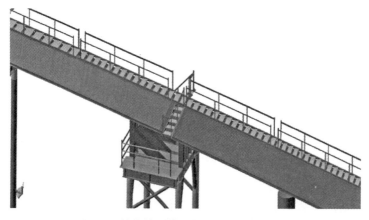

图3-81 结构精细模型与措施的一体化模型

研制了基于 BIM 的小变形加工技术，利用 BIM 对钢拱拱段截面的每个面进行拆解，并利用 BIM 的深化设计数据，采用卷管机进行各拱段边的弧度加工，利用搭设可调节的空间胎架和人尺寸钢结构焊接工艺进行对空间拱段曲面成型质量进行控制；拱段完成后，搭设拼装胎架对结构进行预拼装，将拼装数据返回 BIM 中进行数据对比，对偏差进行修正，并基于 BIM 设计拱段对接定位点和连接件（图 3-82）。

图 3-82　基于 BIM 的小变形加工技术

信息化技术控制结构拱安装，考虑荷载、边界、结构时变性，建立了大跨钢结构非线性时变分析模型，实现了施工全过程内力与变形反演，提前采取反偏措施控制结构变形大的位置，并优化出合理的安装和卸载工序，指导施工。采用智能检测技术对结构成型状态实时检测，通过与计算分析数据、理论位形数据对比分析，量化控制下一阶段施工，实现了控制钢结构施工轴线偏差在 3mm，对口偏差在 2mm（图 3-83～图 3-85）。

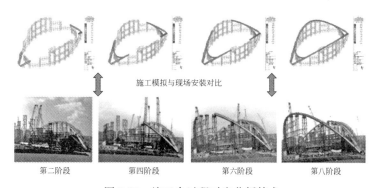

图 3-83　施工全过程时变分析技术

图 3-84　五边形变截面抛物线斜拱分段吊装　　　图 3-85　五边形变截面抛物线斜拱高精度合龙

2）双曲抛物面索网提升张拉与斜拱协同卸载技术

通过计算反演获得结构性能演化及施工工序；对斜拱安装和拉索制作后的误差进行实测，根据两者误差值来调整拉索张拉端丝杆的外露长度，索网施工采用同步整体提升承重索和稳定索，先张拉承重索、后稳定索，按同步、分级、对称进行张拉，依据反演分析按卸载的时间和顺序控制斜拱支托的切除；并实时监测结构的位形、索力、拱应力，以控制整体位形为主，控制索力为辅，控制斜拱与支托的逐步脱离，实现索网提升张拉和斜拱脱模协同有序。经对比，索网位形与垂度比值最大偏差控制在 0.44%，索力偏差为 7.5%，精度比设计允许值提高 25%（图 3-86～图 3-88）。

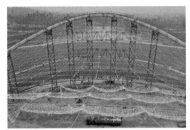  

图 3-86　索网整体提升张拉　　　图 3-87　实时控制斜拱　　　图 3-88　拱支双曲抛物面索
　　　　　　　　　　　　　　　　支托焊缝的切除　　　　　　　网张拉与斜拱协同卸载

（3）创新点与优势分析

1）创新点

研发了大跨度复杂钢结构信息化控制精准建造技术，解决了空间变截面异型构件加工、拼装成型的精度控制难题，实现了量化控制构件高精度建造，控制钢结构施工轴线偏差小于 3mm，对口偏差小于 2mm。

研发了双曲抛物面索网提升张拉及斜拱协同卸载施工技术，解决了索网张拉过程索网与斜拱位形均变化导致内力变化大、安全风险高的难题，实现了索网提升张拉及斜拱协同卸载的协调有序，索网位形与垂度比值最大偏差控制在 0.44%，索力偏差为 7.5%，精度比设计允许值提高 25%。

2）优势分析

施工全过程信息化技术的应用，促进了建筑业向信息化技术转变升级，实现控制大型复杂钢结构施工精度比规范设计精度提高 25% 以上；索网张拉与斜拱协同卸载技术的应用，需要同步控制斜拱发生较大变形的协调，进一步拓宽了大跨索网结构的建造应用领域，促进了行业建造技术的发展。

本技术实现了缩短工期 25d，减少施工过程管理及相关费用 230 万元，同时为后续幕墙、膜结构安装提供便利，减少幕墙、膜结构安装成本 632.175 万元。

（4）重点研究攻关方向

1）大跨度双斜拱支双曲抛物面索网结构施工技术，主要应用在大型场馆采用索网结构的屋盖结构体系中，当前承接的同类型项目相对较少，技术进一步推广需要更多的同类型项目，需要进一步拓展可应用该技术同类工程的市场资源。

2）发展基于建造过程多数据融合的实时数据共享技术，大跨度拱支双曲抛物面索网结构建造受到结构复杂性、过程多变性、条件多样性等因素影响，同时还存在多工种配合、多专业协调、多领域交叉的特点。因此，未来还需要以大跨度拱支双曲抛物面索网结构建造关键技术为基础，进一步研究更加深入的施工模拟技术理论，考虑更复杂的施工过程不确定性与随机性因素，利用 BIM 平台进行建造数据高效整合，并建立与不同软件的数据高效共享传递技术，提高施工过程的信息化程度，需联合高校优势资源进行科研攻关。

3）该技术对施工全过程信息化技术进行了较全面的应用，但结构施工过程计算分析和实时检测数据对比分析和钢结构施工过程纠偏，还依赖于专业人士对数据的对比分析和判断，施工效率较低，可进一步开展大型复杂钢结构信息化与智能化应用技术的研究，研发考虑钢结构施工过程误差自动纠偏分析智能技术，实现实时指导大型钢结构安装，需进一步联合高校优势资源进行科研攻关。

15. 空间双曲面薄壳结构混凝土高致密喷射成型技术

（1）技术背景

1）技术领域

国家雪车雪橇中心赛道为我国首条雪车雪橇赛道，其为空间双曲面薄壳结构，每一个部位的弧度均不相同，无法支设模板，只能采用结构混凝土喷射工艺，此工艺为国内首次应用（图 3-89）。

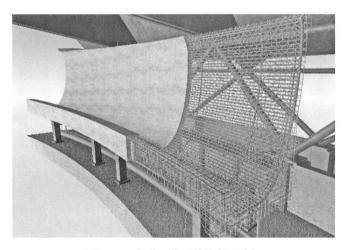

图 3-89　赛道双曲面结构断面分解

2）现有成熟技术简述

国内相关技术：雪车雪橇赛道建设为国内首次，双曲面混凝土结构喷射工艺无任何相关工程案例；混凝土喷射技术在国内主要用于地下工程、边坡工程、基坑工程、高炉内衬喷涂、结构加固等工程。工艺较简单，一般在原结构表面湿喷混凝土，只需单面成型，但其密实度低、黏聚性差、不易收面、抗裂性能较差、耐久性差。国内暂无高致密性、高黏聚性、高抗冻融性的高墙结构喷射混凝土材料及喷射工艺。

国外相关技术：欧美早在 19 世纪 30 年代便开始研究喷射混凝土工艺，目前已具备成熟喷射技术，广泛应用于主体结构施工。同时，在雪车雪橇赛道建设领域，国际上使用喷射混凝土技术完成的长线型空间双曲面结构赛道已有 15 条，相关国家已具备了一套完整、成熟、先进的赛道建造技术，其具备较好的抗裂性与低收缩性、良好的表面修饰性和凝结时间的可调性，喷射手法和工艺满足赛道制冷要求和赛事使用要求。

（2）技术内容

1）技术原理

通过对赛道结构喷射工序和工艺长期研发探索和大量试验，确定喷射机参数选配和喷枪喷射角度、距离、速度等参数，解决赛道结构内部喷射夹渣影响强度和孔洞隔热影响制冰问题，实现高压喷射反弹率控制在 6% 以内，研发出各工序的喷射工艺；结合喷射混凝土初、终凝特性，研发国内首套系列赛道修面专用工具，以实现赛道结构毫米级精度控制和异型轮廓造型（图 3-90）。

图 3-90　结构混凝土喷射示意

2）技术实施

① 赛道结构混凝土高致密度喷射

赛道结构混凝土喷射工艺特殊且工序复杂，内部骨架错综复杂，且对喷射密实度要求极高，内部制冷管道和钢筋网的周围均须紧密包裹混凝土，且内部不能有回弹和回灰。回弹和回灰一方面会影响赛道物理强度，另一方面会降低制冷的传导，造成局部难以制冰（图 3-91）。

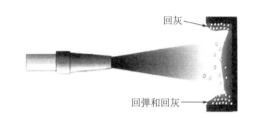

图 3-91　喷射回弹和回灰产生示意

因此，为减少高压喷射形成的有害杂质回弹和回灰；喷射过程中，吹扫手会同步于喷射手，以合适的角度和时机采用特制高压吹扫管将高压喷射反弹落入赛道骨架中的回弹料和粘附在钢筋网片的回灰吹出赛道，确保赛道连续喷射中，回弹和回灰均同步清理（图 3-92）。

图 3-92　高强段赛道基层喷射和吹扫

通过对各工序分区的喷射可操作性、喷射料的坍落度、喷射成型效果、实体密实度、杂质产生和清理有效性等因素做反复试验论证，最终将赛道竖向剖面划分 13 段喷射分区和 13 步喷射工序。每道工序的喷射工艺参数和喷射混凝土需求的坍落度数值均不同；工序间的顺序须严格遵守；每段单元喷射和修面需连续进行，单次纵向喷射距离和工序搭接须密切结合喷射混凝土实时环境气候下的初终凝时间和混凝土的软硬状态作调整（图 3-93）。

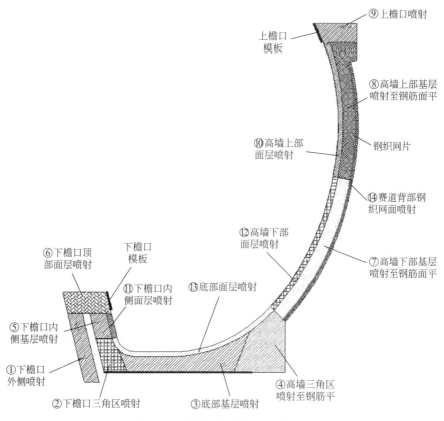

图 3-93　赛道结构混凝土喷射工序

② 赛道毫米级精加工成型

结合喷射混凝土初终凝特性、喷射工艺和曲面控制系统，研发国内首套赛道喷射和修面成型关键工具（图 3-94）。

图 3-94　国内首套赛道喷射和修面成型关键工具

精加工成型工作须在各分区混凝土初凝后至终凝前进行，首先清理赛道基层浮料，在表面完成一次预加工成型，取出度找平管，采用喷射废料将空隙密实填充，二次精加工修面并做拉毛粗糙化处理（图3-95、图3-96）。

图 3-95　赛道表面精加工

图 3-96　赛道结构成型

3）关键技术指标（表3-13、表3-14）

喷射设备各项指标 表 3-13

项目	性能指标
喷射泵送流量(m^3/h)	9～12
泵送料管内径(mm)	50
喷嘴口内径(mm)	38
空气压缩机工作压力(MPa)	8
喷射软料管长度(m)	≤50
出气量(m^3/min)	14

喷射混凝土各项指标 表 3-14

项目		性能指标
混凝土强度等级		C40
坍落度(mm)		60～140
含气量(喷前)(%)		6～10
凝结时间(h)	初凝	5～8
	终凝	6～10
抗压强度(MPa)	1d	≥5
	7d	≥25
	28d	≥40
抗弯强度(MPa)	28d	≥4.4
抗渗等级		≥P6
抗冻融循环		F400级
氯离子含量(%)		≤0.06

（3）创新点与优势分析

1）创新点

一是通过对线型薄壳曲面结构喷射工序和喷射工艺长期研发探索和大量试验，完成了喷射参数选配，揭示了喷射角度、距离、速度、回弹、路径等同密实度的作用机理，首创了国内结构混凝土高致密度喷射技术和喷射夹渣同步吹扫工艺及工法，解决了赛道结构内部喷射夹渣影响赛道强度和扎洞隔热影响制冰问题；高压喷射反弹率控制在 6% 以内；实现中国首条长线型双曲面赛道的结构喷射建造。

二是针对国内首条喷射赛道表面精加工成型技术的空白，结合喷射混凝土初终凝特性、喷射工艺和曲面控制系统，首创长线型曲面赛道毫米级成型技术，保证了世界级竞技的运动安全；研发国内首套系列专用工具，为实现首创成型工艺的可行、赛道精度控制和异型轮廓造型提供保障。

2）优势分析

① 社会效益

空间双曲面薄壳结构混凝土高致密喷射成型技术在我国首条雪车雪橇赛道上的成功应用，减少对外方相关技术依赖，成功打破了国外对赛道施工技术的垄断，填补了国内空白。同时形成了《喷射混凝土应用技术规程》JGJ/T 372—2016，也为实现异型建筑结构提供了新的途径，成为国内喷射混凝土技术新的里程碑。

② 经济效益

赛道专用喷射混凝土材料制备及结构混凝土喷射成型技术在国内首次应用，合计创造效益 7293.400 万元。

（4）重点研究攻关方向

喷射混凝土作为继模筑混凝土之后一种被广泛应用的技术，具有强度增长快、粘结力强、密度大、抗渗性能好的特点，同时，喷射混凝土施工将输送、浇筑、捣固几道工序合而为一，因而施工快捷，使得施工质量和效率得到很好的保证。

结构混凝土喷射成型技术为实现结构特征复杂的异型建筑提供了新方法和新途径，解决了异型结构采用常规立模浇筑混凝土方法难以实现的问题，同时，此技术可降低模板用量和人工用量，且混凝土的强度和抗冻融性能都有显著提高。

未来可将双曲面喷射混凝土成型技术推广至复杂造型的建筑结构、城市雕塑、长距离隧道等项目中，还可用于大型主题公园和场馆异型结构，也可应用于市政桥梁、民用建筑承重结构、水利大坝等的修复加固以及特种结构施工。针对后期将举办冬奥会但又无雪车雪橇相关建造经验的国家，还可提供相关关键技术支持、国际咨询和服务等，具有广泛的应用前景。

3.3.4　运维技术类关键技术

1. 城市公用基础设施智慧管养应用研究技术

（1）技术背景

1）技术领域

西安国际港务区养护智慧运管平台充分利用物联网、云计算等新一代技术，综合运用交通科学、人工智能等理论与工具，进行数据的采集、分析、整理、存储、整合、应用等，为通畅公众出行和可持续的经济发展服务。

2）现有成熟技术简述

随着 5G 时代的到来，越来越多的人工智能产品将代替传统行业的劳动力输出，在这个发展迅速的年代，顺应社会发展趋势，响应国家号召，才是企业发展之根本。对于数字化技术与智能化设备，欧美及日本等发达国家必然是处于领先水平。国内外的发展趋势大同小异，在未来，基于"互联网＋"的智能化设备越来越多，而且更新换代加快，也更加人性化，设计周期减短，生产效率高，实现由"制造"向"智造"的转型，人工智能和智慧设施将会应用到各行各业，提高经济效益与社会效益。

根据目前市政基础设施养护管理模式，由养护单位进行巡查上报，经业主方审核批复后，下发派工单，养护单位在接到派工单后进行施工。这种管理模式导致城市道路病害维修反应慢，在这过程中有一定的延误，影响了道路病害维修的及时性，进一步影响智能化、信息化体制的推进。目前港务区所管辖的城市道路出现一些病害或某些使用功能不足时，才开始考虑到制定养护维修计划，会造成维修成本增大，缩短道路使用年限。在道路修建和使用时考虑养护是最科学的。目前养护项目一是针对有破损地方进行修补，二是进行应急抢险工作，未能开展实质性的养护工作，因为城市道路养护项目繁多，涉及方方面面，对养护队伍和设备要求高。

（2）技术内容

面向大体量市政基础公用设施管理集约化、养护精益化、管控数字化的技术需求，借助 GIS、BIM、互联网＋等信息技术，分析城市公用基础设施管养面临的主要问题和功能需求，提出城市公用基础设施智慧管养信息系统实施方案，构建城市公用基础设施智慧管养可视化平台，具体研究内容如下：

1）城市公用基础设施管养问题和需求分析。

2）城市公用基础设施智慧管养信息系统实施方案。

3）城市公用基础设施智慧管养可视化平台构建。

（3）创新点与优势分析

1）创新点

① 提出面向市政道路及配套设施管养功能需求的智慧管养信息系统框架，构建基于BIM、GIS、互联网＋的市政道路及配套设施智慧管养可视化平台。

② 提出城市公用基础设施智慧管养信息化系统实施方案。

2）优势分析

① 预期达到的主要技术经济指标效益分析

城市公用基础设施智慧管养技术应用研究搭建了智慧运管平台，运用 5G 技术对传统设备进行智能化改造，在设施上安装智能模块，第一时间将故障信息上报至智慧城市运管平台，相关人员 10min 内到达现场，2h 内排除故障。在道路巡查车上安装路测宝系统，对经过的路面进行自动扫描、检测和分析，指挥中心根据具体情况调配人员和设备，24h 内完成病害处理，真正实现了全区域、全天候的专业城市运维。智能化模块还能对设备运行情况进行自检，做出故障预警，把故障消除在萌芽状态，实现了设备与平台之间的互联互通，做到了数据传输的即时性、准确性、全面性，提高了运维作业的质量和效率，具有良好的经济效益和社会效益。

② 成果推广应用前景分析、适用范围和成果转化经济效益

城市公用基础设施智慧管养技术应用研究搭建了智慧运管平台，能够解决区域性、多专业的运维难题，实现大数据自动化分析、全设备信息化监测、多专业融合化运行的运维新高度，做到了历史数据的随时查询，未来决策的数据支撑。智慧运管平台实现了市政基

础设施的一张图管理，信息数据实时对接，多层次同步进行、多专业协同作业，及时发现问题，快速解决问题，让城市运维低成本、高效率，在全国城市市政公用设施智慧运维方面具有广泛的推广应用前景。

（4）重点研究攻关方向

1）构建基于 BIM、GIS、互联网＋的市政道路及配套设施智慧管养可视化平台。

2）基于智慧管养可视化平台，进行大数据处理。

自 2019 年年初，对标国内城市运营一流企业——上海隧道股份有限公司，引进行业先进智慧运维理念，于 2020 年 4 月在西安国际港务区建立了西北地区首家智慧运管平台。

平台业务功能包括：

1）物联网设备综合监测与预警：对项目内的智慧路灯、智慧井盖、智慧箱变、智慧信号灯以及智慧亮化设施进行在线监测，对异常设备进行报警。

2）设施档案资产管理：并对港区内设施设备的增加、折损进行数字化全寿命跟踪，评估资产价值。

3）巡查养护管理：利用电子地图，建立虚拟坐标点位，用于标记巡查到位情况，生成巡查到位率指标。巡查过程中，发现问题可进行事件上报。此外，通过巡查车上加装的摄像头实时获取现场情况，并记录车辆轨迹，实现轨迹回溯。

4）事件工单管理：对上报的各类事件自动生成事件工作流，详细记录工作流中各环节情况，且只有事件完成后才能归档，可实现闭环管理。同时，根据需要，可将已归档的事件导出成报表，满足业务需要，实现无纸化办公。

5）应急资源管理：对园区内的应急资源进行管理，并建立应急预案机制，针对园区内发生的事件可第一时间做出响应。

以西安国际港务区 90km² 范围内道路及市政公用设施维修养护工程为基础，按照辖区内所包含的市政道路、给水排水、路灯箱变、交通设施、泵站维护、交通信号灯等不同专业划分，分别以试验点的形式装有智慧路灯 80 多盏，智慧井盖 2 千个、智慧箱变 60 余台、信号灯以及亮化设施 50 多台。通过运管平台对此区域道路及配套设施的维修养护管理，较传统养护模式提高了生产效率，达到节能高效，具有良好的经济效益和社会效益。

根据区域内智能化养护需求，本项目已投资 1480 万元，用于购置与智慧运维管控平台配套的先进机械设备。

2. 城市地下基础设施运行综合监测关键技术

（1）技术背景

1）技术领域

本技术主要应用于城市地下基础设施运行安全的感知监测、知识决策与诊断管控，应用领域主要包括地下综合体、地下综合管廊和地铁三大典型场景。

2）现有成熟技术简述

目前，国内外城市地下基础设施运行综合监测相关研究处于起步阶段。日本基于大数据的剩余寿命预测制定基础设施长寿命计划，美国洛杉矶区域连接线轨交工程采 Shape-Array 自动化地层监测系统，英国伦敦地铁银行站应用了剑桥研发的光纤传感系统，南京市江北新区中央商务区规划了地下空间数据共享平台，山东青岛市勘察测绘研究院以地下空间设施与岩层地质为对象建立了地下空间智慧化平台。虽然城市地下基础设施运行综合监测是目前国内外的研究前沿和热点，但是在地下基础设施灾害机理分析方面，灾害风险预测、多灾害耦合作用等方面的基础理论尚不完善，尤其风险决策缺少量化方法支持，缺乏关键节点脆弱性分析；在地下基础设施状态在线监测技术方面，多为实验性研究，科学性、系统性不足，难以实现长时期、远距离、多维度多参量的综合监测；在地下基础设施移动巡检方面，多采用定期人工检查方式，巡检范围不全面、效率低、易误判，同时目前搭载传感器的机器动态巡检装备，因多源数据时间不同步，导致检测误差较大；在智能诊断决策方面，缺少有效数据支撑的灾害分级预警系统。

（2）技术内容

1）基于模型与知识协同驱动的风险推理及决策支持知识库。覆盖 6 种灾害情景、20 种灾害风险事件，建立模型与知识协同驱动的地下基础设施运行风险推理及决策支持知识库，服务于灾害发展全过程，提升了风险推理及决策支持准确性，提高了风险应对效能（图 3-97）。

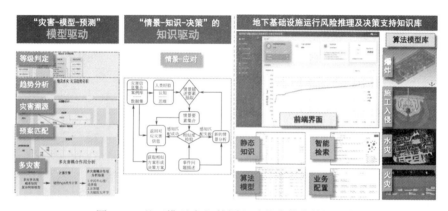

图 3-97 基于模型-知识协同驱动的决策支持知识库

2）基于微结构光纤声谱传感的异物入侵在线监测技术。采用微结构光纤分布式声波传感技术对异物入侵事件声波振动信号进行智能识别，通过神经网络的智能识别，提升系统识别率；采用微结构散射增强光纤和相位解调算法，实现高灵敏度实时探测外部施工、人员、动物入侵声谱信息，定位精度最高可达 2m，可实现零漏报及低于 10％的误报率（图 3-98）。

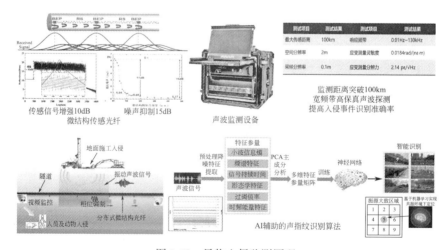

图 3-98 异物入侵监测原理

3）光纤分布式隧道结构形变传感技术。采用光纤光栅监测隧道腰部曲率变化，通过波长漂移解调，换算为隧道 X、Y 方向形变，建立光纤光栅波长变化量与形变量的对应关系，实现隧道结构收敛的实时监测。测量距离长达 100km，应变测量精度 20με，定位精度 0.5m，监测精度 2mm（图 3-99）。

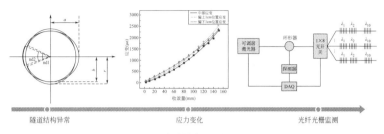

图 3-99　隧道结构形变监测原理

4）自动扶梯故障在线监测技术。基于物联网大数据平台，实时分析自动扶梯（梯路、驱动主机、扶手带、减速器、制动器）运行状态数据，实现多维故障监测、故障识别、健康评价和维保联动；采用行为分析＋AI 识别算法，自动识别乘客不安全行为（婴儿车、翻越、大件行李、逆行），识别准确率在 90％以上（图 3-100）。

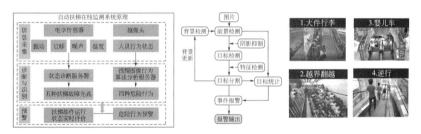

图 3-100　自动扶梯在线监测原理

5）网隧限一体化巡检机器人。研究移动激光扫描全域覆盖和定点激光扫描局部增强技术、激光测距多传感融合技术，实现隧道内轮廓变形检测相对精度 2mm，绝对精度 5mm；接触网检测几何参数误差±5mm；接触轨检测几何参数误差±2mm；线路发热检测识别率≥90％（图 3-101）。

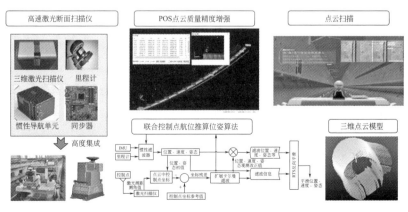

图 3-101　网隧限一体化巡检机器人关键技术

6）轨道综合巡检机器人。研究"巴克豪森电磁效应-超声"复合动态检测、焊缝一体化探伤扫查、图像识别技术，实现钢轨表面到内部、早期到晚期全断面、全生命周期服役状态及损伤综合检测。钢轨内部伤损、表面伤损、焊缝伤损、扣件缺失检出率≥90%；轨道几何尺寸检测轨道轨距误差±0.3mm；水平超高误差±0.5mm（图3-102）。

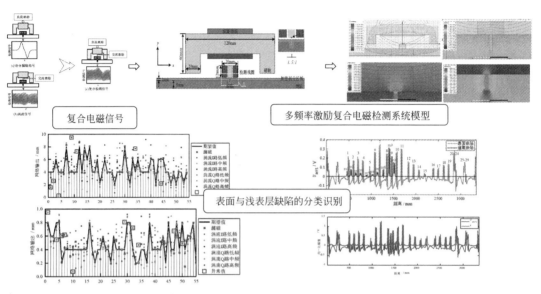

图3-102　轨道综合巡检机器人关键技术

7）内嵌知识的多维异构时空数据关联融合系列算法。研发了内嵌知识的机器学习算法，建立了城市地下基础设施灾害溯源、演化、耦合的时空关联模型，解决了灾害树方法缺乏实时性、动态性的问题，使得决策更加客观、全面和准确，保障灾害预报准确率达到90%以上（图3-103）。

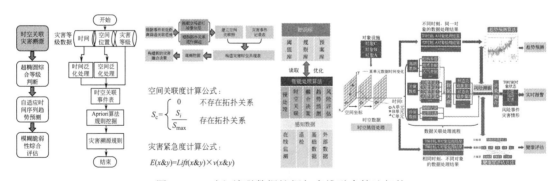

图3-103　时空关联数据挖掘与多维融合算法架构

（3）创新点与优势分析

1）创新点

一是构建了灾害风险推理演化的全过程分析方法，提出了融合BIM和元胞自动机技术的多灾害耦合机理作用模型及风险决策技术，研发了基于模型与知识双驱动的智能决策支持知识库，实现地下基础设施运行风险的智能推理及决策支持。

二是研发了地下基础设施大尺度高灵敏监测和高精度一体巡检技术及成套装备,构建了监-检融合全时域智能感知体系,突破微结构集成增敏光纤、高保真声谱反演成像、地下复杂环境高精度定位等关键技术,实现地下基础设施全寿命周期病害实时诊断与智能辨识。

三是研发了具有 PB 级多源多维时空大数据融合和分析能力的城市地下基础设施全息感知与智能诊断平台,实现了运行安全状态分析、灾害预警及趋势预测、可视化应急指挥。

2)优势分析

社会效益:项目成果首次实现并提供了"风险感知—早期预警—联动处置"全流程的解决方案,为我国城市地下基础设施突发的灾害预警和灾后应急响应、应急调度与疏散救援降低人民的生命财产损失提供可靠保障。

经济效益:项目构建的城市地下基础设施运行综合监测技术体系、系列产品、综合平台、解决方案,在降低基础设施直接运营成本、形成新兴运行监测技术、装备、系统产业链,降低灾害经济、人员损失等方面产生综合经济效益。

(4)重点研究攻关方向

1)积累大量数据样本,优化迭代算法模型。城市地下基础设施运行综合监测关键技术主要针对地下综合体、地下综合管廊、地铁基础设施等 20 种灾害风险事件,已积累的风险事件数据量较少,导致通过机理研究及机器学习形成的算法模型在应用过程中准确度不够高,需增加示范应用地及平台应用时间,保障有效的数据积累量。

2)优化产品工艺设计。城市地下基础设施运行综合监测关键技术下形成的产品工艺设计不足,大部分成果产品处于工业样机阶段,严重影响产品的有效推广,需进一步优化产品工艺设计。

3)加大产品推广力度。中铁第四勘察设计院集团有限公司与武汉地铁股份有限公司拟成立数智轨道科技有限公司,目标打造"专精特新"的产品链和产业圈,本项目研发的综合监测系统和装备已纳入公司初创的系列产品,助推研究成果效益转化。

3. 基于 BIM 建设管理平台的数智管理技术

(1)技术背景

1)技术领域

"BIM 建设管理平台"是定位于业主方管理视角,以工程项目建设和管理为对象,以大数据和云平台为应用环境,基于 BIM 技术的工程建设项目全过程信息化、可视化、智慧化管理平台。平台满足日益发展的项目建设管控需求,提高建设单位管理的信息化水平,解决工程建设过程中长期存在的差缺碰漏等"痛点""堵点"问题。

2)现有成熟技术简述

基于 OA 系统的工程项目管理信息化平台是目前主流的技术成果。多数为表单式的信息化管理系统,以结构化的表格数据进行末端呈现,子系统类型繁多且相对独立,集成化程度仍处于较低水平。一般而言,建成较多的为施工调度管理系统、监控管理系统、风险管理系统,合同管理系统等。较为先进的会集成可视化系统,依托建立的三维形体模型进行可视化展示,辅助决策沟通,可视化程度低,效果一般较好,但是无法(少量)编辑及承载信息,信息传输效率较低,无法形成深层数据应用。

（2）技术内容

1）平台底层关键技术

① BIM 模型轻量化技术

BIM 模型的海量信息在移动端和 PC 端进行传递及形体重现，需要卓越性能的硬件以及配套的轻量化算法支撑。传统轻量化算法即对海量信息进行筛选简化后输出成果，具体技术路径为通过建立新型轻量化过渡模型数据格式，筛选过滤掉模型中单独存在的点和线，并对模型进行重新绘制处理，使模型中的三角面尽可能地达到最小数量但又不影响工程应用（图 3-104）。

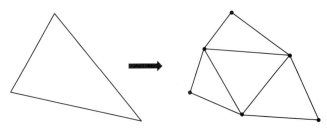

图 3-104　三维网格细分（面分裂）

② BIM 技术与项目管理流程关联技术

2）平台搭建关键技术

① 工程项目群信息集成管理技术

复杂项目（项目群）数字化施工信息集成管理技术是以信息化管理平台为基础，通过研究复杂项目各个平台的数据通信协议和传输方法，进而实现平台间的数据互用。同时，通过定制化开发，包括 Web 前端二维界面与三维图形引擎的集成，以及基于统一的数据通信协议多个软件系统的数据库接口开发，整合多类型、多层次、多维度的软件系统和数据，最终形成集成平台（图 3-105）。

图 3-105　软件系统集成架构

② BIM 技术与项目管理融合技术

通过信息化手段将 BIM 集成到项目管理中，可以使 BIM 模型成为项目管理的强大工具。将 BIM 模型和现场工程实时信息（进度、成本、质量安全相关信息）实施"构件级"的关联，让工程人员可以随时随地的查看，提高现场作业和管理效率；基于模型进行可视化楼层和专业快速筛分、剖切、测距等操作，简单直接进行核查；将 BIM 模型集成到施工现场采集和事件管理逻辑中，实现施工过程的可追溯性管理和可追溯性，为标准化管理奠定基础；使用 BIM＋移动互联网＋大数据和其他信息技术进行可视化和简化进度管理，质量管理，安全和文明施工管理程序。最后，通过建立一个工程信息门户网站（Web 端建设管理平台），让各参建方在线上协同工作。

③ 多源信息随需流转技术

通过对项目管理流程的分析，创新项目建设管理流程逻辑链，形成适用于集团化管理需求的建设项目精细化管理的标准作业程序，并在此基础上形成了等级化管理及目标考核于一体的企业级工程 OA 系统。通过流程结构设计，在传统商业层、用户层基础上，增设战略目标层、流程层，满足集团和项目统筹管理需求，实现工程项目建设的分布式建设，集中化管理。开发可配置型工作流引擎，建立非关联信息屏蔽机制，解决结构化数据承载、工作流信息集成流转、复杂业务逻辑与管理流程动态关联难题，实现项目流程管理预配置、随需式流转及分发、个性化流程定制。

（3）创新点与优势分析

1）创新点

对于一般的信息化管理平台，融合 BIM 技术的信息化管理平台更具综合性和智慧化。综合性体现在对项目施工实施的全方面、全过程管理，不仅完全对标传统管理序列，即进度、成本、质量安全、文明施工等方面，在此基础上，强化了管理细节，管理过程电子留痕，做到以往可追溯，未来可预期。

智慧化体现在：一是管理触角更加深入广泛。BIM 模型作为虚拟化的实物载体，可以精确到构件级，通过对构件信息的载入和关联，实物构件与其相关的人、物、环境（安全、质量、进度、成本）管理事件实现了直接联系，管理者可以直接对基本事件进行管理。二是管理方式更加直观简洁，由于 BIM 模型的实体存在，管理通过可视化的手段进行，在三维空间中进行定位、量测、数据展示与分析，降低了沟通难度，提高了沟通效率。三是管理效能更加拔高卓越，通过平台实现了更加精细化的管控，对于之前受到管理手段的限制而不能处理的长期存在问题予以暴露，对存在的问题可以做到事前依据大数据进行预判，事中及时应急处理，事后归纳总结至经验库。

2）优势分析

在社会效益方面，根据以往经验，基于 BIM 技术的建设管理平台的搭建并使用，一般都作为标杆工程在项目所在地进行推广，进而有力推动工程行业 BIM 技术的应用和发展，推进 BIM 技术应用实践的更新换代。

在经济方面，据某案例问卷调查显示：对于业主，由于平台使用带来的信息化、智慧化，管理人员线上处理往来事件，动态跟踪进展，极大缩短了事件处理周期，各部门间实现联动，提高了工程项目参与者的相互沟通效率，实现事件处理痕迹化和精细化，节约管理资源 20％～30％。项目群管理层面，业务流转率提升 30％；对于施工单位，在个别分项工程中，进度提升 10％～30％，成本节 10％～30％，质量得到显著提升。

（4）重点研究攻关方向

1）海量数据的轻量化问题

随着项目越来越复杂，以及管理细度的提升，对于模型的信息丰富程度要求不断增加，进而带来海量数据的处理问题。传统的轻量化引擎在面对千万级数据量的时候，往往不能及时反应并高效地进行形体重构，要么直接宕机，要么出现数据丢失，难以满足现实要求。

资源支持：对轻量化底层引擎进行研发，研究三维场景缓存预处理等方向。采用基于数据流的场景加载等优化方法，将一个完整的、难以一次性处理的计算任务分解成若干个小任务，从而降低计算负荷。

2）多源数据的融合问题

随着项目需求的不断增加，在一个虚拟环境中集成多个来源的模型，进而进行综合展示、操作、讨论及决策，是目前较为迫切的需求。但是不同来源的模型数据格式不同，无法兼容，难以在通用环境中集成。

资源支持：完善数据底层设计，支持数据格式自由转换，提高数据的兼容性。制定统一规则，对数据格式进行一致性规定。

3）管理业务的标准化的问题

平台与项目管理业务高度融合，由于管理业务的高度独特性，难以形成统一的业务管理标准，因而影响平台自身管理系统的逻辑搭建，造成目前项目级平台"百花齐放"的状态，亟待形成统一标准的管理业务链条。

资源支持：整理归纳项目管理资料，出台统一的国家、地方性指导意见，规范项目管理业务，进而规范平台业务管理逻辑。

4）快速建模、标准建模的问题

BIM 建设管理平台强烈依赖基本的信息模型，模型是平台主要的数据生产者和载体，承担了全部的可视化和主要的信息添加、编辑、储存的容器作用。受制于目前的建模软件及相关法规建设，基本模型尚不能快速创建完成并满足平台需要。

资源支持：对建模软件进行二次开发，对相关模型标准进行研究，加快建模速度，统一规范建模行为，提高建模质量，满足平台要求。

（5）应用实例

案例一：东莞国贸项目

1）项目背景

东莞国贸项目位于东莞市东城街道东莞大道和鸿福东路交会处东北角（中心纬度：北纬 $23°0'42.79''$，东经 $113°45'45.25''$）。项目东面为新世纪豪园（住宅区）及旗峰公园，西面为东莞国际会展中心及海德广场，东北面为在建楼盘，南面为台商大厦及环球经贸中心（图 3-106）。

图 3-106　东莞国贸项目效果图

2）应用情况和应用难点

① 应用难点

过往的传统综合体项目往往没有配备智慧运维系统，项目运行与维护主要依靠物业人员对楼宇内部空间与设备的模糊记忆，因此造成了物业运维的管理混乱，运行品质不佳。该项目是集商业和写字楼于一体的超百万平方米大型城市综合体项目，内部的空间与设备关系较为复杂。因此，开发了一套基于 BIM 的智慧运维系统，以满足项目现场运维的需要（图 3-107）。

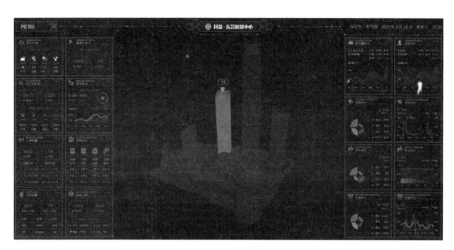

图 3-107　东莞国贸 BIM 智慧运维系统

当前楼宇运维有三大现状：（a）人与系统相互孤立；（b）人与人相互孤立；（c）系统与系统相互孤立。上述现状带来了以下应用难点，首先就是信息孤岛，物业运维所需的信息不能及时地在系统内部整合，不能在物业人员间共享。其次是系统控制能力薄弱，系统需要过多人为干预，徒增工作量。最后是数据混乱、反应滞后，物业人员逐步缺失对系统的信任，造成智慧运维系统被弃用。

基于以上应用问题，确定了以 BIM＋AIoT＋运维的方式打造智慧运维系统，整合人、设备、企业信息系统，实现数据融合打破信息孤岛。系统预设了六大业务中心，围绕能耗、人效、运营、资产等问题，解决物业运营过程中的痛点。

② 解决方案

在 BIM 智慧运维管理系统 1.0 版本开发上线后，结合系统在东莞国贸中心项目使用过程中反馈的问题，不断进行更新迭代及升级，形成了"1263"的智慧城市综合体生态系统。即建立 1 个智慧运维平台、基于 2 套高效技术体系、打造 6 大智慧管理中心、形成 3 项智慧解决方案。

"1"：建立 1 个智慧运维平台

以分散控制、集中管理为指导思想，平台六大管理中心模块化、低耦合，以 BS 架构实现总控端、电脑端、移动端应用的互联互通，一站式融通 IBMS、BIM、FM 系统，实现信息资源的共享与管理，真正实现了功能强大、界面简单、运行高效。

"2"：基于 2 套高效技术体系

第一套是三维激光扫描逆向建模高效技术体系。自研三维激光扫描支架，可对建筑内所有设施及隐蔽工程进行 360°无死角智能扫描，再将管线和设备对照 BIM 模型仔细校核，实现 104 万 m² 业态中所有机电设备及建筑结构 1∶1 还原成 BIM 可视化模型。

同时通过自主研发数据集成中间件，打通系统接口，实现不同数据格式的高效传输和复杂空间内的数据采集，为数字孪生智慧运维系统提供了强大的数据支撑。

第二套是 BIM＋IoT 存储、呈现和编码高效技术体系。制定了一套基于层次模型的高冗余度编码规则，自研了一种通用、便捷、高效的 BIM 模型数据存储方法，实现大体量模型、复杂数据的轻量化存储。自主开发高压缩比、多样化部署的轻量化引擎，实现不同设备上渲染效果良好，加载速度高效的可视化呈现。

"6"：打造 6 大智慧管理中心

从使用者角度出发，公司团队不断开发新功能，优化运行界面及效率，对 UI 界面美观度、数据加载速度、模型系统整体展示等方面进行优化，形成了 6 大智慧管理中心，分别是"能源管理中心""总控管理中心""工程管理中心""资产管理中心""运营管理中心"及"资料管理中心"。

"3"：形成 3 项智慧解决方案

一是设备运行智能监控，能集中监测设备运行状态，使设备预警维护互联互通，自动统计分析备件存量，确保设备处于最优状态，提高能效，能够实现 100 万 m² 以上城市综合体的无人管理和快速预警。

二是综合能耗智能分析，能自动对水、电、天然气实时数据进行采集监测、录入存储、对比分析，预警异常情况，实现综合能耗智能分析。

三是运行方案智能优化，可根据能耗、环境和冷站系统数据，利用冷站算法模型，输出冷机、冷冻泵和冷却塔调节参数，推送冷站运行策略，通过电脑端、移动端远程控制，实现运行方案智能优化。

三维激光扫描逆向建模高效技术

在 BIM 模型构建上，使用了三维激光扫描——逆向校核建模技术，保证了模型与现场的 1∶1 还原。同时，打造了包括现场扫描、导入 Register360 拼接、点云分布发布导出、格式转换、模型对齐、Revit 核对等一套适合现场逆向校核的工作流，制定标准流程，保证模型精度与建模效率（图 3-108）。

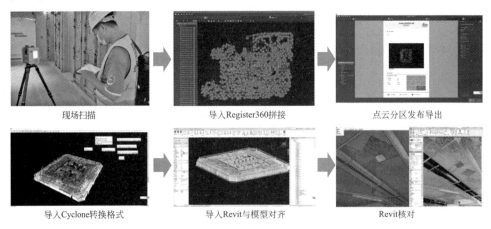

现场扫描　　　　　　　导入 Register360 拼接　　　　　　点云分区发布导出

导入 Cyclone 转换格式　　　　导入 Revit 与模型对齐　　　　　Revit 核对

图 3-108　三维激光扫描-逆向校核建模工作流

　　模型构建通过挂接 IoT 编码，将虚拟 IoT 数据对应映射到数字孪生模型。同时通过 IoT 数据点表、竣工图纸进行 IoT 编码录入，对模型多次验证，保证实模一致与资产统计真实可信（图 3-109）。

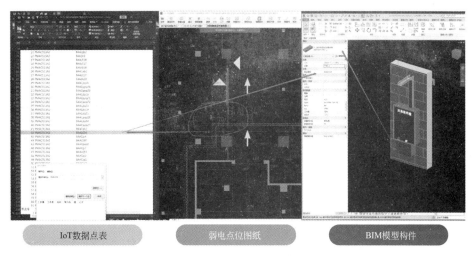

IoT数据点表　　弱电点位图纸　　BIM模型构件

图 3-109　数模结合工作流

　　在工程管理上，系统支持对建筑内部的分楼层、分系统查看，方便物业人员对楼宇资产数据的管理，及时查看对应场景下的项目情况（图 3-110）。

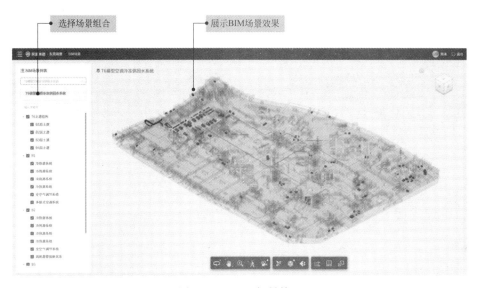

选择场景组合　　展示BIM场景效果

图 3-110　BIM 场景管理

　　系统自动整合三大端口数据，保持工单信息实时同步、维修工单智能派单、设备位置精准定位。可支持上游设备精准查找、维修工单智能管理、维修任务实时监控等功能（图 3-111）。

　　通过提前对项目设备的信息录入与绑点，系统可实现智能制定维保计划、AI 推动维

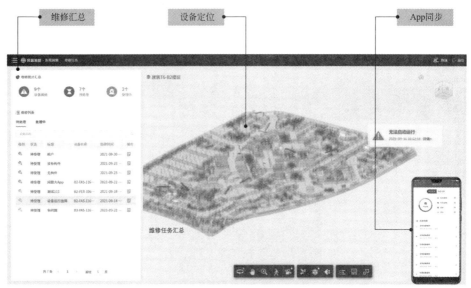

图 3-111　维修管理功能模块

保任务等功能，破除大量纸质文档形成的维保信息孤岛，同时配合三维地图，可让维保任务执行更加直观（图 3-112）。

图 3-112　维保管理功能模块

在能源管理上，智慧运维系统通过子系统数据集成进行总览，给予物业管理人员决策信息。同时，遍布在建筑各个角落的 IoT 设备实时进行数据上传，保障科学决策（图 3-113）。

系统对水电能耗进行分布管理，支持对不同设备点位进行自定义能耗统计对比，通过

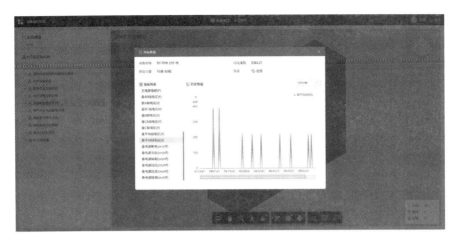

图 3-113　运行总览

对能耗数据的实时采集，为节能分析提供数据基础（图 3-114）。

图 3-114　能耗数据表

在能耗管理上，根据能耗、环境和冷站系统数据，利用冷站算法模型，输出冷机、冷却泵和冷却塔调节参数，推送冷站运行策略（图 3-115）。

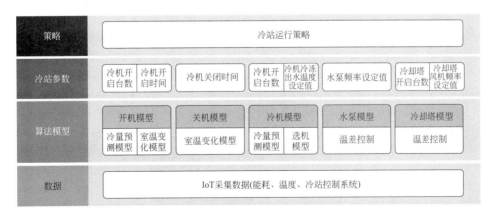

图 3-115　节能大数据分析策略推送

在资产管理中心上，系统建立建筑数字孪生资产数据中心，将传统的纸质资产管理文件全部按照现场情况导入系统中格式化储存，方便物业管理人员进行建筑全生命周期资产管理（图 3-116）。

图 3-116　资产列表

系统支持分层快速加载设备类型及 BIM 模型精准定位设备位置，利用三维设备模型更加直观地展现设备数据（图 3-117）。

图 3-117　设备台账

支持自定义空间展示分类信息，可在 BIM 模型上精准呈现、精准定位空间三维信息（图 3-118）。

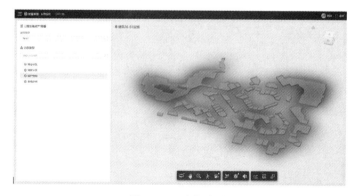

图 3-118　空间台账

在总控管理上，系统可支持在线远程巡视，通过摄像头及 IoT 数据进行三维模拟巡视设备，提升巡视质量及效率。通过对动态数据与静态信息，智能生成巡视任务，任务自动推送至相关物业人员 App 上（图 3-119）。

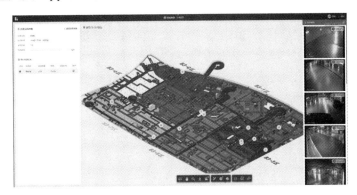

图 3-119　监视巡视

通过对设备数据的实时监控，可支持报警信息实时推送、报警工单智能派发、报警位置精准定位等功能（图 3-120）。

图 3-120　报警管理

系统保存了所有工单信息，可批量处理报警历史工单，同时通过数据回顾，为后续故障排除、分析提供参考依据（图 3-121）。

图 3-121　工单管理

3）应用成效

高效节能，助力"双碳"是智慧运维系统最直接的价值。智慧运维系统实施后，能够优化能耗配置，助力"双碳"减排。东莞国贸中心通过统计设备能耗大数据，分析后发现：对比传统运维模式，采用智慧运维系统后，人力成本节约30%、维修成本节约9%、办公费用节约11%、能源消耗节约3%。同时，无损整合过程数据传递给下游运维阶段使用，每年为业主节约运维管理成本200万以上。

拓展新兴业务，塑造专业优势。智慧运维系统的实施，推动机电安装行业向EPC＋O模式延伸发展。该系统不仅可以在大型综合体项目后期运维阶段使用，还能运用到基础设施中，如集中供冷系统，可以更大程度地为城市节约能源。此外，依托系统低耦合的架构，定制部分功能，配置管理流程，还可以将其部署到基础设施、石油化工、轨道交通、光伏风电等细分领域，不断拓宽城市服务业务领域。

4）后续展望

本信息化项目通过基于BIM的智慧运维管理平台，为物业人员提供了一套真实可靠、满足需求的智能化信息系统。但是目前系统仍需依据物业管理人员对情况进行分析决策，计算机无法识别设备与空间、设备与人、设备与设备之间的关系。后期将逐步编制统一的设备数据字典，进行统一系统编码，让计算机理解设备运行规律，逐步让计算机依据系统数据，代替一部分人工进行科学决策。

4. 建筑能效云运维技术

（1）技术背景

1）技术领域

建筑能效云运维关键技术围绕绿色建筑与建筑节能、智慧园区、智慧城市建设等重点领域，以能源管控的智慧运维提质增效为导向，主要应用于建筑的变配电系统、空调系统、照明系统、给水排水系统等建筑能源系统的高效运维与管理。

2）现有成熟技术简述

针对建筑的高效运维管控技术，目前国内外已有较多企业开始建设建筑能源管理云平台并取得一定的成果。如以西门子、施耐德为代表的外资企业，通常提供集成解决方案，如SIMATIE服务平台、EcoStruxur Grid，对新的需求往往无法及时响应，能效平台功能迭代方面灵活性较差；以合众惠能、安捷物联、湖北三环等为代表的民营系统集成商，应对国内市场的客户需求方面响应快速，但技术利用上水平相对欠缺，缺少能源的全栈综合治理能力，平台化水平也相对滞后；以华为、阿里和腾讯为代表的互联网企业，最近几年投入能源领域数字化的建设，如阿里云能耗宝、腾讯微瓴，对新技术的使用相对纯熟，而且以平台化的方式推动能源的数字化转型，但在能效方面落地场景还较简单；以远景、朗新科技、际链科技为代表的新锐科技公司，在某些单一板块具备领先优势，比如新能源利用、碳管理等，但缺少建筑领域全面专业化能效全流程解决覆盖能力。

中国建筑科学研究院近年来也在建筑能效云建设方面开展了许多工作。中国建筑科学研究院牵头开发的建筑能效云V1.0以SaaS服务方式面向所有企业用户，满足建筑能耗信息、用电设备相关属性信息、建筑能耗系统的诊断信息和数据的可视化分析应用搭建，以云技术作为关键技术支撑，实现能耗监控系统的完整构建。下一步将重点开发按需订阅服务，汇聚分布式能源集控、能源足迹孪生、智慧碳管理等一系列SaaS应用的能效管理为核心，提供多场景、全链路的数字化能效平台服务能力，通过标准化成套柜快速将建筑各用能系统接入实现统一运维。

（2）技术内容

建筑能效云运维技术通过采用自主研发的平台架构、AI 算法，充分运用国产技术，定向研发基于我国国情、满足于我国建筑"双碳"及"数字化"需要、联通产业上下游的 SaaS 服务体系。建设以多元信息为基础、国有云设施为底座、国产自主技术为核心，建筑智慧与低碳运维为总目标的建筑行业能效云智慧运维平台。通过构建边端的无人值守管控平台，云端构建云化服务业务，形成云边一体协同高效运维模式。

1）边端无人值守智慧管控平台

利用数据驱动全动态控制技术，实现运行监测、设备管控、自适应调节、自学习优化等功能，形成感知泛在、研判多维、指挥扁平、处置高效的智慧运维体系，致力于提质增效，降低运维技术门槛，打造边缘侧自适应无人值守智慧运维模式，形成深层次、多维度、全覆盖的闭环管控系统，最大程度保证并实现系统的智慧、稳定、高效、绿色运行。如图 3-122 所示为边端无人值守架构图。

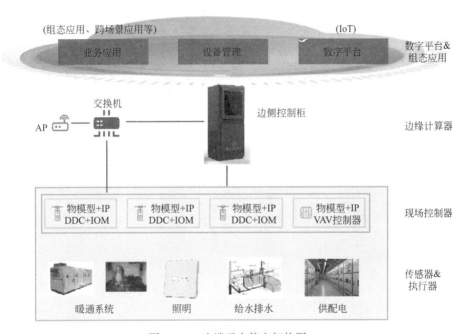

图 3-122　边端无人值守架构图

2）云端 AI 驱动全过程赋能平台

在云服务侧，服务内容可以菜单式地选择、组合，利用云上智能 AI 算法和大数据分析能力，全面发掘数据价值，打造建筑数据管理知识库，运用专家系统输出报表、分析结果和决策建议，优化控制策略，实现系统的全过程持续优化与升级（图 3-123）。

通过云服务模式，让数据在云端自由流动，将能效管理专家经验流程化、服务化，实现多建筑系统的统一运营；融合专家经验和 AI 算法实现故障自动诊断与智能调优，达成系统高效运营和节能减碳目标，践行智慧建筑领域绿色低碳新使命。通过平台和应用的边云协同部署，实现建筑内多个系统的统一运营；通过融合系统管理的专家经验完成故障定

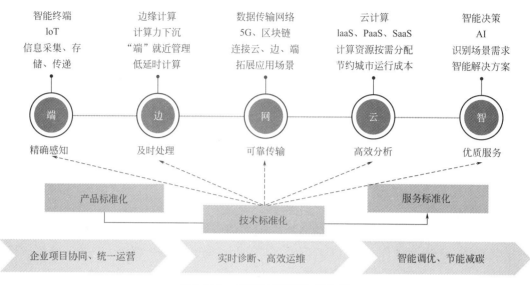

图 3-123　"端边网云智"架构图

界与诊断，实现建筑内运行系统的高效运维；通过 AI 训练和推理完成能效的智能调优，实现建筑的节能减碳。赋能建筑能源系统能效提升，引领运维模式变革，推进建筑领域碳达峰和碳中和的目标实现（图 3-124）。

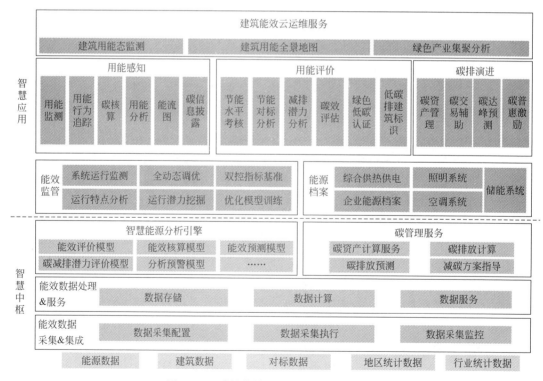

图 3-124　建筑能效云运维功能板块架构图

具体服务功能主要包括：

1）基于数据驱动的智慧管控

基于数据驱动的能源分析技术，对海量能源运行数据进行深度挖掘，对智能电网模型、可再生能源模型、需求侧数据模型等进行持续模拟训练。开发负荷及能源预测模型，实现精准的需求侧响应和集中调度管理。

2）基于机器学习的故障诊断

对用能系统、用能设备的运行数据、变化趋势进行实时的 AI 跟踪，对历史用能数据进行充分挖掘，分析特点和规律，对异常报警实施及时的分析诊断，并以多方式提醒用户根据告警产生时间、类别、严重等级等条件进行历史数据检索和处理。

3）基于管理需求的运维服务

全面展示接入的建筑楼宇的实时用能情况，快速了解目前建筑用能情况及分项实时数据。基于大数据和 AI 算法对运行数据进行动态分析及智能优化，指导系统维持高效运行。同时提供运行分析、能效分析、故障分析、能源报表等多类型运维配套服务，提高整体运维效率。

4）基于自适应管控的能效管理

根据建筑的各项用能数据，结合系统组成特点，通过边缘侧的数据驱动全动态控制技术，实现运行监测、设备管控、自适应调节、自学习优化等功能，形成感知泛在、研判多维、指挥扁平、处置高效的智慧运维体系，致力于提质增效，保证并实现系统的高效运行。

5）基于管理需求的碳排放管理

根据建筑的各项用能数据，结合标准进行建筑碳排放、碳汇等计算，形成碳资产汇总。设计建筑碳排放综合分析工具，结合大数据及 AI 技术进行建筑碳排放预测，提出相应的减碳指导。

（3）创新点与优势分析

1）创新点

① 首次建立了云端能效综合治理与智慧碳管理的建筑智慧运维新模式

针对行业内各类型建筑的用能特点与用能痛点，开发多种行业领域共性优质应用，实现云平台的服务输出与应用，形成国产化能效云服务新模式。运用云平台技术框架体系，搭载各类建筑能效与碳管理的智能应用软件，部署多种 AI 学习算法，以大量建筑运行数据为核心，建立数据治理体系、挖掘数据潜在价值、打造数据共享云平台。

② 首次形成了建筑能效智能运维的全国产自主知识产权的云服务产品

从底层基础设施的布置与数据库的建立，到顶层云平台的 IaaS 层、PaaS 层和 SaaS 层服务的设计，全部采用国产化技术自主研发。针对云平台技术的国外封锁与各央企数据的安全保密性难题，通过国产化的技术手段，实现全产自主知识产权的云平台建设。

2）优势分析

社会效益：本技术研发遵循完全国产化自主研发思路，助力国家科技事业高质量发展。建筑能效云的应用将有力引导建筑行业智慧化、数字化、低碳化发展，进一步促进建筑碳排管理体系建设，实现建筑行业的节能减排，助力社会层面碳中和目标的实现。

经济效益：通过开展公共建筑的能效云运维服务，建筑用能普遍降低 $10\%\sim15\%$ 以上，运维管理效率提升 $20\%\sim30\%$，每年可产生直接的节能减排经济效益达上百亿元。本技术可实现跨地域、跨网络、多系统合一建设，避免系统重复建设和多次集成，并进一步通过提质增效可节约运维直接费用数十亿元。

（4）重点研究攻关方向

建筑能效云运维技术的研发与平台建设按照云平台的基本建设流程开展，主要分为基础云设施建设、云平台环境研发、服务功能研发三个环节。从硬件设备到软件功能，从边侧到云端，充分考虑云平台自身及配套生态环境需求，构建"云—网—端—边—用—智—安"深度融合的建筑智慧低碳运行技术体系。表 3-15 所列为 IaaS、PaaS、SaaS 三个环节下相应技术当前的建设能力水平分析表。

技术建设能力一览表　　　　　　　　　　　　　　　表 3-15

技术	环节	类型	功能	当前建设能力
建筑能效云运维技术	IaaS 基础设施	基座能力	基础环境层	欠缺
			云管平台层	欠缺
			行业应用层	欠缺
	PaaS 平台	云平台环境	业务中台	基础薄弱
			数据中台	基础薄弱
			算法中台	基础薄弱
			知识中台	基础薄弱
			赋能开放中台	基础薄弱
		配套生态环境	通信协议标准化	有一定基础
			核心配套软硬件	有一定基础
			配套数据接口	有一定基础
	SaaS 软件应用	上层功能应用	基于数据驱动的智慧管控	有较强能力
			基于机器学习的故障诊断	有较强能力
			基于管理需求的运维服务	有较强能力
			基于自适应管控的能效管理	有较强能力
			基于管理需求的碳排放管理	有较强能力

应解决的问题：

1）建筑能效云运维平台 IaaS 搭建能力：

提升 IaaS 的全栈化定制能力，将数字感知层、统用数据模型、SDWAN、API 和特定行业组件及标准整合到建筑能效云平台中。

2）建筑能效云运维平台 PaaS 搭建能力：

主要包括能效业务中台、能效数据中台、部分算法中台三个板块。服务功能包括：云边一体边缘网关、能耗模型库、低代码开发工具、BIMBase 能耗仿真中心和用能 SOP 知识库等。

所需资源支持：

1）技术研发科研经费支持；

2）技术推广应用示范支持；

3）全架构生态体系搭建政策支持。

3.3.5　综合类关键技术

1. 建筑行业 AI 大模型技术

（1）技术背景

1）技术领域

本技术属于人工智能在建筑行业中的应用技术领域。建筑行业智能建造应当围绕成熟可靠的 AI 模型开展，训练标准化、通用性的 AI 模型，并使用 AI 模型应用代替人工决策，从而提升建筑工程建造的智能化水平。

2）现有成熟技术简述

目前建筑行业已经逐渐开始应用商用的标准化 AI 模型，且基于 AI 模型的应用已逐渐在工程实践中体现出较大的价值。国外谷歌公司近年来提出最大的视觉模型 V-MoE，当应用于图像识别时，V-MoE 在推理时只需要一半的计算量，就能达到先进网络性能。国内华为云盘古超大训练模型也已投入商用，该大模型由 NLP 大模型、CV 大模型、多模态大模型、科学计算大模型等多个大模型构成，通过模型泛化，解决传统 AI 作坊式开发模式下不能解决的 AI 规模化、产业化难题；阿里巴巴提出了通义大模型的概念，由行业模型层、通用模型层、统一底座三个层面组成，结合行业知识降低标注成本，可以根据客户的资源情况做快速适配，降低大模型落地的难度；中国科学院自动化所提出首个三模态的紫东太初模型，预示着 AI 大模型进一步走向通用场景；百度于 2022 年发布 10 个产业级知识增强的 ERNIE 模型，全面涵盖基础大模型、任务大模型、行业大模型。

综合现有的 AI 大模型平台或技术进行类比分析，现阶段特定针对建筑行业的 AI 模型仍然严重缺乏。在建立建筑行业视角的 AI 大模型平台时，需要考虑到模型的广泛性、适用性、可调优性等解决方案。

（2）技术内容

建筑行业 AI 大模型应当是面向大量建筑行业场景的，即具备足够的广泛性；特定模型应用在特定场景时，应该基本是可用的，即满足适用性要求；在提高特定模型和特定场景的适用水平方面，可通过自由度较高的调优方法快速使用，减少人为调优的消耗，即满足可调优性的要求。鉴于此，建筑行业 AI 大模型可通过大模型平台开发、特定场景模型训练、模型微调调优方法等方式逐步建立，借鉴于现有的商业大模型平台理念进行开发，逐步替代现有的建筑行业 AI 作坊式模型形式。具体包括如下研究内容和研究特征：

1）建筑行业 AI 大模型平台研发。研究建立面向建筑行业的 AI 大模型底层协作平台，可通过该平台上传、加载以及应用不同场景的 AI 模型，构建建筑行业 AI 大模型库。采用大规模训练的方式，为使用者提供通用性强、标准化程度高的基础性 AI 模型服务。

2）建筑行业特定场景 AI 模型训练和集成。重点针对建筑行业管理业务逻辑和技术业务逻辑开展特定场景的 AI 模型训练，提高 AI 模型在适用于特定场景的服务能力。围绕建筑行业人员、机械设备、物料、资料、环境等管理场景训练可用的管理 AI 模型，为目前的智慧工地应用提供支撑；围绕建筑行业风险管控、结构施工、监测大数据分析等技术业务场景训练可用的技术 AI 模型，为目前的智能建造技术协同应用提供支撑。

3）建筑行业 AI 模型微调调优方法研究。针对已有的 AI 模型无法直接适用于类似特定场景的问题，研究建立 AI 模型微调调优方法。通过模型微调和应用适配，满足建筑行业不同场景的多元化需求，突破传统 AI 模型难以泛化应用的局限性。

关键技术指标包括：

1）开发建筑行业 AI 大模型平台 1 项，具有建筑行业通用大模型和业务场景大模型。

2）建立建筑行业大规模预训练 AI 大模型，参数量达到亿级以上，支持图片、图像、文本、规则化数据等多种建筑业模态。

3）开展不少于 10 个特殊智能建造场景的 AI 大模型应用，构建模型微调和应用适配方法体系。

（3）创新点与优势分析

1）创新点

现有成熟技术主要是面向多行业开展，当应用于建筑行业的智能建造时，存在较大的短板，其应用范围和应用深度都有一定程度的不足。本技术研究专项针对建筑行业智能建造领域开展，具有如下创新点：

一是建筑行业 AI 大模型采用智能建造中产生的大规模有标注/无标注的数据对象进行训练，相较于商用的通用 AI 大模型，在专项适用于建筑行业智能建造方面具有天然的优势，具有更集中、更有效的智能建造模型表达能力。

二是建筑行业 AI 大模型力求满足建筑行业产业链中的尽可能多的业务场景需求，在覆盖深度上要优于商用的通用 AI 大模型，且能够有效解决目前建筑行业中应用传统 AI 模型时碎片化、作坊式的问题，避免模型非标准化的重复训练和应用。

2）优势分析

建筑行业智能建造目前采用的 AI 模型主要是针对特定场景单独训练的小模型，以及社会上提供的商用大模型，在效率和适用性上存在缺陷。本技术研究的建筑行业 AI 大模型具有规模化效益、功能丰富和性能优越的特征，预期能够有效支撑智能建造中的终端、系统、平台等产品应用落地，解决传统建筑业 AI 应用过程中存在的壁垒多、部署难问题，节约模型训练的成本，降低模型应用的消耗，可产生较大的社会效益和经济效益。

（4）重点研究攻关方向

在建筑行业 AI 大模型研究过程中，需要重点解决如下问题：

1）建筑行业 AI 大模型的训练数据来源和数据质量问题。相对于目前互联网行业中提出的大模型概念所采用数据样本的数量和相关性，建筑行业 AI 大模型更应当关注于产业链上下游的场景数据的全面性和关联性，以便能够从大量的数据中提取出场景的真实且全面的信息。但受限于目前建筑行业智能建造过程中的数据获取、数据采集能力缺陷，将对建筑行业 AI 大模型的数据来源形成一定的制约。因此，目前建筑行业存在较多的小模型，且普遍集中在视频/图像识别方面，而并非能够涉及整体的管理逻辑和技术逻辑。在建立建筑行业 AI 大模型前，应当首先建立数据采集的相应硬件终端和软件平台，获取足够多且高质量的训练数据，为 AI 大模型的训练提供支撑。

2）多类智能建造场景的模型机理研究难题。场景模型机理是将特定的场景的全过程进行模型化和代码化的过程，基于不同的场景模型机理研究，可以构建大而全的 AI 模型，供模型的使用者灵活调用，促进智能建造知识的积累和能力提升。针对模型机理的研究，需要建筑行业产业链上下游不同场景的职能人员的协作配合，把各个场景中的基础原理、材料、设备、工艺、技术等独特的场景知识加以提炼汇总，形成可用于模型训练的通用化需求，为 AI 大模型的训练提供支撑。

　　3）建筑行业 AI 大模型的推广应用难题。目前建筑行业普遍采用作坊式训练的 AI 模型或商用的通用化 AI 大模型，已经集成开发了大量的软硬件产品。本技术预期开发的建筑行业 AI 大模型虽然能够在深度和适用性上更优，但在前期推广应用时必然存在需要重新开发原有软硬件产品的要求，给大规模推广应用带来了较大的障碍。针对这一问题，将通过对现有建筑行业 AI 应用的产品进行调研的方法，在建筑行业 AI 大模型和已有的产品之间研发相应的集成技术，降低 AI 大模型的推广应用难度。

3.4　重点攻关方向

3.4.1　低碳建材和低碳结构技术

　　1. 技术背景

　　2020 年，我国建材行业碳排放 16.5 亿 t，其中水泥作为用量最大的建材，碳排放量为 12.3 亿 t；建材行业减少碳排放，对我国实现碳达峰、碳中和有极为重要的作用，建材的低碳化发展将助力建筑业的绿色发展。

　　2. 技术内容

　　中国建材工业 CO_2 年排放量占全国碳排放总量的 16%，建材工业烟气具有碳浓度高、温度高、排放集中度高的特点，具备碳捕捉和碳转化利用的有利技术条件，发展建材碳利用技术是中国建材工业引领世界建材工业发展的重要历史机遇，重点关注以下几方面技术：

　　（1）低碳水泥：硅铝铁质低碳复合水泥及其性能优化、调控关键技术；镁质低碳水泥体系及其性能提升关键技术；钙硅质负碳水泥体系及其性能提升关键技术。低碳/负碳水泥及其应用过程中 CO_2 减排量核算和验证方法，低碳/负碳水泥性能评价及应用标准、规范体系。

　　（2）高性能混凝土：低碳/负碳高性能混凝土及制品关键技术和应用研究；低收缩抗冲磨水泥基材料、极端环境下自修复材料等研究；机场、岛礁混凝土预制构件高性能化与智能化研究；超快速抢修抢建关键材料与施工技术的研究。

　　（3）功能复合墙体材料：绿色建筑用节能墙体材料、保温材料、光伏结构/功能一体化复合材料，突破相关材料的绿色制造、智能制造核心技术，实现墙体系统性能的全面提升。

　　（4）节能玻璃和门窗系统：高端建材制造和应用技术，攻克玻璃幕墙的安全性预测，形成满足岛礁、高原等特殊环境绿色建筑要求的门窗系统。

　　（5）基于"无废城市"的固体废弃物建材资源化一体处置技术：研究固废有害组分智能化快速识别、筛选、分类、污染评价关键技术；开发固废制备河道治理、沿海城市海岸生物生态恢复专用生态胶凝材料技术；研发大宗固废协同制备低成本地下工程材料及应用技术；研究利用多种固废组配制备高附加值功能型绿色建材的关键技术；研究就地处置并资源化利用的技术体系与装备；建立固废资源化利用园区，为"无废城市"建设提供范例。

　　（6）新型低碳结构体系：大力研究装配式钢结构、混凝土结构、木结构、组合结构等新型低碳结构体系。积极推进钢结构住宅建设，完善钢结构建筑防火、防腐等性能与技术措施，进一步推动钢结构模块建筑的体系研发、技术完善和工程应用。加大高性能混凝土、高强钢筋、消能减震和预应力技术的集成应用。因地制宜开展木结构建筑体系、钢木组合节点研究，充分发挥木材"固碳"作用。

（7）推动绿色低碳建材技术和产品国际化，助力"一带一路"沿线建设：建立行业绿色低碳技术评价细则；建立低碳产品评价通则；强化团体标准，推动绿色建材技术和产品更好的国际化发展。

3. 卡脖子问题分析

（1）低碳水泥与低碳混凝土：欧洲水泥可持续委员会 CSI 和国际能源局 IEA 共同提出的水泥行业《水泥工业低碳转型技术路线图》中提出碳减排目标实现需要：一是水泥生产能源消耗（能源 GJ/t 熟料、电耗 kWh/t 水泥）效率提升 3%；二是替代燃料，包括绿氢、生物质燃料使用（12%）；三是熟料占比率降低（37%）；四是碳捕捉等创新减排技术（48%）。

对于中国水泥与混凝土的低碳达标，目前最大的想象空间是能源替代和材料替代。其中水泥的替代物主要应用在熟料烧结低温原材料替代和在混凝土中增加掺合料。特别需要强调的是，在生产低碳混凝土的过程中，针对水泥减量，并不意味着以降低品质为代价，而是研究混凝土更多更佳的骨料级配，粉磨更细的粉料配比，以及更加优秀的均匀搅拌方式，这样的混凝土往往可以减少用水量，提高耐久性能。

（2）再生混凝土：高品质的再生骨料是保证再生混凝土获得高性能的基础，目前迫切需要解决以下几个方面的问题。其一，废弃建筑物经济合理、技术先进的拆除方案。要综合考虑拆除时如何减少粗细骨料内部裂缝、混凝土块体的适宜尺寸、拆除的可操作性、经济性、对周边环境的影响等。其二，与各地工作环境相适应的再生骨料生产工艺。生产工艺很大程度上决定了再生骨料的品质，要结合再生骨料自身特点，充分考虑不同地域的工作环境，因地制宜地研究开发具有地域适应性的再生骨料生产装置。

（3）新型低碳结构体系：钢结构模块建筑的结构组合形式、结构体系受力性能、结构抗震性能、节点及单元框架的受力性能、模块化建筑的生产施工等多方面的研究尚不充分；现阶段装配式混凝土结构存在标准化设计和生产体系不完善、构件和部品部件标准化程度不够、结构整体性差、设计规范欠缺、仅局限于抗震设防烈度较低的区域等问题，在一定程度上限制了其发展；我国木结构发展较慢，制约因素包括木结构建筑原材料短缺、缺乏本土化设计方法和技术指导、现行消防标准制约木结构的建筑规模和应用、木结构建筑全产业链发展不完善等。

4. 专家论述

（1）缪昌文院士建言加快研究绿色低碳建材关键技术

2021 年，中国工程院院士缪昌文在南京举行的"'双碳'背景下协'力'绿色发展高端论坛"上发表主题演讲《绿色低碳建筑材料》。他表示：建筑行业是"碳排放大户"，因此，实现碳中和目标，建筑行业是重中之重。建筑行业的碳中和过程，既是机遇又是挑战，该过程将会是经济社会的重大转型，将会涉及广泛领域的大变革。"技术为王"的理念将会在此过程充分体现，先进、高效、切实可行的技术研发会主导整个碳中和过程。水泥、钢材等建筑材料的生产阶段，是建筑全过程中能耗和碳排放量最多的环节。目前，水泥基材料仍是我国工程建设的基础结构材料，在高速铁路、水电工程、公共设施、居民住宅中广泛使用，消耗量巨大。水泥基材料具有单位成本低、力学性能优异的特点，现在，碳中和目标对其绿色化、低碳化、长寿命提出了更高要求，所以，当务之急是要加快研究绿色低碳建筑材料关键技术。

缪昌文指出，围绕水泥基材料的绿色化、低碳化，需突破以下几个核心问题：一是研发基于大数据的全寿命周期的混凝土碳排放计算评价模型；二是研发焚烧垃圾飞灰、建筑垃圾、冶金废弃物和工业废石膏资源化综合利用新技术；三是研发高抗裂、高耐久性混凝土设计理论、制备技术和服役性能；四是研发面向特种环境服役的新型超高性能水泥基材料。

随后，他从混凝土全寿命周期碳排放综合评价模型与碳捕捉关键技术、固体废弃物的资源化利用关键技术、国家重大工程土木工程关键材料研发、混凝土行业智能制造及先进材料研发等几个方面提出了相关思路。缪昌文说，重大国防工程与民生基础设施建设还面临多重技术挑战，比如高紫外、长辐照、强磨损、高盐雾、重湿热等极端特殊环境的考验；工程建设主体材料的水泥混凝土收缩开裂的问题还比较突出；基础设施建筑物相关维护修补条件更加苛刻严峻；混凝土脆性问题亟待解决，急需研发系列关键功能材料等。他建议，可通过现代混凝土全过程智能养护、控温减缩和协同调控技术，现代混凝土微结构调控与多尺度增韧，极端特殊环境下现代混凝土快速修补加固材料，现代混凝土抗裂性设计方法与性能提升关键技术等，大幅度提升海洋、盐湖等复杂环境下钢筋混凝土结构耐久性和服役寿命。

如今，人工智能、纳米科技在建筑材料领域已得到迅速应用和发展，比如 3D 打印建筑、人工智能与骨料分类、纳米粒子微观增韧、微生物混凝土自愈合等。缪昌文说，绿色化、智能化和结构功能一体化已成为建筑材料发展的重大需求，围绕混凝土行业智能制造及先进材料研发，可基于 3D 智能打印技术制备功能梯度混凝土材料；研发绿色智能搅拌站、智慧施工和质量管控成套技术装备；研发具有超韧性、超疏水、超保温等功能化混凝土超材料；研发纳米缓释技术，制备新一代超分散超高性能纳米混凝土等，形成智能土木工程材料的应用技术，促进土木工程向智能化方向发展。

缪昌文表示，实现建筑行业碳中和的目标，需要与能源结构改革、产业结构转型、消费结构升级等国家重大方针结合。必须坚持市场导向，鼓励竞争，稳步推进。建筑行业自身应加大研发力度，加快相关领域技术和产业的迭代进步速度。此外，碳中和过程中，行业的协调共进极其重要，"减碳""脱碳"等过程可能增加相关行业的额外成本，为防止出现"劣币驱逐良币"的现象，建议国家政策层面上分行业设计合理的碳中和路线图以及有效的奖励约束机制。

（2）张锁江院士：低碳零碳建材是实现碳中和的关键

张锁江院士提到，未来随着社会进步，建材用量会逐步减少，但实现建材行业碳中和的主要途径仍要依赖新技术发展，主要包括生产工艺减碳、源头减碳以及 CCUS 减碳技术。从建筑发展历史看，远古时代的建筑主要是木石或者草木结构，而现代建筑基本是由水泥和钢筋构成，未来将采用新型绿色低碳零碳建筑形式，一方面采用低碳零碳水泥或钢结构建筑；另一方面要发展新建筑材料，如碳纤维、塑料、3D 打印等新型材料。因此，建筑结构和型式也许会发生彻底改变。主要体现在以下几个方面：

一是发展低碳零碳水泥。低碳零碳建材是建材行业源头减碳的主要途径，需要通过原料替代、低碳水泥和新型材料替代水泥来实现建材行业的碳减排。低碳水泥是相对现有通用硅酸盐水泥熟料体系而言，以低钙硅比的二硅酸三钙、硅酸二钙、硅酸钙等为主要矿相的新型熟料体系，在生产过程中煅烧温度会降低，CO_2 排放也更低，是水泥行业的重要发展方向。在不久的将来，随着低碳水泥、负碳水泥等新技术实现突破性发展和推广应用，将进一步加快我国建筑行业碳中和进程。我国每年都会有大量的高钙硅含量工业废渣产生，如钢渣、电石渣、粉煤灰等，这些工业废渣的堆积占用了大量土地，严重污染环境。采用这些工业废渣替代石灰石作为水泥生产原料，是水泥行业协同处置工业固废并同时降低原料煅烧过程中的 CO_2 排放的重要途径。例如，通过湿法矿化技术，可实现钢渣中游离钙高值化和固碳过程耦合，同时提高钢渣掺混率，提升钢渣水泥的胶凝活性和稳定性，制备低碳水泥。循环流化床粉煤灰是高凝胶活性的含硅材料，可替代部分熟料制备低碳水泥。电石渣中钙含量很高，是水泥的优质钙源，可代替部分水泥熟料减少生产过程碳排放。新型凝胶材料技术主要是利用碱性激发剂激发工业废渣获得低能耗、低碳排的聚合材料，相对于水泥而言其 CO_2 排放很少。虽然目前还没有证据表明其可以取代普通硅酸盐水泥，但已经有一些研究成果表明在不久的将来这种建材或将被广泛应用。

二是发展低碳钢结构建筑材料。钢结构建筑是替代水泥建筑的一种重要方式，相较于传统混凝土建筑，它更加绿色低碳、节能节水，并且具有主材可回收、装配简单、减少人工、抗震性能好等优势，被誉为 21 世纪的"绿色建筑"，如鸟巢、武汉雷神山医院等都是钢结构建筑。从全生命周期看，钢结构建筑相比混凝土建筑可降低二氧化碳排放 35% 以上。钢结构建筑的发展关键在于钢铁行业自身低碳技术的发展。钢铁行业主要的排碳单元是高炉炼铁过程中碳作为还原剂和热源产生大量 CO_2，因此减排的关键是碳原料替代和流程变革。在产业结构调整的基础上，应大力发展富氢或纯氢冶金技术、废钢回用短流程技术、富氧燃烧、钢化联产技术等。

三是发展新型建筑材料。碳纤维材料是新型绿色建材的发展方向之一，作为一种性能优异的战略性新型建筑材料，密度不足钢的 1/4，但强度却是钢的 5～9 倍，且耐腐蚀性强。碳纤维做的碳网格混凝土，比传统的钢筋混凝土减少钢筋用量约 75%，从全生命周期来看，碳纤维混凝土在能耗和性能等方面都具有优势。德累斯顿理工大学采用 C_3-碳混凝土复合材料建成的一个 $220m^2$ 实验室，减少了约 50% 的碳排放。我国碳纤维应用在建筑领域也取得了重要进展，如在浙江桐庐机器人编制的碳纤维结构展亭——结缘堂，国内首座应用碳纤维材料斜拉索的千吨级车行桥——聊城市兴华路跨徒骇河大桥。目前受限于生产成本高、能耗高、碳排放高等因素，碳纤维还不能大规模应用于建筑领域。因此，亟需变革性的碳纤维生产技术，如以烟气、废气中捕集的 CO_2 为原料，利用太阳能提供绿色电、热能源制备碳纤维材料，或以生物质为原料通过纺丝、预处理、碳化等过程制备碳纤维材料，以此实现碳纤维新型建筑的发展。新型塑料也展现出了部分替代水泥的潜力，如德国一座 8 层 2.4 万 m^2 的大楼就采用新型塑料填充结构，预计可减少 35% 的混凝土用量。塑料材料在建材行业应用的根本是负碳聚合物技术的突破。另外，3D 打印建筑作为一种新兴建筑模式，也逐步呈现出一定的发展趋势，但相对来说，这种建筑成本比较高、材料结构本身有待突破，未来 3D 打印材料可以朝着低成本、高流动性、高强度、耐候性的有机-无机复合材料方向发展。

最后，张锁江院士认为建材行业减碳不是孤立的，必须与化工、有色、钢铁等行业进行深度耦合，这是实现低碳、零碳建材的关键。传统水泥向低碳水泥发展，用工业废渣作为水泥生产的原料，这将是近期的重点工作。未来，生物质可能做出碳纤维，二氧化碳与绿氢制烯烃进而做出各种各样的塑料，大部分能量可以来自太阳能，新型材料可以用于低碳零碳结构的建筑，低碳零碳建材也将带来建筑结构和型式的革命性变化。从材料基因组学上通过纳微结构来调整水泥元素的选择或组合，如钙、硅、氧、铁、镁、铝等元素种类和比例的调整可以获得低碳或负碳水泥。

（3）刘加平院士团队引领绿色建筑革命

在绿色建筑的探索之路上，刘加平是一位不折不扣的开拓者。他深知，绿色建筑并非个别高楼大厦的华丽外衣，而应是惠及全民的宜居环境升级。面对中国建筑领域对节能降碳和人居环境改善的迫切需求，刘加平带领团队，将目光锁定在青藏高原和南海岛礁，这两个看似遥远却极其关键的极端气候区域。

在青藏高原，面对冬季寒冷漫长、昼夜温差大，但太阳能资源丰富的特殊条件，刘加平首次提出围护结构"差异化"保温设计原理，通过巧妙地将被动式太阳能技术与藏式建筑特色结合，既保留了藏式民居传统韵味，又符合现代绿色建筑标准。构建了青藏高原太阳能供暖成套技术体系，设计建成我国首个大规模高原太阳能区域供暖项目，实现了青藏高原集中供暖零碳排放，为青藏高原人居环境改善奠定了坚实的技术基础。

在南海岛礁，面对常年湿热的区域环境和能源极度匮乏的发展阻碍，他们研发出以太阳能为支撑的零能耗建筑技术体系，实现了建筑用能自给自足，极大地减轻了对军事与民用资源的依赖，并首次提出了建筑"全遮阳"设计原理与方法，构建了光热除湿、光伏发电制冷的空调系统形式，开发了蓄电与蓄冷两级蓄调和模块化空调机组等新技术与新装置，实现了孤立岛礁太阳能空调系统常态化稳定运行。

现如今，青藏高原和南海岛礁已建成示范建筑 152 万 m^2，推广应用总面积超过 1000 万 m^2，每年减少二氧化碳排放超过 20 万 t。

作为建筑行业的"战略科学家"，刘加平始终站在绿色建筑研究的最前沿。刘加平认为，真正的绿色建筑应该面向国家战略需求，服务于国家的长远发展目标。从推动绿色建筑底线水平提升，到助力国家"双碳"目标实现，刘加平的每一次科研布局，都紧密围绕国家生态安全和行业发展战略进行。在他的引领下，西安建筑科技大学绿色建筑全国重点实验室不仅成为西部地区绿色建筑研究的高地，更是在全国乃至"一带一路"共建国家和地区留下了绿色足迹。为解决绿色建筑行业卡脖子难题，刘加平带领其团队在做好绿色建筑科学研究的基础上，致力于将现行全部建筑设计标准规范提升到"绿色建筑设计"水平，并加快推进人机协同成套施工装备技术研发，以助力实现建筑业"双碳"目标。

正如刘加平所言："绿色建筑不仅要关注老百姓舒适、健康的宜居需求，也要从国家社会发展的层面，注重能源、资源节约，保护环境，更要担负起国际义务，实现碳减排目标。中国城乡环境绿色发展、建筑业'双碳'目标实现，是我们这一代建筑人的光荣使命。"

5. 研发攻关方向

（1）关注低碳混凝土与新型胶凝材料碳排放核算方法与规则：

低碳混凝土的应用场景十分丰富用途、气候差异大，如何准确地核算其碳足迹？计算的依据是什么？计算边界如何划分？计算全生命周期怎么解决？混凝土利用粉煤灰等废弃物的碳排放、利用废弃物制备外加剂等碳排放更复杂，其计算如何确定？混凝土应用和最终废弃碳排放处理也很复杂，需要逐步解决。

（2）新型低碳结构体系

钢结构模块化建筑要与减隔震技术结合，利用每个模块自成结构的特点，优化布设方式，提升模块结构的性能；利用工厂环境进行精细化生产，针对模块的吊装与就位，开发出专门化的施工系统，进一步发挥其高速高集成的优势；装配式混凝土结构进一步完善装配式建筑标准化设计和生产体系，推行设计选型和一体化集成设计，推动构件和部品部件标准化，满足标准化设计选型要求；加大高性能混凝土、高强钢筋、消能减震和预应力技术的集成应用，提高装配式混凝土结构的节点性能、抗震性能；现代木结构要开展本土化木结构建筑设计、钢木组合节点关键技术研究，基于现行消防标准研究木结构建筑适建范围，在适合的场景与环境下优先推广使用木结构建筑，研发大型木构件和部品，研究木结构建筑全产业发展策略。

3.4.2　BIM 三维图形引擎技术

1. 技术背景

工程项目建设全流程数字化应用，涵盖规划、设计、报审、施工、运维各环节，掌握自主可控的 BIM 三维图形引擎技术，支撑 BIM 平台和各类应用软件研发，解决工程数字化领域卡脖子问题，保障国家重大基础设施的数据安全。

2. 技术内容

BIM 技术分为三维图形引擎、图形平台、BIM 平台和 BIM 软件四个层面，其中三维图形引擎是 BIM 技术中的关键核心技术，也是被国外卡脖子的卡点。三维图形引擎包括几何引擎、显示引擎、数据引擎等底层核心技术，高效图形引擎和轻量化图形引擎是工程行业 BIM 引擎的关键（图 3-125）。

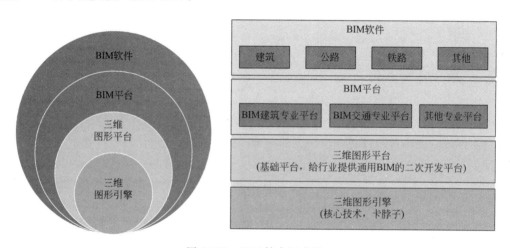

图 3-125　BIM 技术组成图

现阶段 BIM 三维图形引擎需要研发高效数据库技术、参数化对象与约束机制，可扩展的基础几何库和三维编辑工具集，组件式、可视化的开发环境、多源数据共享格式与机制和 API 应用接口等技术，突破基础数据结构与算法、数学运算、建模元素、建模算法、大体量几何图形的优化存储与显示、几何造型复杂度与扩展性、BIM 几何信息与非几何信息的关联等核心技术，同时提供二次开发环境形成三维图形平台，为上层 BIM 平台和各类应用软件的研发奠定坚实基础。

针对 BIM 三维图形引擎中的几何引擎、显示引擎和数据引擎三个组成部分，几何引擎重点需研究数学计算库、基本几何造型、复杂实体造型、几何应用算法和二次开发接口等；显示引擎重点需研究大场景快速显示渲染技术，包括建立多线程渲染、延迟渲染等渲染架构，研究基于物理的渲染、动态 LOD、动态加载、批次合并、可见性剔除、顺序无关透明等渲染技术；数据引擎重点需研究物理数据存储、缓存管理、数据管理、数据操作等技术。

针对多方协同和施工、运维阶段的轻量化应用场景，需研究面向 Web 端应用的轻量化图形引擎，重点突破模型简化和压缩、数据的流式加载、轻量化数据的动态加载等核心技术。基于图形轻量化、Web 图形显示等技术，实现对图形数据的轻量化处理以及模型承载量的提升，以及高效传输和高效加载。

关键技术指标：BIM 三维图形引擎的几何造型能力对工程项目的适应度和正确性不低于 95％；桌面端实时渲染能力达到 1 亿三角面片 30FPS；支持 1mm～100km 多尺度场景的建模和流畅显示；核心源代码自主化率达到 100％，整体自主化率达到 95％以上。

3. 卡脖子问题分析

BIM 技术是当前数字建筑中最基础性的应用技术，三维图形引擎是 BIM 软件最为核心的底层支撑技术，在计算机辅助设计（CAD）、计算机辅助制造（CAM）、计算机辅助工程（CAE）等诸多应用领域，三维几何引擎都是最基础的核心组件。目前，成熟技术高度集中在欧美发达国家，属于卡脖子的基础核心技术之一。BIM 三维图形引擎不是短期就能研发完成的，需要数十年的技术积累和针对工程项目需求的不断迭代。目前国际上主要的三维图形引擎有美国 Spatial 公司（已于 2000 年被达索公司收购）的 ACIS、德国西门子公司的 Parasolid、法国达索集团的 CGM、美国 PTC 公司的 Granite、俄罗斯 ASCON 公司的 C3D Molde 等，其中 ParaSolid 和 ACIS 等核心引擎（分别被西门子、达索控制）占据着三维图形内核 95％以上的市场，高端 CAD 则比例更高，这使得 BIM 信息的创建和扩展面临着很大的技术限制。国内主要是构力科技的 BIMBase 内核、中望软件的 Overdrive 内核、北京数码大方的 CAXA 内核等，由于起步较晚，与国外成熟三维图形内核存在一定差距，还需要通过技术研发和工程应用不断迭代升级。同时基础设施行业如电力、交通等行业是经济进步的基础和驱动力，关系国计民生和国家安全，亟需底层 BIM 平台关键核心技术自主可控。目前工程数字化领域的卡脖子点并不在于专业软件，而在于基础 CAD 平台软件和三维图形引擎等方面。

4. 专家论述

（1）肖绪文院士：BIM 技术支撑智能建造的高效实施

2011 年、2015 年、2016 年，住房和城乡建设部先后发布了多个关于建筑业信息化发展纲要和推进建筑信息模型应用的指导意见的文件，要求建筑业企业对 BIM、大数据、云计算、物联网、3D 打印以及智能化等技术进行开发应用。肖绪文院士认为我国已经拥有世界最大的 BIM 技术应用的体量，但我们还鲜有成熟的自主知识产权 BIM 基础平台和三维图形系统及其引擎，需要引起重点关注。

在智能建造的推进中，肖绪文院士认为 BIM 技术的两大特征将强力支撑智能建造的高效实施：一是 BIM 技术的可视化的特性，三维图形描述、图形引擎和平台的开发以及建筑的三维空间描述，是支撑智能建造的基础工作，可实现建筑产品和建造过程的真实感表达；二是 BIM 模型可以实现更加形象化的专业协同设计，基于 BIM 进行工程项目管控的系统软件开发，对工程立项、设计与施工策划进行全专业、全过程、全系统策划协同，促使建筑产业链条的相关方数据共享，进而实现时空概念的高效精准管控，具有不可替代的重要作用。

同时，肖绪文院士提到 BIM 本质是几何图形的数字化表达。我国建筑业推进 BIM 技术应用具有如下三个特点：

一是普及面大，施工企业尽管应用深度与广度有所不同，但不同程度都在使用；

二是注重 BIM 价值挖掘，从简单的"错漏碰缺"发现，投标标书应用，转向价值创造，持续寻求价值创造的场景和维度；

三是从 BIM 专业技术人员应用向工程项目在岗人员必备技能的方向转变，逐渐普及到了工程项目的各个管理岗位。

总而言之，建筑业的 BIM 应用成绩明显，但肖绪文院士认为仍存在如下问题，需要相关方予以重视。

一是 BIM 推广和创新应用的氛围尚未完全形成；

二是基于 BIM 的自主研发差距较大。目前普遍使用的计算机三维图形及其 BIM 系统大多源自境外，自主可控的三维图形平台和引擎技术研发成果不多，开发力度不足；

三是 BIM 开发和创新应用人才不足。利用 BIM 技术为工程建造赋能，进而推动智能建造，人才是关键。我们在 BIM 等信息技术与工程建造技术复合型的人才培养上存在诸多不适应。

（2）周绪红院士：解决智能制造卡脖子难题刻不容缓

建筑业是我国的支柱产业，但长期以来，我国建筑业存在发展粗放、劳动生产率低、建筑品质不高、工程耐久性不足、能源与资源消耗大、劳动力日益短缺、科技水平不高等问题。为此，促进建筑业转型升级、实现高质量发展，是必然要求。

当前，住房和城乡建设部正在开展智能建造试点城市的征集和遴选工作。这将对推动建筑业与先进制造技术、新一代信息技术的深度融合，培育智能建造新业态、新模式发挥重要作用，对推动产业转型升级与提质增效、促进高质量发展具有重要意义。

智能建造是以人工智能为核心的新一代信息技术与工程建造相融合而形成的一种工程建造技术，它不仅是工程建造技术的创新，还将从经营理念、市场形态、产品形态、建造方式以及行业管理等方面重塑建筑业。发展智能建造，是当前建筑业突破发展瓶颈、增强核心竞争力、实现高质量发展的关键所在。主要采取以下措施：

1）攻克关键技术问题，引领智能建造产业发展

目前通用的基础绘图软件、有限元软件和建筑信息模型（BIM）软件等基本为国外产品，与我国的标准和建设管理流程不一致，实用性较差，很多国内软件商只能基于国外的软件进行二次开发。我国在采用这些软件进行工程建造时，一些基础数据容易泄露，给国家基础设施方面的安全带来巨大威胁。三维图形和计算分析软件、高精机器人、高精光学采集仪器等软件和设备成为我国建筑业智能建造的卡脖子难题，解决这些问题已经刻不容缓。

因此，必须通过产学研结合的手段，建立以大型建筑业央企、国企或民企牵头，软件

开发商、制造企业和高校及科研院所参与的跨专业、跨行业协同创新体系。以工程实际问题为导向，组织工程、数学、物理、信息、计算机、自动化等多学科交叉研发队伍，开发具有我国自主知识产权的三维图形引擎、平台和符合中国建造需求的 BIM 软件；突破数据采集与分析、智能控制和优化、新型传感感知、工程质量检测监测、故障诊断与维护等一批核心技术和关键高端装备。研发智能数字化设计技术，解决当前工程设计效率低、周期长、人力投入多、出错率高等问题。研发智能设计与制造的一体化技术，解决设计与生产信息割裂、设计成果难以转化为生产信息的问题。研发建筑部品部件智能制造技术与智能施工机器人技术，在制造与施工中完成危险性较高、环境污染大、工作繁重或操作重复的工序，有效应对建筑业劳动力缺失、劳动强度大、成本高等问题，并确保工程更加安全、高效和环保。研发施工安全智能监控和工程项目智能管控技术，解决施工安全管控难度大、安全事故多、项目管理工作量大、工程进展信息统计滞后等问题。研发智能检测与监测技术，解决质量检测技术落后、检测效率低、质量管控人为因素多、工程全寿命周期运维难度大等问题。

2）建立健全标准体系，推进智能建造产业发展

智能建造采取的方法、设备、技术等与传统建造方式有显著差异，对建造过程中的数字化、精细化、机械化和效率要求也更高。要发展智能建造技术和产业，必须做好智能建造标准化体系的顶层设计，明确总体要求和方案，逐步建立覆盖设计、生产、施工、检测、验收、运维等各方面的完整标准体系。

智能建造标准应包括数据标准、技术标准、产品标准、质量标准和工作范围标准。人工智能是智能建造技术的核心，而数据是人工智能技术的重要基础，因此数据标准是智能建造的基础标准，包括设计成果交付数据标准、设计与生产一体化数据衔接标准、施工安全监控数据标准、检测数据标准、运维数据标准、智能算法模型训练数据标准等。智能建造的技术标准必须针对智能化设计、生产、安装和管理特点，建立数字化设计、智能生产与施工、智能检测与监测等方面的技术标准。智能建造产业发展中将应用大量建筑材料、机械设备、信息技术设备等新产品，对这些产品的质量要求均需要建立产品标准和质量标准。对工程整体而言，其质量检查方法与评价方法都将采用数字化手段，也必须建立相应的质量控制标准。人工智能技术在发展过程中正面临各种安全和伦理问题，因此需要编制相关标准区分人和人工智能的各自工作范围，明确智能设备的管控要求，约束人工智能行为，避免出现各种安全和伦理问题。

3）重塑建造业务流程，推动工程建造效率提升

数字化和智能化是近年来发展起来的全新技术，目前已经在互联网、先进制造、金融、交通等领域得到了较为广泛的应用。这些领域在充分利用数字化和智能化技术过程中，都进行了工艺或业务流程重塑，从而显著提高了行业效率和科技水平。

建筑业要将工业化、数字化和智能化技术充分融合，显著提高行业的效率、质量、效益和科技水平，也需要进行工艺或业务流程的重塑。发展装配式建筑需要大力发展设计—生产—施工一体化的总承包业务，这就需要进行业务流程重塑，解决以往设计、生产和施工环节割裂问题，提高工程效率和总体效益，降低工程成本。在工程设计环节，采用 BIM 等数字化技术，可以进行全专业的正向设计，避免出现各专业之间的冲突，这需要对传统设计业务进行重塑，解决各专业之间配合困难的问题。在生产环节，需要

设计形成的成果可直接用于数字化生产，这就对设计的数字化水平、设计与生产的数字化衔接提出了明确要求。在施工环节，传统施工工艺和流程并不适合数字化质量控制、智能化安全施工监控、智能化工程项目管控、建筑机器人等技术的应用，因此需要对传统施工流程和工艺进行重塑。建筑业在引入数字化和智能化技术后，以往的业务流程也需要改进和提升，充分利用新一代信息技术对工程项目进行全过程管理和优化，提升项目效率和效益。

5. 研发攻关方向

工程项目具有大体量、多精度、多尺度的特点，建设全过程信息来源众多，因此 BIM 三维图形引擎应重点攻克大体量几何图形的优化存储与显示、支持各类常规几何造型和非线性几何特征建模、几何造型复杂度与扩展性、BIM 几何信息与非几何信息关联等关键技术。通过采用包围盒以及显示层次定义、配合场景的模型显示剔除与精细度控制、转换矩阵和视图剪切与特定视图的显示列表关联、定义缓存—元素—视图唯一 ID 以加速索引等方式提升显示效率，采用异步加载技术和分部加载技术解决 BIM 模型的 Web 显示和加载时间效率问题。

3.4.3 专业设计及分析软件开发技术

1. 技术背景

目前通用的基础绘图软件、有限元分析软件和 BIM（建筑信息模型）软件等基本均为国外产品，与我国的标准和建设管理流程不一致，实用性较差，很多国内软件商只能基于国外的软件进行二次开发。我国在采用这些软件进行工程建造时，一些基础数据容易泄露，给国家基础设施方面的安全带来巨大威胁。

2. 技术内容

目前的 BIM 建模软件和基础平台主要被几家国际大型软件开发商所垄断，如 Autodesk、Bentley、Trimble 等公司。国内的 BIM 应用软件还在发展中，如广联达、PKPM 等，虽然在专业功能和符合国情方面具有优势，但因研发投入和规模等局限，软件的功能、技术水平和市场竞争力等方面还有很大差距。我国 BIM 应用软件问题严峻，需着重关注。特别是：三维模型平台是 BIM 应用软件中最重要的基础软件，其核心技术是图形引擎。我国自主研发的图形引擎与国际水平有较大的差距，可以说，这是自 CAD 应用以来一直存在的问题，而且是一直没有发现并解决好的问题。因此，图形引擎是必须解决的卡脖子问题。

图形引擎是模型显示的"心脏"，是一种聚合了图形绘制能力的功能组件，支持应用的底层函数库，解决场景构造、对象处理、场景渲染、事件处理、碰撞检测等问题。

图形引擎在计算机辅助设计与制造（CAD、Revit）、动画影视制作、游戏娱乐、军事、航空航天、地质勘探、实时模拟等方面有着十分广泛的应用。在 BIM 可视化领域，主要通过 3D 图形引擎解决 BIM 轻量化展示、操作，以及基于 BIM 模型开发的协同管理、运维等问题。

3. 卡脖子问题分析

一是国内技术薄弱，建筑业三维图形引擎平台属于一个交叉学科，涉及数学、力学、物理，还有一些计算技术交叉学科，另外它也属于核心技术，像几何约束求解引擎等，这些都是被国外垄断了一些核心的组件。二是国内认知比较薄弱，不仅是对建筑行业，我们对整个工业文明或者说对工业软件的认知其实是比较弱的；当然我们起步比较晚，20 世纪 80 年代才改革开放，导致整个价值链人才、价值链生态都比较薄弱。这种差距让中国建筑业在与国外同台竞赛时已经处于弱势，更致命的是，中国建筑业在走向数字化时又遭遇了工业软件之困。早在 20 世纪 90 年代初，国内已经出现 CAD（计算机辅助设计）软件企业。而国外的 Auto CAD 软件则是在 20 世纪 90 年代中后期才在中国的建筑设计院等机构得到推广。这一局面的形成，既有国外软件构建的壁垒因素，也跟国内软件环境对国产软件造成限制有关。

国内中小企业开发的三维设计软件、BIM 引擎在市面上虽然也有一定的使用量，但是由于整体用户数不多、盗版猖獗、技术被同行复刻，软件企业很难在市面上形成具有规模的应用生态圈，软件企业开发业务空间被压缩，资本难以对这类企业进行支持，加之用户真实反馈少，软件革命性提升难度大。

BIM 软件（Revit）是面向对象软件开发产物，是 20 世纪 90 年代的软件产品架构。迄今为止，建筑业的工作流程还是基于文件，这种筒仓数字化的形式对于数字化的流动极其不利。也正因此，没有哪一个整体式的应用程序可以真正地改变当前的工作流程。中国建筑业软件厂商一直单打独斗，若一家企业采购来自不同厂商提供的软件，必然会在业务上出现"业务孤岛""数据孤岛"和"技术孤岛"。究其原因，企业采购来自不同厂商提供的软件，业务、数据、技术之间不能互联互通，这在一定程度上阻碍了企业向前奔跑的步伐。正如业内专家指出，我国建筑企业软件市场的现状是：API 一直存在，但连接一直缺席。因此，目前国内还没出现任何一家厂商的产品可完全替代 Revit 或 CAD 产品。

4. 专家论述

（1）田华[①]先生提出研发具有自主知识产权的 BIM 轻量化图形引擎是解决卡脖子问题的关键

目前 BIM 建模软件和基础平台主要被几家国际大型软件公司垄断，且国内大多数图形引擎是基于国外开源技术进行开发。图形引擎作为图形处理软件方面的"芯"，是必须解决的卡脖子问题。我们很有必要研发具有自主知识产权的 BIM 轻量化图形引擎，从底层摆脱对国外软件的依赖，为智慧建造和智慧城市发展提供可视化的三维图形底座，并填补国产高性能三维图形引擎的空白。

1）技术原理

BIM 轻量化引擎从技术方案上，可分为客户端渲染、服务器渲染和浏览器渲染三种技术解决方案。随着最新 Web 技术的发展，采用 WebGL 技术的 BIM 模型轻量化 Web 浏览技术是当前 BIM 轻量化引擎产品的最佳选择。

BIM 模型轻量化处理，包含一个解析过程和两个处理过程。解析过程是对模型进行数据解析与提取，两个处理过程分别是几何转换优化和渲染处理优化（图 3-126）。

---

① 田华先生是全国智标委 BIM/CIM 评估委员会专家、工业和信息化部人才交流中心"全国 BIM 技术大赛"专家委员会成员、邮电通信人才交流中心建筑工业信息化专家委员会委员、中国建筑材料流通协会重大工程委员会专家，长期从事以 BIM 技术为基础的数字建造技术研究与实践。

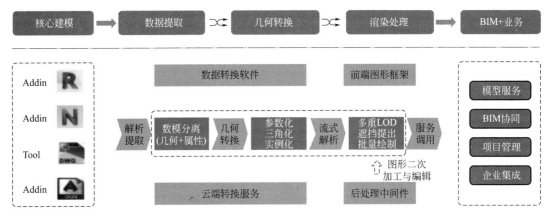

图 3-126　BIM 模型轻量化技术原理图

2）技术特点

BIMBase 轻量化数据转换引擎是一套具有完全自主知识产权的多源异构 BIM 数据轻量化和展示应用中间件，是连接 BIM 模型和 BIM 应用的桥梁，由数据转换插件（BIMBase Air）、后处理模型轻量化技术原理轻量化引擎中间件（BIMBase Pro）、在线转换服务（BIMBase Cloud）和模型浏览软件（BIMBase Viewer）四部分组成，提供数据的产生和提取、数据的呈现、数据的使用能力。

关键特性：

①数据无损输出；②多种输入格式；③无数据量限制；④超大模型承载；⑤多种视觉样式；⑥模型二次处理；⑦多级 LOD 支持；⑧支持私有部署。

3）应用前景

BIM 轻量化中间件应用广泛，将进一步推动 BIM 技术在建筑行业全生命期的集成应用，有利于更多工程技术人员应用 BIM 技术解决实际问题，降低 BIM 技术应用门槛和成本，加速 BIM 技术应用落地。同时，可打破国际大型软件公司的垄断，对数据的安全性和技术的自主可控起着重要的战略作用。以 BIMBase 引擎为基础开发了 BIM 族库共享管理系统，解决族库量大和共享困难问题；以 BIMBase 引擎为基础开发了 BIM 模型协同管理平台，解决资源共享和模型质量问题。

目前正在 BIM 轻量化图形引擎的基础上开发数字样板、EPC 管理平台、智慧工地和运维平台，未来还可基于 BIM 轻量化图形引擎开发施工管理平台、远程虚拟协作或更多的其他业务应用系统，将 BIM 与业务紧密结合起来。

4）发展趋势

BIM 轻量化的未来技术路线主要包括：

一是增加云端二次瓦片化处理过程，基于分布式架构及 GPU 加速计算对超大三维数据进行处理；二是采用跨平台技术架构重构前端图形绘制引擎，以 OpenGL 作为底层，浏览器端采用 WebGL 2.0 和 Webassembly 标准，可实现跨平台技术应用，以及在浏览器上无插件运行。

通过上述关键技术改进，可大幅提升引擎性能，支持 200G 以上的 BIM 模型，1000万级构件数，实现近乎无上限的模型承载能力。

5）研发攻关方向

BIM 软件引擎的自主可控是解决卡脖子问题的关键，目前，国内许多优秀的企业、科研机构均自主研发了三维图形引擎，在渲染、数据支持、数据解析等功能上各有侧重点。

而从国内本土 BIM 软件、平台生产商的产品来看，国产 BIM 技术软件、平台生态产品和服务一般包括：工程项目从设计到施工再到运维的全生命周期运营管理 BIM 设计系列软件、BIM 施工系列软件、BIM 运维系列软件、BIM 成本造价产品、BIM 级及 CIM 级集成应用管理平台等。

通过统计显示，国产 BIM 协同平台发展迅速，使用成熟，涉及面广。除一些优秀软件厂商研发的适合国情的 BIM 协同平台之外，许多设计、施工单位都积极自主研发了适合企业自身情况的 BIM 协同管理平台，由于契合企业管理特点，这类平台的应用覆盖率往往很高。

而在设计单位，更多基于云技术的 BIM 协同设计平台也诸多见市，用以实现设计人员在网页端的实时协同设计，大幅提升设计效率。

尽管还存在统一的数据标准和软件标准薄弱，开发底层核心基础薄弱，三维图形引擎产品各自为政等问题，但我们依然认识到，解决 BIM 卡脖子问题是推动数字化转型、实现安全可控的关键支撑。

3.4.4　核心装备自动控制与关键元器件技术

1. 技术背景

中国施工装备水平近年来取得了长足的发展，但在核心装备的自动控制与关键元器件技术方面存在一些瓶颈。盾构机轴承和高端液压元件等关键部件，在保障施工效率、提高施工质量等方面发挥着重要作用，但目前中国在这些领域仍然存在一些卡脖子问题。

2. 技术内容

（1）盾构机轴承技术

盾构机是一种在地下开挖隧道时使用的重要设备，而轴承作为其中的关键元器件，直接关系到盾构机的工作效率和安全性。目前中国在盾构机轴承技术方面存在着以下问题：

一是轴承寿命问题。盾构机轴承需要在高速、高负荷和恶劣环境下工作，要求具备长寿命和高可靠性；但当前中国在轴承材料、润滑技术等方面仍然存在一些短板，导致轴承寿命受限，容易出现故障。

二是自适应调节能力问题。隧道工程中地质条件复杂多变，要求盾构机能够自适应调节。但目前中国的盾构机轴承技术在自适应调节能力方面还有待提高，无法满足复杂地质环境的要求。

（2）高端液压元件技术

高端液压元件作为建筑施工装备中的关键部件，不仅需要具备高压、高效的特点，还需要满足施工工况多样化需求。目前中国在高端液压元件技术方面存在以下问题：

一是高压稳定性。施工过程中，液压系统需要承受高压工况，要求高端液压元件具备高压稳定性。但目前国产设备在高压稳定性方面还存在一定薄弱之处，影响着装备的可靠性和工作效率。

二是节能与环保。随着节能与环保意识的增强，高端液压元件需要更加注重节能和环保的要求。然而，目前中国在设计和制造方面的技术水平还不够成熟，无法满足高效节能的需求。

3. 卡脖子问题分析

一是技术积累不足。与国外相比，中国在盾构机轴承和高端液压元件技术方面的积累相对较少。长期以来，国内企业在研发投入、技术创新和人才培养方面存在一些不足，难以满足市场需求。

二是基础研究不足。核心装备的自动控制与关键元器件技术需要深入的科学研究和理论支撑，包括材料学、机械设计、电子技术等。如果在这些基础研究领域的投入不足，会限制新技术和新材料的开发，制约相关领域的发展。

三是人才培养不足。人才是推动技术创新的重要因素。然而，中国在盾构机轴承和高端液压元件技术领域的专业人才仍然相对匮乏。这导致了技术研发和创新的局限性，无法满足行业的需求。同时，在高新技术领域需要跨学科的综合人才，而这些人才的培养和选拔也需要更多的投入和完善的体系。

4. 专家论述

中国铁建重工集团成功地自主研制出直径 8.61m 盾构机主轴承。

2023 年 10 月，由中国铁建重工集团自主研制的直径 8.61m 盾构机主轴承在长沙下线，成为全球迄今为止直径最大、单体最重、承载最高的整体式盾构机主轴承。它的成功研制，标志着国产超大直径主轴承研制及产业化能力跻身世界领先水平，意味着盾构机主轴承取得全面国产化，实现了国产盾构机主轴承从中小直径到超大直径型谱的全覆盖。

中国铁建重工集团首席科学家刘飞香介绍，为攻破盾构机全产业链全面自主化的薄弱环节，在国家部委、地方政府和中国铁建重点科技专项支持下，集团联合上下游企业、高等院校展开协同攻关，在集团长沙第二产业园建成了国内最大、国际领先的盾构机主轴承生产线，已成功研制出 3～7.6m 全系列主轴承；打造了全球最大的主轴承工况模拟试验台，解决了大型低速重载主轴承难以试验验证的世界性难题。

刘飞香介绍，在产品研制过程中，研制团队从设计、材料、制造、试验等环节多向发力、全面攻关，最终实现了直径 8.61m 盾构机主轴承从无到有、从有到优的突破。在自主设计上，研制团队开发了大直径重载主轴承专业计算软件，尝试了上百种材料和工艺，开展了上千组理论校验和设计优化，历经 3～7.6m 直径多规格主轴承的设计、制造、试验的闭环验证提升。

与此同时，在材料攻坚中，中国铁建重工集团联合钢厂突破大吨位高品质钢材模铸工艺，成功研制了高性能长寿命轴承钢；在制造工艺上，有效解决了直径 8.61m 超大尺寸维度下薄壁环变形控制、高精密大模数齿硬铣、复杂型面热处理等制造难题；在试验验证中，通过多规格主轴承的工况模拟试验，充分验证了自主研制产品适应复杂严苛工况的长寿命服役能力。

盾构机主轴承被列入制约我国工业发展的 35 项卡脖子关键技术，是盾构机全产业链自主化的"最后一环"。随着 8.61m 国产超大直径盾构机主轴承顺利下线，我国企业彻底攻克并自主掌握了盾构机主轴承全系列产品从设计、材料到制造、试验全过程关键核心技术，使国产盾构机有了全系列的"中国心"。

5. 研发攻关方向

　　为了解决中国建筑施工装备领域在盾构机轴承和高端液压元件等核心装备自动控制与关键元器件技术方面的卡脖子问题，以下提出一些研发攻关的建议：

　　一是加大研发投入。政府和企业应加大在该领域的研发投入，提高技术创新能力。通过组织科研机构、高校和企业的合作，建立联合实验室和研发中心，加速技术研究和开发。

　　二是强化基础研究。加强基础研究，注重材料学、机械设计等基础学科的发展。建立基础研究平台，培养和吸引一流的研究团队，提高国内核心技术的突破能力。

　　三是加强国际合作。积极开展国际合作项目，吸引国际先进技术和经验，借鉴发达国家的先进技术理念和制度机制。

第4章 推动科技创新 做强中国建造相关实施路径及对策

4.1 推动科技创新 做强中国建造的相关路径

4.1.1 推动科技创新 做强中国建造的战略目标

《"十四五"建筑业发展规划》中明确,到2035年,"中国建造"核心竞争力世界领先,迈入智能建造世界强国行列。踏上全面建设社会主义现代化国家的新征程,党的二十大提出要增进民生福祉,提高人民生活品质,对建造能力提出更高要求。

《"十四五"建筑业发展规划》中明确,我国2035年的远景目标是"以建设世界建造强国为目标,着力构建市场机制有效、质量安全可控、标准支撑有力、市场主体有活力的现代化建筑业发展体系。到2035年,建筑业发展质量和效益大幅提升,建筑工业化全面实现,建筑品质显著提升,企业创新能力大幅提高,高素质人才队伍全面建立,产业整体优势明显增强,'中国建造'核心竞争力世界领先,迈入智能建造世界强国行列,全面服务社会主义现代化强国建设。"在全党全国各族人民迈上全面建设社会主义现代化国家新征程、向第二个百年奋斗目标进军的关键时刻,党的二十大明确提出了新时代新征程中国共产党的使命任务,对全面建设社会主义现代化国家、全面推进中华民族伟大复兴进行了战略谋划,对统筹推进"五位一体"总体布局、协调推进"四个全面"战略布局作出了全面部署。党的二十大提出要增进民生福祉,提高人民生活品质,这体现了以习近平同志为核心的党中央在把握共产党执政规律、社会主义建设规律、人类社会发展规律的基础上,坚定历史自信,增强历史主动,以人民至上的情怀、接续奋斗的战略目标和环环相扣的工作部署,实现中华民族伟大复兴进入了不可逆转的历史进程。同时也对中国建造企业的建造能力提出更高要求。

党的二十届三中全会审议通过的《中共中央关于进一步全面深化改革、推进中国式现代化的决定》提出,"加快推进新型工业化,培育壮大先进制造业集群,推动制造业高端化、智能化、绿色化发展。"这为我国进一步扎实推进新型工业化指明了前进方向。随着社会经济的发展和科技的进步,新型工业化成为推动经济增长和社会进步的重要力量。而建筑业作为国民经济的重要支柱产业,与新型工业化之间存在着紧密的相互关系。作为新型工业化的重要组成部分,在新型工业化的进程中,建筑业扮演着基础设施建设、房地产开发等重要角色。新型工业化的推进需要大量的工业园区、交通基础设施、城市建设等,而这些都离不开建筑业的支持。当前我国发展进入战略机遇和风险挑战并存、不确定难预料因素增多的时期,推进新型工业化仍面临复杂严峻的内外部形势,在此背景下,建筑业也面临着更高的技术要求和环保要求,这促使建筑业不断创新,提高自身的技术水平和环境保护能力。

围绕以人为核心的新型城镇化建设目标，提出中国建造目标：到 2030 年，支撑建造强国的建材产业链初步形成，绿色低碳建材得到大力发展，建造装备加快工业化、智能化、绿色化升级，关键核心领域建造装备与建造技术加快突破，中国建造能力大幅提升，以绿色、智慧、高效率、低耗能的新型建造方式加快推广，建造能力实现大幅提升，形成品质城市与美好生活建设的支撑力量。到 2050 年，基本打通以创新、绿色、智慧为特征的覆盖上游材料、装备，中游工程建设至下游运营维护的中国建造产业链，以创新、绿色、智慧为特征的新型建造方式得到普及，建造创新实力显著增强，形成建设美好生活，提升人民获得感、幸福感、安全感的雄厚支撑，中国进入世界建造强国阵营。

4.1.2　推动科技创新　做强中国建造的战略路径

做强中国建造，需要联合中国制造和中国创造的力量。其中，中国建造是本源，要推动建造环节产业化、绿色化、智慧化发展，贯穿建造全过程；中国制造为建造提供方式变革，借鉴工业制造的标准化、流程化、信息化经验，引入流水生产、智能制造、柔性制造等先进经验，推动建造方式和流程的标准化、自动化和信息化；中国创造是驱动变革的重要力量，要提升和发挥建筑业创造能力，通过科技创新和管理创新，推动整个建筑业发生变革，推动中国建造持续革新和发展。即，以"制造＋创造＋建造"为特征，推动现代工业技术、信息技术与建筑业的融合创新，并以科技创新为持续驱动力，推动中国建造、推动建筑业高质量发展。

做强中国建造，需要以绿色发展作为落脚点。对建筑业而言，助力中国建造发展的落脚点就在于推动以绿色建造为核心的新型建造方式，要以此为抓手助推绿色发展，营造绿色生活。城乡建设绿色发展的关键在于绿色发展、绿色建造和绿色生活的有机统一。首先，绿色发展是根本方向，是推动各项工作的总抓手。绿色发展理念以人与自然和谐为价值取向，以绿色低碳循环为主要原则，以生态文明建设为基本抓手。城乡建设实现绿色发展，就是要保护环境，转变发展方式，实现可持续发展。其次，绿色建造是实现方式。建筑业必须要从根本上摆脱粗放发展的老路，在建筑全生命周期内最大限度节约资源和保护环境，大力推动绿色建造，助力我国实现碳达峰碳中和"双碳"目标。最后，绿色生活是最终归宿。建筑业高质量发展的核心就是以人为本，体现在为人民群众提供更高品质的建筑产品上，提供更优质、更高效的绿色建筑、绿色住宅。建筑业的使命就是实现更加美好的人居环境，让人与建筑、城市和谐共生。

做强中国建造，需要运用大数据推动建筑业转型升级。建筑业作为国民经济的支柱产业，其发展不仅关乎国民经济的发展，其发展质量特别是建筑业的转型升级成功与否更是直接关系着国家的战略转型发展，其数字化、网络化、智慧化发展又关系着数字中国、智慧社会的建设和发展。大数据应用的基础是建立在数字化、网络化的信息化基础上，也就是说要有足够的数据作为应用支撑，但由于我国建筑业信息化乃至全球建筑业信息化都相对比较落后，导致了在建筑业应用大数据的整体研究、积累和应用也相对迟缓。值得欣喜的是，大数据在建筑业特别是施工现场已经开始尝试应用在施工总包的市场营销、劳务、物料、质量、安全、成本、细部、绿色施工等管理方面；在政府层面开始尝试应用在交易市场监管和服务、造价信息服务、质量安全监管、诚信监管与服务等管理方面。这些方面的应用必将加快建筑业在数字化、网络化方面的进程，为建筑业的整体智慧化奠定坚实的基础。

做强中国建造,需要以新型建造方式支撑中国建造走入新时代。当前,我国进入了高质量发展的新时代,为更好地应对可持续发展的挑战和行业转型升级,在新材料、新装备、新技术的有力支撑下,工程建造正在从以品质和效率为中心,向绿色化、工业化和智慧化程度更高的新型建造方式发展。新型建造方式是中国建造突出的表现方式,是做大做强中国建造的重要支撑,新型建造方式就是指在工程建设过程当中,以绿色化为目标、以智慧化为技术手段、以工业化为生产标志、以工程总承包为实施载体、以绿色建材为物质基础,实现建造过程的节能环保、提高效率、提升品质,保障安全。推动新型建造方式发展的路径:一是推广绿色低碳生产方式;二是营造新型建造应用环境,建立新型建造方式体制机制;三是推进全产业链协同发展,打造形成涵盖科研、设计、加工、施工、运维等全产业链融合一体的新型建造服务平台。展望未来,我们要以"双碳"目标为主,以新型建造方式为抓手,推动全面转型升级,实现行业高质量发展,坚持在自主创新中做强中国建造、在质量提升中做优中国建造、在国际合作中做大中国建造,打造具有国际竞争力的中国建造平台,共同为中国城乡建设的绿色发展做出新的贡献。

4.2 推动科技创新 做强中国建造的相关对策

4.2.1 服务国家重大战略布局

服务国家重大战略实施。围绕国家系列强国建设、创新驱动等重大战略,以及能源安全、科技基础设施集群、数据基础设施、绿色基础设施等领域布局加快相关基础设施建设,特别是围绕其中建设要求积极开展建造技术与建造方式研究,为重大战略实施提供高水平技术保障。

服务新型城镇化建设。围绕以人为核心的新型城镇化建设目标,围绕城市更新、老旧小区改造等城市功能提升具体需求,开展城市更新基础理论与技术方法、城市生态基础设施体系构建技术、住宅功能空间优化技术、环境品质提升技术等一系列提升人民生活品质的关键领域技术研究。对接新城建、新基建建设需求,前瞻部署相关基础设施和产业基地。围绕智能建造、数字建造、绿色建造等先进需求,加快构建产业集群,打造产业发展生态圈。

服务国际化市场竞争。持续推动"一带一路"沿线合作,深化能源、交通、民生基建等领域合作,输出工程服务。针对工程建设前沿技术,特别是智能建造、技术工具、新型建筑材料等新技术、新工艺、新材料开展交流合作,促进技术提升。推进工程建设标准国际化。加强与有关国际标准化组织的交流合作,参与国际标准化战略、政策和规则制定。加快我国工程建设标准外文版编译,推动我国标准转化为国际或区域标准。鼓励重要标准制修订同步翻译,对接国际规则要求。

4.2.2 深化产业链上下游协同

强化产业链顶层设计。围绕理论、技术、标准、应用等各方面加快开展中国建造发展顶层体系设计,完善各方面标准。出台实现中国建造的行动方案和技术路线图,明确实施路径,确保产业链协同发展。完善智能建造、绿色建造等专项领域顶层设计。盘点产业链上下游各环节企业力量、技术水平、产业配套、体制机制等方面,对照制造业加快补齐产业链上缺失、薄弱环节,包括推进上下游协同参与装配式建筑部品部件生产,实现构配件生产工厂化等。

加强产业链上下游共同协作。对绿色建造、智能建造中的建设需求进行整合梳理，编制智能建造、绿色低碳建材产品目录，加快相关材料研发与试验；基于建设环节需求，推动上游建材从批量生产转向定制化生产。以绿色建造为切入点，加快产业上下游对接，对建材产品的全生命周期使用和碳排放进行追踪、监测与评估，建设建材碳排放通用数据库，探索产品建立碳排放信息披露制度。鼓励企业共同建立、维护基于 BIM 技术的标准化部品部件库，形成材料和部件溯源机制。

加快发展现代产业体系，发展先进适用技术，打造新型产业生态，优化产业供应链的发展环境，加强国际产业合作，形成具有更强创新力、更高附加值、更安全的全产业链供应体系；做强"平台＋服务"模式，通过投资平台、产业平台和技术平台，把绿色低碳统筹起来，作为城市整体绿色低碳的服务商，推进产业链现代化；特别要关注超低能耗建筑、净零能耗建筑、新型建材等新兴产业，率先布局，抢抓市场机遇，关注生态修复、太阳能光伏发电、风能发电等新能源相关的产业，在业务合作上发展新的模式加快建筑产业互联网建设。引导建筑业龙头骨干企业与具备大型平台建设运营能力的互联网企业开展广泛合作，优先在数字化基础较好的地区开展建设试点，逐步培育一批行业级、企业级、项目级建筑产业互联网平台。培育垂直细分领域行业级平台，支持行业、企业共同搭建"互联网＋建筑工业化＋供应链金融"平台，推动各方跨行业、跨领域协作。

4.2.3　提升要素现代化水平

一是推动生产方式现代化。从生产方式看，中国新型建造的落脚点主要体现在绿色建造、智慧建造和建筑工业化，将推动全过程、全要素、全参与方的"三全升级"，促进新设计、新建造、新运维的"三新驱动"。工业化是现代化的坚实基础。发展新型建筑工业化是落实党中央、国务院决策部署的重要举措，是促进建设领域节能减排的有力抓手。当前，我国建筑业正在各类房屋建筑和基础设施工程中，结合各自工程特点，推动诸如装配式建筑、装配式桥梁等建造技术的发展，充分发挥着工厂制造高效率、高品质、自动化的优势，这将大大降低资源消耗，为建筑业绿色发展打牢基础。智慧化是新时代的关键引擎。发展新型建造方式，推动智慧建造的发展与应用，是顺应第四次工业革命的必然要求，是提升行业科技含量、提高人才素质、推动国际接轨的必然选择，是解决我国资源相对匮乏、供需不够平衡等发展不充分问题的必由之路，也是中国建筑产业未来能占据全球行业制高点的关键所在；绿色化是新理念的内在要求。坚持绿色发展，形成人与自然和谐发展现代化建设新格局。建筑业必须从根本上摆脱粗放发展的老路，要致力于建设生态修复工程、民生安置工程、江河湖泊治理工程；要致力于为全社会提供绿色建筑产品，打造超低能耗、近零能耗建筑，降低建筑运营能耗，减少碳排放。特别需要提出的是，碳达峰碳中和是党中央的重大战略决策，是我国向国际社会作出的庄严承诺。为此，我国建筑行业必须面对艰巨挑战，加快部署和推动绿色建造、低碳建造、生态建造的发展，为"双碳"目标找到合理路径。

二是推动建造方式工业化、智慧化、绿色化转型。推进建造方式工业化：构建标准化技术平台，在此基础上整合设计、采购、施工等全部环节；推动构件和部件标准化，提高建筑部品部件产业配套能力；加快推广装配式建造方式。推进建造方式智慧化：加快推进 BIM 技术在规划审批、施工图设计审查、生产施工、竣工验收、运营维护等全过程应用；

加快发展应用建筑机器人及智能装备，编制建筑机器人、智慧工地相关技术导则、评价标准和技术标准；加快推动智慧工地建设，建立智能施工管理平台。推进建造方式绿色化：推动建立建筑业绿色供应链，推行循环生产方式，推广建筑废弃物就地循环再利用。加大先进节能环保技术、工艺和装备的研发力度，培育绿色建造创新中心；出台绿色建造技术导则，构建覆盖全过程的绿色建造标准体系。

三是推动建造方式现代化。推动技术装备现代化：推动设备换芯、生产换线、产品换代、机器换人为主要内容的智能化改造。落实绿色设备、材料、技术和项目税收优惠政策，鼓励企业加大应用绿色低碳、节水节材、减污降耗等新技术、新材料、新工艺、新装备。加快建筑机器人等智能装备的研究与应用，推动智能建造与新型建筑工业化协同发展。综合采用先进传感、测绘、机器视觉、VR、BIM 数据共享、机电一体化及智能控制等技术，实现工厂生产、现场施工的自动化、智能化、无人化和信息化升级。推动管理方式现代化：推广以工程总承包为首的新型工程建设组织模式、流程和管理模式。加快在政府投资项目、工业园区、生态治理等项目中推广全过程工程咨询模式，在民用建筑、低风险工业建筑等特定项目中率先试行以建筑师为主导的全过程工程咨询服务。推动工程管理模式升级革新，探索适用于智能建造、绿色建造和新型建筑工业化协同发展的新型组织方式、流程和管理模式。加快推进建筑信息模型（BIM）技术在规划、勘察、设计、施工和运营维护全过程的集成应用，实现工程建设项目全生命周期数据共享和信息化管理。建立新型建造方式体制机制，推进设计施工一体化，优化专业类别结构和布局，探索工程项目企业标准化管理模式，推动工程项目管理向精细化管理转型，推行项目目标责任管理、项目策划、集中采购，推动设计、施工、采购的深度交叉，强化协同合作。推动产业队伍现代化：制定职业技能标准和评价规范，推行终身职业技能培训制度。推动大型企业、央企与高职院校合作办学，建设产业工人培育基地，加强技能培训。进一步完善产业工人职业技能等级与国家职业资格证书、特种作业操作证的衔接机制。

4.2.4　增强产业基础创新实力

协同产业链上下游开展基础技术、材料和理论的创新研发。协同上游建材、检测以及下游运营维护环节，联合交通、机械、电子、石油等各领域共同推进创新。联合上下游力量推动建造过程碳排放控制技术攻关。加快 BIM 设计及仿真类工具软件、城市/基础设施/建筑数字孪生模型引擎等底层技术的研发与二次开发。加大中国建造技术基础研究力度，开展理论创新。

开展产业链协同创新。通过"揭榜挂帅"等形式，鼓励科研机构与企业开展协同创新。分类分级建立可持续发展的科技联合攻关机制，实现产学研用高效联动。围绕产业链重点领域与关键环节，加大主管部门支持力度，由政府牵头开展协同创新，发挥市场主体协同创新优势，创新成果转化与产业孵化模式。努力提升建筑"制造"能力，牢牢树立建筑产品化概念，以标准化协同为基础，打通建造、制造环节，拓展设计、施工、运维全产业链，注重规划设计的引领作用，强调建造过程的技术创新，加强与设计院、建筑材料、机电设备等上下游企业的协同，形成建筑全产业链服务体系。

政府、企业、科研机构协同创新举措如下：

在联合研发和创新方面，分类分级加快形成部省（市）协同的科技联合攻关机制，由相关部门牵头重大基础与核心技术攻关，地方瞄准国家战略布局需求，结合实践开展攻关；逐步建立区域型科技园、科技城及省市级产业技术研究院、重大技术研发实验室等重点平台；鼓励科技领军企业牵头组建创新联合体和共性技术研发基地，承担国家重大科技项目，并结合项目需求开出技术需求榜单，吸引高校、专业科研院所参与技术攻关，层层划分创新任务需求。

在成果转化及应用方面，开展技术认定工作，对具有较强创新性、先进性、适用性的新技术发布推广目录，政府和国有资金投资项目带头采用；打造"政产学研用金"六位一体科技成果转化新模式。

搭建科技创新平台。围绕绿色技术、智能技术相关领域，培育创建国家级的科技创新平台建设。结合国家需要加快推进建造产业创新中心和技术创新中心建设，例如加强智慧建造、绿色建造等新兴领域的科技创新中心建设，并打造智慧建造、绿色建造示范应用场景，在具体场景中进行共性技术研发和成果转化。

4.2.5　推进重点领域示范先行

鼓励重点领域、重点区域先试先行持续推进智能建造试点工作，梳理已经成熟应用的智能建造相关技术，定期发布成熟技术目录，在试点城市率先推广应用。开展绿色建造示范工程创建行动，在政府投资工程和大型公共建筑中全面推行绿色建造。

围绕具体场景开展试点示范。以城市更新、新基建、新城建、双碳等新场景为切入口，建立一批示范试点工程，并鼓励在项目积极采纳和探索新技术、新产品，探索可推广复制的技术体系、管理体系、评价体系等，推动建造与先进制造、先进技术在具体场景中落地融合。结合示范项目，编制、修订和完善相关技术标准、规则规范等制度，并形成实施指南，在全国范围大力推广，促进行业水平共同提升。

4.2.6　营造优良创新发展生态

完善科技创新体制机制建设。围绕顶层设计、评价机制、激励机制等各方面进一步完善建造升级的体制机制建设。

科技创新体制机制建设举措：

顶层机制：探索建立创新资源配置机制和资源投入机制，引导和促进各类创新资源要素向企业集聚，研究制定工程建设领域的创新驱动发展规划，出台行动方案，确保规划落地。

评价机制：建立以创新、绿色、质量为核心指标的科技创新评价体系。出台相关技术原始创新和知识产权保护，细化和完善对技术专利审批、专利保护的相关细则，保障创新权益。

激励机制：对于重大科技成果，可通过投资和技术入股方式进行转化，给予科研人员和科研团队股权激励保障；推动高校、院所完善科技成果自主作价投资、自主审批股份收益分配、风险防控等机制。

质量管控：探索建立建筑产品质量验证工作，依据现有标准统筹开展建筑产品质量标准工作，协调标准统一。探索成立超规范审查委员会，统筹开展相关领域建造技术标准和规范审查。

完善科技创新宣传和资金保障。加强对中国建造的宣传引导，对中国建造的人才、成果等方面进行大力宣传，引导社会重视建造成果，并鼓励各行各业参与协同创新，营造浓郁创新氛围。开展科创金融改革试验，引导金融机构和民间资本精准了解建造科技创新的发展动态及融资需求，制定相适应的投融资政策。建立关键核心技术研发专项基金，健全科技活动经费投入机制，确保研发投入。设立专门的研究经费、专项资金。

建立科技联合创新联盟，加快协同创新。探索构建企业牵头、高校院所支撑、产业园区、金融力量等各创新主体相互协同的产业技术创新联盟，鼓励采用链长制的方式推动关键设备、关键材料、关键工艺和设计软件卡脖子技术方面等进行联合攻关。通过与企业、高校、科研院所签订战略合作协议等方式，明确协同创新各参与方的工作职责与范围，完善协同创新工作机制、分配机制、风险共担机制及监督考核机制。

4.2.7　培育高水平人才队伍

发挥和释放领军人才科技创新实力，培育后备力量。强化总工程师的地位和角色，督促相关人员承担建造过程中工艺、技术等方面的技术进步与革新等义务与责任，并赋予总工程师在资源调动、战略和方案决策等方面的权利，实现权责对等，同时加强专业工程师队伍建设。加大对全国工程建造大师、工程领军创新博士等高端人才培育力度，并赋予在具体项目、研究课题中的主导权和话语权。重视领军人才选育，鼓励骨干企业和研发单位依托重大项目、示范工程，引进和培养院士级、大师级的高端领军人才及跨领域卓越人才。实施建造师薪火计划，培育一支涵盖青年力量、后备力量的专业队伍。

健全人才培育体系与机制。加强从业人员技能、技术、专业知识培训，建立长周期、全过程的人才培育体系与培育机制。制定职业技能标准和评价规范，推行终身职业技能培训制度。推动企业、央企与高职院校合作办学，建设产业工人培育基地，加强技能培训。推动建筑领域继续教育改革，加快推进"现代学徒制度"试点工作，支持校企联合开展特色办学提升从业人员技能素质。

畅通各类人才发展与培育渠道。鼓励企业加强建造人才发展统筹规划和分类指导，分层分类建立人才培养和发展长效机制，明确从设计、建造、生产到管理的人才培养体系。引导高等院校对接建筑产业发展新需求、新业态、新技术，改革人才培养模式，建设多学科交叉的课程体系，为企业提供高层次学科交叉型、复合型专业技术人才和经营管理人才供给。

4.2.8　提升产业链韧性和安全水平

完善产业链上下游企业配套，打造建造生态圈。围绕装配式、绿色建造、数字建造，建立和完善相关产业供应链。加强链主企业带动，实施龙头企业主导下的产业链协同发展；推动中小企业成长为产业链重要节点的"配套专家"。

强化产业链风险防范。一是加强法制保障，着重强化国际化发展的相关法规，并为海外在施工项目提供法律顾问及法务联络员服务，对开展海外工程建设的项目提供专职法律顾问及属地化聘用律师服务。健全对海外工程项目的法律保障机制。二是加强对行业风险监管，建立基于不同行业的风险评估与风险预警机制，加强与贸仲和律师团队的合作，积极应对海外诉讼与仲裁风险，提前防范风险冲击。

强化数据安全意识。加快推动行业数据技术交换共享公共服务平台建设，建立数据与技术产权的交易规则和标准，形成数据共享交易新安全模式。

后　记

本书主要是基于前期中国科协战略发展部统筹指导下的《推动科技创新　做强中国建造战略与路径研究》项目研究成果，并紧扣新时代背景下国家、行业对科技创新的最新要求而撰写的。

全书系统梳理了中国建造发展现状与存在的问题，对标先进制造业产业体系，借鉴国内外建筑业发展经验，并结合党的二十大报告中提出的"中国式现代化"的本质要求，全面探讨了做强"中国建造"的关键路径与举措。

本书在撰写的过程中，深感中国建造展现的大国力量、大国智慧和大国担当，也被中国建造背后的"大国重器"创新与"大国工匠"精神深深震撼。一栋栋拔地而起的新地标建筑，不仅展示了超级工程的建造工艺、建造难度，而且彰显了中国建筑人坚韧不拔、不畏艰难的气魄，同时体现着我国强大的经济实力，代表着中国推进伟大复兴的泱泱气象。通过阅读本书，读者可以感受到中国建造的伟大奇迹与伟大成就。

在全书撰写过程中，编写组大量翻阅参考文献，力求做到内容翔实、准确。同时，为进一步丰富书籍内容，我们向各大单位征集了中国建造成就、关键核心技术等相关案例。有了这些案例的加持，本书的内容变得更加生动、多彩，更具说服力。

本书在回顾中国建造发展历程的过程中，也深刻思考、系统梳理了当前建筑业所面临的挑战与机遇。随着科技的进步和时代的发展，中国建造正面临着前所未有的变革。建筑业作为传统的劳动密集型行业，要告别旧有技术体系、摆脱传统增长路径，以科技创新驱动产业体系变革、以产业融合助力行业发展新质生产力将是大势所趋。

如何更好地推动科技创新、做强中国建造，是每一个建筑人需要深思的问题。本书在现有分析的基础上提出了做强中国建造的对策，也欢迎各位读者与我们一同探讨。相信只要我们不忘初心、牢记使命，就一定能够推动中国建造持续做强，创造出更多具有中国特色、时代特征、世界水平的建筑作品。

最后，希望本书能够成为广大读者了解中国建造历史、感受中国建造魅力的一扇窗口。同时，也期待更多的有志之士加入中国建造的伟大事业中来，共同书写中国建造的新篇章。